언어디서나
제 통하는

독일어
일상회화사전

박일균 지음

정진출판사

이 책은 독일인을 만났을 때 여러 가지 상황을 설정하여, 독일 현지에서도 매끄럽게 독일어 회화를 할 수 있도록 여러분들을 도와줄 수 있는 책입니다. 독일어 회화체 표현을 공부하려는 유학생이나 주재원, 여행객들뿐만 아니라 독일어를 처음 접하는 모든 사람들이 쉽고 재미있게 배울 수 있도록 알파벳(Alphabet)부터 일상회화에 이르기까지 자세히 설명하였습니다. 독일인을 만날 때 문법이 틀릴 것을 걱정하여 대화를 피하지 말고 간단한 표현을 중심으로 능동적으로 묻거나 적극적으로 대하는 것이 독일어 실력 향상을 보장하는 길입니다.

이 책의 구성과 특징을 살펴보면 다음과 같습니다.

• '발음편'에서는 독일어의 문자와 발음에 대해 자세히 설명하였습니다.

• '기본표현'을 통해 주요 문장을 익히고 '표현늘리기'로 다양한 표현을 배울 수 있도록 하였습니다.

• 'Tip'에서는 주요 독일어 구성 및 필요한 사항들을 설명하였습니다.

• '단어늘리기'의 '기본단어'에서는 본문에 나오는 주요 단어를 수록하였고, '관련단어'에서는 본문과 관련된 단어를 추가하였습니다.

• '독일 엿보기'에서는 독일 생활, 관광지 및 독일에 대한 기본지식을 통해 독일의 환경, 문화에 친숙해지도록 하였습니다.

이 책을 따라서 차근차근 공부하다 보면 자신도 모르는 사이에 상당한 수준의 독일어를 구사할 수 있게 될 것입니다.

저자 박 일 균

목 차

Contents

제10장 전 화

제11장 교통 · 길묻기

제12장 부탁 · 요청 · 명령 · 조언

Contents

| Contents

Contents

발음편

1. 독일어의 알파벳(Das Alphabet)

독일어의 알파벳은 영어와 같은 26개의 자모에 변모음(ä, ö, ü)과 에스체트(ß)가 추가되어 총 30개입니다. 발음기호를 통해 알파벳을 익혀 봅시다.

문자		발음	문자		발음
A	a	[a:] 아 –	P	p	[pe:] 페 –
B	b	[be:] 베 –	Q	q	[ku:] 쿠 –
C	c	[tse:] 체 –	R	r	[εr] 에어
D	d	[de:] 데 –	S	s	[εs] 에쓰
E	e	[e:] 에 –	T	t	[te:] 테 –
F	f	[εf:] 에프 –	U	u	[u:] 우 –
G	g	[ge:] 게 –	V	v	[fau:] 파우 –
H	h	[ha:] 하 –	W	w	[ve:] 베 –
I	i	[i:] 이 –	X	x	[Iks:] 익스 –
J	j	[jɔt] 요트	Y	y	[ʏpsilɔn] 윕실론
K	k	[ka:] 카 –	Z	z	[tsεt] 체트 –
L	l	[εl:] 엘 –	Ä	ä	[ε:] 에 – (아 – 움라우트)
M	m	[εm] 엠	Ö	ö	[ɸ:] 외 – (오 – 움라우트)
N	n	[εn] 엔	Ü	ü	[y:] 위 – (우 – 움라우트)
O	o	[o:] 오 –	ß	ß	[εstsεt] 에쓰체트

▶대문자는 다음의 경우에 사용합니다.   1) 모든 명사 : Er geht zum Arzt.   2) 문장을 시작할 때
 : Am Morgen gehe ich spazieren.   3) 인칭대명사와 소유대명사의 존칭 : Sie, Ihr

2. 독일어의 발음(Aussprache)

독일어의 30개 알파벳 중 모음으로 소리나는 철자는 a, e, i, o, u 와 변모음 ä, ö, ü 등 총 8개입니다. 영어의 모음이 다양한 소리를 내는 것과는 달리 독일어 모음은 기본적으로 하나의 소리만 내므로 발음 자체는 영어보다 쉽다고 할 수 있습니다.

1) 모음 체계

단모음

발음 기호상 장음부호 [ː]가 없는 모음으로서 짧게 발음합니다.

a
입을 크게 벌리고 [아]라고 짧게 발음합니다.
anfangen [ˈanˌfaŋən 안팡엔] 시작하다
Ball [bal 발] 공

ɛ
입술과 혀의 힘을 빼고 [애]와 [에]의 중간 발음으로 합니다.
denken [ˈdɛŋkn̩ 뎅켄] 생각하다
Bett [bɛt 베트] 침대

ɪ
입술과 혀의 힘을 빼고 입술을 좌우로 잡아당기며 [이]라고 발음합니다.
finden [ˈfɪndn̩ 핀덴] 찾다
Film [fɪlm 필름] 영화

ɔ
입술을 둥글게 하고 힘을 약간 빼면서 [오]라고 발음합니다.
oft [ɔft 오프트] 종종, 자주
Onkel [ˈɔŋkl̩ 옹클] 삼촌, 숙부

ʊ
입술을 둥글게 하고 턱을 약간 위로 올려 [우]라고 발음합니다.
Mutter [ˈmʊtɐ 무터] 어머니
unter [ˈʊntɐ 운터] ~아래

13

| ɛ | 입술의 힘을 약간 빼고 [에]라고 짧게 발음합니다.
Hände [ˈhɛndə 헨데] 손
Gärten [ˈɡɛʁtn̩ 게어튼] 정원(복수형) |

| œ | [외]라고 짧게 발음하되 [외에-]가 되지 않도록 주의합니다.
können [ˈkœnən 쾨넨] ~할 수 있다
öffnen [ˈœfnən 외프넨] 열다 |

| Y | 입술은 u 모양으로 하고 혀는 i의 위치로 하여 [위]로 발음합니다.
dünn [dʏn 뒨] 얇은, 마른
müssen [ˈmʏsn̩ 뮈쎈] ~해야 한다 |

장모음

장음부호 [:]가 표시되어 있으며 단모음보다 길게 발음합니다.

| aː | 입을 크게 벌리고 단모음 [a]보다 길게 [아-]라고 발음합니다.
aber [ˈaːbɐ 아-버] 그러나
Haar [haːɐ̯ 하-아] 머리카락
fahren [ˈfaːʁən 파-렌] 타고 가다 |

| eː | 입술을 좌우로 당기고 윗니와 아랫니 사이를 약간 열어 [에-]라고 발음합니다.
geben [ˈɡeːbn̩ 게-벤] 주다
Meer [meːɐ̯ 메-어] 바다
Lehrer [ˈleːʁɐ 레-러] 선생님 |

| iː | 입술을 좌우로 강하게 당기면서 [이-]라고 발음합니다.
Kino [ˈkiːno 키-노] 영화관
Bier [biːɐ̯ 비-어] 맥주
ihm [iːm 이-임] 그에게 |

oː

입술을 둥글게 내밀고 [오-]라고 길게 발음합니다.
Monat ['moːnat 모-나트] 달, 월
Boot [boːt 보-옷] 보트
ohne ['oːnə 오-네] ~없이

uː

입술을 둥글게 하여 [오-]보다 더 앞으로 내밀고 [우-]라고 발음합니다.
gut [guːt 굿] 좋은
Uhr [uːɐ̯ 우-어] 시계

ɛː

[에-]와 [애-]의 중간 발음입니다.
Käse ['kɛːzə 케-제] 치즈
erzählen[ɛɐ̯'tsɛːlən 에어쩰-렌] 이야기하다

øː

[œ]의 발음보다 더 길게 하여 [외-]라고 발음합니다.
hören ['høːʀən 회-렌] 듣다
Söhne ['zøːnə 죄-네] 아들들(아들 복수형)

yː

입술은 u 모양으로 하고 혀는 i의 위치로 하여 [위-]로 발음합니다.
Tür [tyːɐ̯ 튀-어] 문
berühmt [bə'ʀyːmt 베륌트] 유명한

복모음

au

[a]를 발음하면서 거의 동시에 [u]를 발음합니다. 이때 [아우]에 가깝게 발음됩니다.
Auge ['augə 아우게] 눈
Baum [baum 바움] 나무

ai

[a]를 발음하면서 거의 동시에 [i]를 발음한다. [아이]에 가깝게 발음됩니다.

15

Eis ['ais 아이스] 얼음
Mai ['mai 마이] 5월
Bayern ['baiɐn 바이언] 바이에른 지방
Meyer ['maiɐ 마이어] 마이어(이름)

ɔy
[ɔ]에 [y]를 붙여서 발음합니다. ä는 e와 같은 음을 지니고 있으므로 äu와 eu는 발음이 같습니다. [에우]가 아니라 [오이]로 발음하니 주의해야 합니다.
heute ['hɔytə 호이테] 오늘
teuer ['tɔyɐ 토이어] 비싼
Bäume ['bɔymə 보이메] 나무(복수형)
Häuser ['hɔyzɐ 호이저] 집(복수형)

---

iə
–ie의 앞 모음에 악센트가 있으면 [i]는 짧은 [i]로 발음합니다. [이에]에 가깝게 발음됩니다.
Familie [fa'miːli̯ə 파밀리에] 가족
Linie ['liːni̯ə 리 - 니에] 선, 줄

2) 자음 체계

p
p나 pp는 소리나는 대로 [p]로 발음하며 b는 단어 끝에 오거나 뒤에 자음이 올 때 [p]로 발음합니다.
Pause ['pauzə 파우제] 휴식, 중지
Suppe ['zʊpə 주페] 수프
halb [halp 할프] 절반, 1/2

---

t
t, tt, th 등은 소리나는 대로 [t]로 발음하며 d는 단어 끝에 올 때 [t]로 발음합니다. dt도 역시 [t]로 발음합니다.
Tisch [tɪʃ 티쉬] 탁자, 책상
Mutter ['mʊtɐ 무터] 어머니
Theater [te'atɐ 테아터] 극장

Kind [kɪnt 킨트] 아이
Stadt [ʃtat 슈타트] 도시

---

k

k나 ck는 소리나는 대로 [k]로 발음하고 g는 단어 끝에 올 때 [k]로 발음합니다.
krank [kʀaŋk 크랑크] 아픈
Ecke [ˈɛkə 엑케] 모퉁이
Tag [taːk 탁] 날, 낮

---

b

b가 단어 처음에 오거나 b 뒤에 모음이 올 때는 [b]로 발음합니다.
Ball [bal 발] 공
leben [ˈleːbn̩ 레-벤] 살다

---

d

d가 단어 처음에 오거나 d 뒤에 모음이 올 때는 [d]로 발음합니다.
Dank [daŋk 당크] 감사
dein [daɪn 다인] 너의

---

g

g가 단어 처음에 오거나 g 뒤에 모음이 올 때는 [g]로 발음합니다.
Glas [glaːs 글라-스] 컵, 유리
gern [gɛʀn 게언] 기꺼이

---

pf

[pf] 발음은 거의 [p]와 같이 들리지만 [f] 발음도 함께 해야 합니다.
Kopf [kɔpf 콥프] 머리
Apfel [ˈapfl̩ 압펠] 사과

---

ts

z, tz, ts, ds는 [t]와 [s]를 합쳐 [츠]로 발음합니다.
Zimmer [ˈtsɪmɐ 침머] 방

17

Platz [plats 플랏츠] 광장, 자리
Nichts [nɪçts 니시츠] 무(無)
abends [ˈaːbn̩ts 아 - 벤츠] 저녁에

---

f

위쪽 앞니를 가볍게 아랫입술에 댄 사이로 나오는 마찰음으로 입술로만 소리를 내는 [p] 음과는 다릅니다.
Freund [fʀɔɪnt 프로인트] 친구
Öffnen [ˈœfnən 외프넨] 열다
Vater [ˈfaːtɐ 파 - 터] 아버지
Photo [foto 포토] 사진

ʃ

sch, sp와 st로 시작되는 단어에서의 s는 [슈]로 발음합니다.
Schule [ˈʃuːlə 슐레] 학교
Sport [ʃpɔʁt 슈포엇] 스포츠, 운동
Student [ʃtuˈdɛnt 슈투덴트] 대학생

---

tʃ

tsch는 [취]로 발음합니다.
Deutschland [ˈdɔɪtʃlant 도이칠란트] 독일
Tschüss [tʃʏs 취쓰] 안녕, 잘 가

---

s

s 다음에 모음이 오지 않을 때는 [s]로 발음하며, ss와 ß 역시 [s]로 발음합니다.
essen [ˈɛsn̩ 에쎈] 먹다
Glas [glaːs 글라 - 스] 컵, 유리
Fuß [fuːs 푸 - 쓰] 발

---

h

h 앞에 모음이 있을 때 h는 묵음이 되며, 단어의 처음이나 h 뒤에 모음이 오면 [h]로 발음됩니다.
haben [ˈhaːbn̩ 하 - 벤] 가지다
Hund [hʊnt 훈트] 개

18

V 윗니와 아랫입술 사이의 마찰음으로 [f]보다 약한 [v]로 발음
합니다.
Wag**en** [ˈvaːɡn̩ 바겐] 마차, 탈것
Nov**ember** [noˈvɛmbɐ 노벰버] 11월

Z s 다음에 모음이 오면 [z]로 발음합니다. [s]와 구별해 주어
야 합니다.
sehen [ˈzeːən 제-엔] 보다
lesen [ˈleːzn̩ 레-젠] 읽다

ç [ç] 발음은 a, o, u, au 이외의 모음, 또는 자음 뒤에 ch가
올 때, 그리고 –ig로 끝나는 단어에서 발음됩니다. 혀의 중
간을 높이고 세게 입김을 내보냅니다.
ich [ɪç 이히] 나는
Milch [mɪlç 밀히] 우유
richtig [ˈʀɪçtɪç 리시티히] 옳은

x a, o, u, au 다음에 ch가 올 때 그 ch는 혀의 뒷부분과 입천
장 뒤쪽 사이에서 나는 소리입니다.
Buch [buːχ 부-흐] 책
noch [nɔχ 노흐] 여전히

j [j]는 영어의 y 음처럼 발음합니다. Ja의 경우 [야] 하고 발음
합니다.
Juni [ˈjuːni 유-니] 6월
ja [jaː 야-] 예

m 영어의 m에 해당하는 발음입니다.
Mutter [ˈmʊtɐ 무터] 어머니
Nummer [ˈnʊmɐ 누머] 번호

n

영어의 n에 해당하는 발음입니다.
nein [naɪ̯n 나인] 아니오
Mann [man 만] 남자

ŋ

–ng로 끝나는 단어에서, k 앞에 n이 올 때 n은 비음이 됩니다.
lang [laŋ 랑] 긴
singen [ˈzɪŋən 징엔] 노래하다
Bank [baŋk 방크] 은행

---

l

[l] 음을 발음할 때는 혀끝을 입천장에 완전히 대었다가 떼어
주며 발음합니다.
Lehrer [ˈleːʀɐ 레 - 러] 선생님
hell [hɛl 헬] 밝은

---

r

혀끝을 잇몸 가까이에 접근시키며 [르]라고 발음합니다. [l]
과 달리 혀가 입천장에 닿지 않게 합니다. 모음 앞에 위치하
지 않은 r로 끝나는 경우는 모음화시켜 발음합니다.
Regen [ˈʀeːgn̩ 레 - 겐] 비
Narr [naʀ 나아] 바보

---

ks

chs는 x와 마찬가지로 [ks]로 발음합니다. [k]와 [s]를 거의
동시에 발음합니다.
Hexe [ˈhɛksə 헥세] 마녀
sechs [zɛks 젝스] 여섯, 6
Fuchs [fʊks 푹스] 여우

---

qv

qv는 [kv]로 발음하고 q와 u는 함께 쓰입니다. [k]는 약하
게 [v]는 강하게 [크브]로 발음합니다.
bequem [bəˈkveːm 베크벰] 편안한
Quelle [ˈkvɛlə 크벨레] 샘, 원천

제 1 장

인 사

기본표현

A : Hallo, Paul.
할로   파울

B : Hallo, Anna.
할로   안나

A : 안녕, 파울.
B : 안녕, 안나.

 표현늘리기

■ 안녕하세요! (아침 인사)

Guten Morgen!
구텐   모르겐

■ 안녕하세요! (오후 인사)

Guten Tag!
구텐   탁

■ 안녕하세요! (저녁 인사)

Guten Abend!
구텐   아벤트

■ 안녕하세요! (밤 인사)

Gute Nacht!
구테   나흐트

■ 안녕하세요!

Hallo!
할로

■ 안녕하세요!

Grüß Gott!
그뤼스 곳

■ 안녕!

Grüß dich!
그뤼스 디씨

■ 괜찮아요?

Alles klar bei Ihnen?
알레스 클라 바이 이넨

■ 기분이 아주 좋습니다.

Ich fühle mich sehr gut.
이히 필레 미히 제어 굿

■ 컨디션이 안 좋습니다.

Ich fühle mich nicht wohl.
이히 필레 미히 니히트 볼

Tip
　서로 잘 아는 사이에서는 주로 **Hallo**를 사용하며, 독일 바이에른 지방이나 오스트리아에서는 **Grüß dich!**라고도 합니다. 전화상으로 '여보세요?' 역시 **Hallo?**라고 하면 됩니다.

> **A : Willkommen in Deutschland.**
> 빌콤멘   인 도이칠란트
>
> **B : Es freut mich, Sie kennenzulernen.**
> 에스 프로잇 미히   지   켄넨쭈레어넨
>
> A : 독일에 오신 것을 환영합니다.
> B : 만나서 반갑습니다.

표현늘리기

■ 이분은 김 선생입니다.

Das ist Herr Kim.
다스 이스트 헤어 킴

- -

■ 만나게 되어 반갑습니다.

Es freut mich, Sie kennenzulernen.
에스 프로잇 미히   지   켄넨쭈레어넨

- -

■ 저 역시 만나서 기쁩니다.

Es freut mich auch.
에스 프로잇 미히   아우흐

- -

■ 저를 소개하겠습니다.

Ich möchte mich vorstellen.
이씨 뫼씨테   미히   포어슈텔렌

- -

■ 이름이 어떻게 되세요?

Wie ist Ihr Name?
뷔 이스트 이어 나메?

■ 저는 박한나입니다.

Ich heiße Hanna Park.
이씨 하이쎄 한나 팍

■ 내 이름은 엠마 뮐러입니다.

Mein Name ist Emma Müller.
마인 나메 이스트 엠마 뮐러

■ 혹시 저를 아세요?

Kennen Sie mich vielleicht?
켄넨 지 미히 필라이히트

■ 예, 알고 있습니다.

Ja, ich kenne Sie schon.
야 이히 켄네 지 숀

■ 당신이 낯익어 보입니다.

Sie sind mir nicht fremd.
지 진트 미어 니히트 프렘트

Tip
독일에서 누군가를 소개받고 '만나서 반갑습니다'라는 표현을 하고자 할 때는 가볍게 악수하면서 Es freut mich, Sie kennenzulernen.이라고 하면 되지만, 젊은 이들 사이에서는 Es freut mich., 혹은 더 간단하게 Freut mich.라고 하기도 합니다.

Part 03

오래간만입니다.

기본표현

A : Lange nicht gesehen, wie geht's?
랑에　　니히트　게제엔　　　뷔　게엣츠?

B : Danke gut, und dir?
당케　　　굿　　운트　디어

A : 오랜만이야. 어떻게 지냈어?
B : 고마워, 잘 지냈어. 너는?

 표현늘리기

■ 우리 정말 오래간만입니다.

Wir haben uns ja lange nicht gesehen.
뷔어 하벤　　운스　야 랑에　　니시트　게제엔

■ 어떻게 지내시는지요?

Wie geht es Ihnen?
뷔　게엣　에스 이넨

■ 잘 지냅니다.

Es geht mir gut.
에스 게엣　미어 굿

■ 그럼 당신은요?

Und Ihnen?
운트　이넨

26

■ 잘 지내셨습니까?

Geht es Ihnen gut?
게엣　에스 이넨　굿

■ 저도 역시 잘 지내요.

Auch gut, danke.
아우흐　굿　당케

■ 어떻게 지내니?

Wie geht's?
뷔　게엣츠

■ 고마워, 잘 지내. 너는?

Danke gut, und dir?
당케　굿　운트　디어

■ 그럭저럭요.

Es geht.
에스 게엣

■ 별일 없어요.

Nichts Besonderes.
니히츠　베존더레스

Tip

'오랜만이다'라는 표현 Lange nicht gesehen.은 Wir haben uns lange nicht gesehen.의 줄임말입니다. 직역하면 '우리가 오랫동안 보지 못했다.'는 뜻입니다. '어떻게 지냈습니까?'를 존칭 상대에게 물을 때는 Wie geht es Ihnen?이라 하고, 친구들이나 아이들에게는 Wie geht's?라고 합니다.

Part 04 하시는 일은 잘되세요?

기본표현

A : Wie läuft die Arbeit?
뷔 로이프트 디 아르바이트

B : Es läuft sehr gut.
에스 로이프트 제어 굿

A : 하시는 일은 어떻게 되세요?
B : 아주 잘되고 있습니다.

표현늘리기

■ 하시는 일은 어떻게 되나요?

Wie läuft es mit der Arbeit?
뷔 로이프트 에스 밋 데어 아르바이트

■ 다 잘되고 있습니다.

Alles läuft gut.
알레스 로이프트 굿

■ 하시는 일이 많나요?

Haben Sie viel zu tun?
하벤   지 필 쭈 툰

■ 예, 항상 바쁘답니다.

Ja, ich bin noch immer beschäftigt.
야 이히 빈 노흐 임머   베쉐프티히트

28

■ 요즘 어떻게 지내세요?

Wie läuft es bei Ihnen zurzeit?
뷔 로이프트 에스 바이 이넨 쭈어짜잇

■ 요즘 회사에 일이 많아요.

Es gibt zurzeit viel Arbeit in der Firma.
에스 깁트 쭈어짜잇 필 아르바이트 인 데어 피르마

■ 사업은 잘됩니까?

Gehen Ihre Geschäfte gut?
게엔 이어레 게쉐프테 굿

■ 사업이 잘 안됩니다.

Das Geschäft ist sehr flau.
다스 게쉐프트 이스트 제어 플라우

■ 나쁘지 않아요.

Nicht schlecht.
니히트 슐레히트

■ 그렇게 좋지는 않아요.

Nicht so gut.
니히트 조 굿

Tip
läuft는 laufen(뛰다) 동사의 3인칭 단수 형태로 보통 '(잘)되어가다'라는 의미로 사용됩니다. gehen(가다)도 역시 '(잘)되어가다'라는 의미로 사용되는 경우가 많습니다.

Part 05 안녕히 계세요.

기본표현

A : Auf Wiedersehen.
아우프 비더제엔

B : Schönen Tag noch. Tschüs!
쉐넨　　　　탁　　노흐　　　취스

A : 안녕히 계세요.
B : 즐거운 하루 되세요. 잘 가요!

 표현늘리기

■ 다음에 봐요.

Bis zum nächsten Mal.
비스 쫌　　넥스텐　　　말

■ 나중에 봐요.

Bis später.
비스 슈페터

■ 내일 봐요.

Bis morgen.
비스 모르겐

■ 조금 있다 봐요.

Bis gleich.
비스 글라이히

30

■ 잘 지내렴.

Mach's gut.
막스   굿

■ 안녕. (헤어질 때)

Ciao.
차오

■ 남편에게 안부 전해 주세요.

Viele Grüße an Ihren Mann.
필레   그뤼쎄   안 이어렌 만

■ 어머니께 안부 전해 주세요.

Viele Grüße an Ihre Mutter.
필레   그뤼쎄   안 이어레 무터

■ 좋은 저녁 되세요.

Schönen Abend noch.
쉐넨   아벤트   노흐

■ 좋은 주말 되세요

Schönes Wochenende.
쉐네스   보헨엔데

Tip
공식적으로 헤어질 때의 인사는 **Auf Wiedersehen.**이며 친한 사이에는 '잘 가'
라는 의미로 Tschüss 혹은 Tschüs를 사용합니다. 요즘에는 이탈리아어에서 유래
한 Ciao를 사용하기도 합니다.

Part 06 행운을 빕니다.

 기본표현

A : Viel Glück!
필　　글뤽

B : Danke, gleichfalls!
당케　　글라이히팔스

A : 행운을 빌어요.
B : 고마워요, 저도 행운을 빌어요.

표현늘리기

■ 모든 일이 잘되기를 바랍니다.

Ich wünsche Ihnen alles Gute.
이히　뷘쉐　　　이넨　　알레스　구테

■ 저도 당신이 그러길 바랍니다.

Das wünsche ich Ihnen auch.
다스　뷘쉐　　　이히　이넨　　아우흐

■ 안녕, 즐겁게 지내세요.

Tschüs, viel Vergnügen!
취스　　　필　　페어그뉘겐

■ 성공을 빕니다.

Viel Erfolg!
필　　에어폴크

■ 자동차 여행 잘하시기를!

Gute Fahrt!
구테 파르트

■ 좋은 여행 되시길 바랍니다.

Gute Reise!
구테 라이제

■ 잘 회복하시길 바랍니다.

Gute Besserung!
구테 베써룽

■ 휴일 잘 보내세요.

Schöne Feiertage!
쉐네 파이어타게

■ 휴가 잘 보내세요.

Schönen Urlaub!
쉐넨 우얼라웁

■ 재미있게 지내세요.

Viel Spaß noch!
필 슈파스 노흐

Tip 상대에게 행운을 바랄 때 사용하는 Alles Gute!는 '모든 일이 잘되길 바란다!' 는 인사말로서, Ich wünsche Ihnen(내가 당신에게 바란다)이 생략된 말입니다. 즉, Ich wünsche Ihnen alles Gute.의 줄임말입니다.

단어늘리기

기본단어

hallo	할로	안녕, 안녕하세요
guten	구텐	좋은(gut에 형용사 남성 4격어미 -en이 붙은 형태)
Morgen	모르겐	아침
Tag	탁	날, 낮
Abend	아벤트	저녁
Nacht	나흐트	밤
Grüß Gott	그리스 곳	안녕하세요(독일 남부지방의 인사말)
dich	디히	너를(du의 인칭대명사 4격 형태)
alles	알레스	모든 것
klar	클라	맑은, 분명한
bei	바이	~에게, ~에서(3격 지배 전치사)
Ihnen	이넨	당신에게(존칭 Sie의 3격 형태)
ich	이히	나는
fühlen	퓔렌	느끼다
mich	미히	나를(ich의 인칭대명사 4격 형태)
sehr	제어	아주, 매우
gut	굿	좋은
nicht	니히트	~이 아닌, ~이 아니다
wohl	볼	편안한, 좋은
willkommen	빌콤멘	환영하는
in	인	~에서, ~안에서
Deutschland	도이칠란트	독일
es	에스	그것
freuen	프로이엔	기쁘게 하다
Sie	지	당신

kennenlernen	켄넨레어넨	알게 되다, 사귀다
das	다스	이것
ist	이스트	~이다(sein 동사의 단수 3인칭 형태)
Herr	헤어	~씨, 신사
auch	아우흐	또한, 역시
möchten	뫼히텐	원하다, ~하고 싶다
vorstellen	포어슈텔렌	소개하다, 상상하다
heißen	하이쎈	~라고 불리우다
wie	뷔	어떻게, 얼마나
Ihr	이어	당신의(소유대명사)
Name	나메	이름
mein	마인	나의(소유대명사)
kennen	켄넨	알다
vielleicht	필라이히트	아마도, 혹시
ja	야	예
schon	숀	이미, 벌써
sind	진트	~이다(sein 동사의 복수 3인칭 형태)
mir	미어	나에게(ich의 인칭대명사 3격 형태)
fremd	프렘트	낯선
lange	랑에	오랫동안
sehen	제엔	보다
gehen	게엔	가다
geht's	게엣츠	되어 가다(geht es의 준말)
danke	당케	고맙습니다, 감사합니다
und	운트	그리고
dir	디어	너에게(du의 인칭대명사 3격)
wir	뷔어	우리는
haben	하벤	가지다, 가지고 있다
uns	운스	우리를(wir의 인칭대명사 4격)

단어늘리기

auch	아우흐	또한, 역시
Besonderes	베존더레스	특별한 것, 별것
laufen	로우픈	뛰다
Arbeit	아르바이트	일, 노동
mit	밋	~와 함께(3격 전치사)
viel	필	많이, 많은
zu tun	쭈 툰	하는 것, 할 일
immer	임머	항상
noch	노흐	여전히
beschäftigt	베쉐프티히트	바쁜
zurzeit	쭈어짜잇	현재, 지금
es gibt ~	에스 깁트	~이 있다
Firma	피르마	회사
Geschäfte	게쉐프테	사업, 일, 상점(Geschäft의 복수형)
flau	플라우	쇠약한, (매상이) 좋지 않은
schlecht	슐레히트	나쁜
so	조	그러한, 그렇게
auf	아우프	~위에(3,4격 전치사)
wiedersehen	뷔더제엔	다시 보다
schön	쇤	아름다운, 예쁜
Tschüs	취스	잘 가, 안녕
bis	비스	~까지(4격 전치사)
nächst	넥스트	가장 가까운, 다음의
Mal	말	회, 번
später	슈페터	나중에
morgen	모르겐	내일
gleich	글라이히	곧, 방금
mach's gut	막스 굿	잘 지내렴.
Ciao	차오	안녕(헤어질 때)

36

Mann	만	남자, 남편
Mutter	무터	엄마
Wochenende	보헨엔데	주말
Glück	글뤽	행운, 행복
gleichfalls	글라이히팔스	마찬가지로, 똑같이
wünschen	뷘쉔	원하다, 바라다
alles Gute	알레스 구테	다 잘되기를!
Vergnügen	페어그뉘겐	즐거움
Erfolg	에어폴크	성공
Fahrt	파르트	운행, 여행
Reise	라이제	여행
Besserung	베써룽	회복, 나아짐
Feiertag	파이어탁	휴일(복수형은 Feiertage)
Urlaub	우얼라웁	휴가
Spaß	슈파스	즐거움

독일의 인사법

한국의 인사말인 '안녕하세요?'에 대한 독일의 공식 인사는 Guten Tag! 이지만 독일에서는 젊은이들 사이에서 가볍게 Hallo!. 또는 Hi!라고 인사하는 경우가 많습니다. 서로 아는 사이에서는 Grüss dich!라고도 하지요. 서로 잘 알지 못하는 이웃들 사이에서도 가볍게 Hallo! 하면서 지나가는 게 독일의 일반적인 인사풍습입니다.

또한 길에서 누군가에게 질문을 할 때는 영어의 Excuse me.에 해당하는 Entschuldigung.(실례합니다.)으로 시작하는 경우가 대부분입니다. 그리고 상대방에게 기대하는 답변을 받았건 못받았건 관계없이 감사의 표현인 Danke schön!(대단히 고맙습니다!)을 빼놓지 않습니다.

헤어질 때의 공식 인사법은 Auf Wiedersehen!입니다. 친한 사이나 젊은이들 사이에서는 가볍게 Tschüs!라고 하기도 하지요. 그 밖에 이탈리아어에서 유래한 Ciao!를 사용하기도 합니다. 전화상에서는 서로의 대화를 마친 후 끊기 전에 Auf Wiederhören!이라고 인사를 합니다. 다음에 다시 통화하자는 의미입니다. 독일사람들은 딱딱하고 이성적일 것 같지만 인사에 관해서는 따뜻한 편이라고 할 수 있습니다.

제 2 장

소 개

이분은 마틴 슐츠 씨입니다.

기본표현

A : Das ist Martin Schultz.
다스 이스트 마틴 슐츠

B : Freut mich, Sie kennenzulernen.
프로잇 미히 지 켄넨쭈레어넨

A : 이분은 마틴 슐츠 씨입니다.
B : 만나서 반갑습니다.

 표현늘리기

■ 제 회사 동료를 소개하고 싶습니다.

Ich möchte Ihnen meinen Kollegen vorstellen.
이히 뫼히테 이넨 마이넨 콜레겐 포어슈텔렌

■ 저는 김문호입니다.

Ich bin Munho Kim.
이히 빈 문호 킴

■ 저는 지멘스에서 일하고 있습니다.

Ich arbeite bei Siemens.
이히 아르바이테 바이 지멘스

■ 이쪽은 제 회사동료입니다.

Das ist mein Kollege.
다스 이스트 마인 콜레게

■ 이쪽은 제 아내입니다.

Das ist meine Frau.
다스 이스트 마이네 프라우

■ 저는 보리스 베커입니다. 만나서 반가워요.

Ich bin Boris Becker. Freut mich, Sie zu sehen.
이히 빈 보리스 베커 프로잇 미히 지 쭈 제엔

■ 저는 미카엘 슈마허입니다. 저도 만나서 반가워요.

Ich bin Michael Schuhmacher. Freut mich auch.
이히 빈 미카엘 슈마허 프로잇 미히 아우흐

■ 제 친구를 소개하고 싶습니다.

Ich möchte Ihnen meinen Freund vorstellen.
이히 뫼히테 이넨 마이넨 프로인트 포어슈텔렌

■ 당신에게 김 씨를 소개해도 될까요?

Darf ich Ihnen Herrn Kim vorstellen?
다르프 이히 이넨 헤른 킴 포어슈텔렌

■ 제가 당신을 그에게 소개해 드릴게요.

Ich mache Sie mit ihm bekannt.
이히 마헤 지 밋 이임 베칸트

Tip
Das ist ~는 '이 사람은 ~입니다'로 사람을 소개할 때 쓰는 말입니다. 이름을 먼저 말하고 성을 나중에 말합니다. das는 지시대명사로서 사람이나 사물에 쓰이며, '이 사람', '저 사람', '이것', '저것'을 총칭하는 대명사입니다.

A : Wer ist das?
베어   이스트 다스

B : Das ist Herr Schneider.
다스   이스트 헤어   슈나이더

A : 이분은 누구입니까?
B : 이분은 슈나이더 씨입니다.

 표현늘리기

■ 당신들은 서로 아는 사이인가요?

Kennen Sie sich schon?
켄넨   지   지히   숀

■ 예, 우린 이미 알고 있는 사이입니다.

Ja, wir kennen uns schon.
야   뷔어 켄넨   운스 숀

■ 우리는 서로 뵌 적이 있습니다.

Wir kennen uns vom Sehen.
뷔어 켄넨   운스 폼   제엔

■ 베크만 씨를 원래부터 알고 계신 건가요?

Kennen Sie eigentlich Herrn Beckmann?
켄넨   지   아이겐틀리히   헤언   베크만

■ 그는 내 직장동료입니다.

Er ist mein Kollege.
에어 이스트 마인 콜레게

■ 그는 생산부서에서 근무하고 있습니다.

Er arbeitet in der Produktionsabteilung.
에어 아르바이텟 인 데어 프로둑치온스압타일룽

■ 이분은 내 상사입니다.

Das ist mein Chef.
다스 이스트 마인 쉐프

■ 저 부인은 누구인가요?

Wer ist die Dame?
베어 이스트 디 다메

■ 그녀는 내 고객입니다.

Sie ist meine Kundin.
지 이스트 마이네 쿤딘

■ 그녀의 이름을 모릅니다.

Ich weiß nicht, wie sie heißt.
이히 바이쓰 니히트 뷔 지 하이스트

Tip wer는 영어의 who에 해당하는 의문대명사로서 보통 그 사람의 신분이나 이름 등을 물을 때 사용합니다. Wer ist das?는 '이 사람은 누구입니까?'를 뜻하며, 영어에서 Who is this?로 표현하는 것과 같습니다.

기본표현

A : Wie heißen Sie?
뷔　하이쎈　지

B : Ich heiße Jan Möller.
이히 하이쎄　얀　뫌러

A : 성함이 어떻게 되세요?
B : 저는 얀 뫌러라고 합니다.

📓 표현늘리기

■ 당신의 성함이 어떻게 되나요?

Wie ist Ihr Name, bitte?
뷔　이스트 이어 나메　비테

■ 김한국입니다.

Ich bin Han-Kuk Kim.
이히 빈　한국　　킴

■ 김이 당신의 이름입니까?

Ist Kim Ihr Vorname?
이스트 킴　이어 포어나메

■ 아닙니다. 그것은 성입니다.

Nein, es ist mein Nachname.
나인　에스 이스트 마인 나흐나메

■ 철자로 말해 주세요.

Buchstabieren Sie bitte.
부흐슈타비어렌　　지　비테

■ 철자로 말하자면 카, 이, 엠입니다.

Ich buchstabiere, K, I, M.
이히 부흐슈타비어레　　카 이 엠

■ 당신이 바이닝어 씨입니까?

Sind Sie Herr Weininger?
진트　지　헤어　바이닝어

■ 예, 그렇습니다.

Ja, das bin ich.
야　다스　빈　이히

■ 철자가 어떻게 됩니까?

Wie schreibt man das?
뷔　슈라입트　만　다스

■ 다시 말씀해 주세요.

Bitte wiederholen Sie das.
비테　비더홀렌　　지　다스

Tip

　　한국과는 달리 독일에서는 이름을 먼저 말하고 성을 나중에 말합니다. **Name**
는 기본적으로 '성'을 말하며 이름과 성을 구분시킬 경우 '이름'은 Vorname, '성'은
Nachname 혹은 Familienname라고 합니다. 그리고 '당신은 누구입니까?'라고 물
을 때는 Wie heißen Sie? 혹은 Wie ist Ihr Name?라고 할 수 있으며 '저는 ～입니
다.'라고 대답할 때는 Ich heiße ~ . / Mein Name ist ~ . / Ich bin ~ . 등으로 다양하
게 표현할 수 있습니다.

A : Woher kommen Sie?
보헤어   콤멘   지

B : Ich komme aus Korea.
이히 콤메   아우스 코레아

A : 어디에서 오셨어요?
B : 한국에서 왔습니다.

표현늘리기

■ 어디에서 오셨습니까?

Wo kommen Sie her?
보   콤멘   지   헤어

■ 저는 한국에서 왔습니다.

Ich komme aus Südkorea.
이히 콤메   아우스 쥐트코레아

■ 당신은 국적이 어디입니까?

Welche Staatsangehörigkeit haben Sie?
벨헤   슈탓츠안게회리히카이트   하벤   지

■ 한국입니다.

Koreanisch.
코레아니쉬

■ 당신은 일본인입니까?

Sind Sie Japanerin?
진트   지   야파너

■ 아닙니다. 한국인입니다.

Nein, ich bin Koreanerin.
나인   이히 빈   코레아너

■ 오신 지 얼마나 되셨습니까?

Seit wann sind Sie in Deutschland?
자잇 반   진트 지   인 도이칠란트

■ 독일은 처음입니다.

Ich bin zum ersten Mal hier in Deutschland.
이히 빈 쭘   에어스텐 말   히어 인 도이칠란트

■ 독일어를 하십니까?

Sprechen Sie Deutsch?
슈프레헨   지   도이취?

■ 독일어를 잘 못합니다.

Ich spreche nicht gut Deutsch.
이히 슈프레헤   니시트 굿   도이취

Tip
'한국'이란 나라 이름은 Korea, 혹은 Südkorea입니다. '북한'이 아니라 '남한'임을 강조할 때는 Südkorea를 사용합니다. 하지만 '국적'은 나라 이름이 아니라 '그 나라에 속해 있는 상태'를 뜻하는 말이니 형용사 Koreanisch로 표현합니다. 그리고 '한국인'은 Koreaner / Koreanerin(여)이라고 합니다.

A : Was sind Sie von Beruf?
봐스   진트   지 폰   베루프

B : Ich bin Angestellter.
이히   빈   안게슈텔터

A : 직업이 무엇입니까?
B : 저는 회사원입니다.

표현늘리기

■ 직업이 무엇입니까?

Was ist Ihr Beruf?
봐스   이스트 이어 베루프

■ 하시는 일은 어떻게 되세요?

Was machen Sie beruflich?
봐스   마헨   지   베루플리히

■ 저는 교사로 일하고 있습니다.

Ich bin als Lehrer tätig.
이히 빈   알스 레러   테티히

■ 저는 한 은행에서 일하고 있어요.

Ich arbeite bei einer Bank.
이히 아르바이테 바이 아이너   방크

48

■ 저는 증권중개인입니다.

Ich bin Börsenmakler.
이히 빈 뵈어젠마클러

■ 저는 프로그래머로 일하고 있어요.

Ich arbeite als Programmierer.
이히 아르바이테 알스 프로그라미어러

■ 어디서 근무하시죠?

Wo arbeiten Sie?
보 아르바이텐 지

■ 저는 한 여행사에서 일하고 있습니다.

Ich arbeite bei einem Reisebüro.
이히 아르바이테 바이 아이넴 라이제뷔로

■ 저는 공무원이 되고 싶습니다.

Ich möchte Beamter werden.
이히 뫼히테 베암터 베어덴

■ 저는 대기업에서 일하고 싶습니다.

Ich möchte bei einem großen Unternehmen arbeiten.
이히 뫼히테 바이 아이넴 그로쎈 운터네멘 아르바이텐

Tip
일반적인 회사원, 즉 어느 회사에 정식으로 고용되어 사무실에서 일하고 있는 정직원을 Angestellter라고 합니다. 여직원은 Angestellte라고 하지요. 직업을 물을 때는 Was sind Sie von Beruf?가 일반적이지만 von Beruf를 생략하여 Was sind Sie?라고 묻기도 합니다.

49

A : Was machen Sie in der Firma?
봐스 마헨 지 인 데어 피르마

B : Ich bin in der Personalabteilung tätig.
이히 빈 인 데어 페르조날압타일룽 테티히

A : 회사에서 무슨 일을 하세요?
B : 저는 인사부에서 일하고 있습니다.

표현늘리기

■ 어느 대학에 다니세요?

Wo gehen Sie zur Universität?
보 게엔 지 쭈어 우니베어지텟

■ 대학에서 무엇을 전공하고 계십니까?

Was studieren Sie?
봐스 슈투디어렌 지

■ 저는 경제학을 전공합니다.

Ich studiere Wirtschaftswissenschaft.
이히 슈투디어레 비엇샤프츠비쎈샤프트

■ 어느 대학 나왔나요?

Wo haben Sie studiert?
보 하벤 지 슈투디어트

■ 어느 회사에서 일하세요?

Bei welcher Firma arbeiten Sie?
바이 벨혀   피르마   아르바이텐   지

■ 저는 보쉬사에서 일합니다.

Ich arbeite bei Bosch.
이히 아르바이테 바이 보쉬

■ 어느 부서에서 근무합니까?

In welcher Abteilung arbeiten Sie?
인 벨혀   압타일룽   아르바이텐   지

■ 저는 수출부 담당입니다.

Ich bin für Exportabteilung zuständig.
이히 빈   퓨어 엑스포트압타일룽   쭈슈텐디히

■ 저는 영업부에서 근무합니다.

Ich bin in der Verkaufsabteilung tätig.
이히 빈   인 데어 페어카우프스압타일룽   테티히

■ 저는 한 무역회사의 과장입니다.

Ich bin Abteilungsleiterin einer Handelsfirma.
이히 빈   압타일룽스라이터린   아이너 한델스피르마

Tip 대학에서 전공으로 공부할 때는 **studieren**이라는 동사를 사용합니다. 고등학생 이하가 공부하는 행위는 **lernen**이라고 하지요. 그리고 '어느 회사에서 일을 한다'라 고 했을 때 회사명 앞에는 전치사 **bei**를 붙이는 것이 일반적입니다.

A : Wo wohnen Sie?
보   보넨   지

B : Ich wohne in Düsseldorf.
이히 보네   인 뒤셀도르프

A : 댁은 어디세요?
B : 저는 뒤셀도르프에서 살고 있습니다.

표현늘리기

■ 고향은 어디세요?

Wo ist Ihre Heimat?
보   이스트 이어레 하이맛

■ 내 고향은 서울입니다.

Meine Heimat ist Seoul.
마이네   하이맛   이스트 서울

■ 지금은 어디서 사시죠?

Wo wohnen Sie jetzt?
보   보넨   지 옛츠트

■ 서울 근교에서 삽니다.

Ich wohne in der Nähe von Seoul.
이히 보네   인 데어 네에   폰   서울

■ 저는 시내에서 삽니다.

Ich wohne in der Stadtmitte.
이히 보네　　인 데어 슈타트미테

■ 댁이 여기서 멀어요?

Wohnen Sie weit weg von hier?
보넨　　지 바잇 벡 폰　히어

■ 아니요, 멀지 않습니다.

Nein, meine Wohnung ist nicht weit von hier.
나인　마이네　보눙　　이스트 니히트 바잇 폰　히어

■ 그곳까지 얼마나 걸려요?

Wie lange dauert es bis dorthin?
뷔　랑에　다우어트 에스 비스 도어트힌

■ 지하철로 반 시간 정도 걸립니다.

Es dauert eine halbe Stunde mit der U-Bahn.
이스 다우어트 아이네 할베　슈툰데　밋 데어 우반

■ 여기 근처에서 삽니다. 걸어서 갈 수 있어요.

Ich wohne in der Nähe von hier. Man kann zu Fuß gehen.
이히 보네　인 데어 네에 폰 히어 만 칸　쭈 푸쓰 게엔

Tip
상대방의 거주지를 물을 때는 Wo wohnen Sie?라고 합니다. wohnen 동사는 '거주하다'라는 뜻을 가지고 있지요. 거주하고 있는 곳, 다시 말해서 '집'은 일반적으로 Wohnung이라고 합니다. Haus는 집이 '단독주택'이거나 '건물' 개념일 때 사용됩니다.

기본표현

A : **Sind Sie zum ersten Mal hier in Deutschland?**
진트 지 쭘   에어스텐 말 히어 인 도이칠란트

B: **Nein, ich bin öfter in Deutschland.**
나인   이히 빈   외프터 인 도이칠란트

A : 독일은 처음이신가요?
B : 아니요, 자주 독일에 옵니다.

표현늘리기

■ 독일은 처음이세요?

Ist das Ihr erster Besuch in Deutschland?
이스트 다스 이어 에어스터 베주흐   인 도이칠란트

■ 예, 독일은 처음입니다.

Ja, ich bin zum ersten Mal in Deutschland.
야 이히 빈 쭘   에어스텐 말   인 도이칠란트

■ 출장 중이세요?

Sind Sie auf Geschäftsreise?
진트   지 아우프 게쉐프트라이제

■ 예, 저는 업무차 출장 중입니다.

Ja, ich bin geschäftlich unterwegs.
야   이히 빈   게쉐프틀리히   운터벡스

■ 언제 베를린에 오셨나요?

Wann sind Sie in Berlin angekommen?
반　　진트　지　인 베얼린　안게콤멘

■ 어젯밤에 도착했습니다.

Gestern Abend bin ich angekommen.
게스턴　　아벤트　　빈　이히 안게콤멘

■ 베를린이 얼마나 마음에 드세요?

Wie gefällt es Ihnen hier in Berlin?
뷔　게펠트　에스 이넨　히어　인 베얼린

■ 아주 마음에 듭니다.

Es gefällt mir sehr gut.
에스 게펠트　미어 제어　굿

■ 프랑크푸르트에도 가 보셨나요?

Waren Sie auch schon mal in Frankfurt?
봐렌　　지　아우흐 숀　　말　인 프랑크푸어트

■ 저는 프랑크푸르트에서 태어났습니다.

Ich bin in Frankfurt geboren.
이히 빈　인 프랑크푸어트　게보렌

Tip zum ersten Mal은 '처음으로'라는 뜻입니다. 최초의 경험을 할 경우 사용하는 표현입니다. '출장 중이다'라는 독일어 표현은 auf Geschäftsreise sein, 혹은 geschäftlich unterwegs sein을 사용합니다. 그리고 gefallen 동사는 '∼에게 마음에 들다'라는 뜻으로 3격 목적어를 수반합니다.

단어늘리기

기본단어

das	다스	이것, 이 사람
Kollege	콜레게	동료, 친구
vorstellen	포어슈텔렌	소개하다
arbeiten	아르바이텐	일하다
bei	바이	~에
Mann	만	남자, 남편
Frau	프라우	여자, 아내
sehen	제엔	보다
auch	아우흐	또한, 역시
Freund	프로인트	친구
dürfen	뒤어펜	~해도 좋다(1인칭 형태는 darf)
Herrn	헤른	~씨에게(Herr의 3격 형태)
ihm	이임	그에게
bekannt machen	베칸트 마헨	알게 하다, 소개하다
wer	베어	누구, 누가
kennen	켄넨	알다
sich	지히	서로, 스스로
		(재귀대명사 3인칭 형태)
vom	폼	~로부터(von과 dem의 축약 형태)
Sehen	제엔	보는 것(동사 sehen의 명사 형태)
eigentlich	아이겐틀리히	원래, 본래
Produktionsabteilung		생산부서
	프로둑치온스압타일룽	
Chef	쉐프	상사, 사장
Dame	다메	부인, 숙녀
Kundin	쿤딘	여성 고객

wissen	뷔쎈	알다(1인칭 형태는 weiß)
heißen	하이쎈	~라고 불리우다
Ihr	이어	당신의
Name	나메	이름, 성
bitte	비테	제발, 부탁합니다
Vorname	포어나메	이름
Nachname	나흐나메	성
buchstabieren	부흐슈타비어렌	철자화시켜 말하다
schreibt	슈라입트	쓰다(schreiben 동사의 3인칭 단수 형태)
man	만	사람들(부정대명사)
wiederholen	비더홀렌	반복하다
woher	보헤어	어디에서부터
kommen	콤멘	오다
aus	아우스	~로부터, ~에서
Südkorea	쥐트코레아	한국, 남한
her	헤어	이쪽으로, ~로부터
welche	벨헤	어떠한, 어떤
Staatsangehörigkeit		국적
	슈탓안게회리히카이트	
haben	하벤	가지다
Koreanisch	코레아니쉬	한국의, 한국어
Japaner	야파너	일본인(Japaner의 여성형)
Koreaner	코레아너	한국인(Koreaner의 여성형)
seit	자잇	~이래로, ~부터
wann	봔	언제
zum ersten Mal	쭘 에어스텐 말	처음으로, 첫 번째로
sprechen	슈프레헨	말하다
Deutsch	도이취	독일어

단어늘리기

was	봐스	무엇
von	폰	~로부터, ~의
Beruf	베루프	직업
Angestellter	안게슈텔터	회사원, 직원
machen	마헨	하다
beruflich	베루플리히	직업적으로
als	알스	~(으)로서
Lehrer	레러	선생님, 교사
tätig	테티히	활동적인, 일하고 있는
bei	바이	~에서
Bank	방크	은행
Börsenmakler	뵈어젠마클러	증권맨
Programmierer	프로그라미어러	프로그래머
Reisebüro	라이제뷔로	여행사
Beamter	베암터	공무원
werden	베어덴	~이 되다
groß	그로스	큰
Unternehmen	운터네멘	기업
Firma	피르마	회사
Personalabteilung	페르조날압타일룽	인사과, 인사부서
Universität	우니베어지텟	대학
studieren	슈투디어렌	대학 공부하다
Wirtschaftswissenschaft		경제학
	비엇샤프츠비쎈샤프트	
Abteilung	압타일룽	부서, 매장
für	퓨어	~을 위하여
Exportabteilung	엑스포엇압타일룽	수출부
zuständig	쭈슈텐디히	담당의, 관할의
Verkaufsabteilung	페어카우프스압타일룽	판매부, 영업부

Abteilungsleiterin	압타일룽스라이터린	과장
Handelsfirma	한델스피르마	무역회사
wohnen	보넨	거주하다, 살다
Heimat	하이맛	고향
jetzt	옛츠트	지금
in der Nähe	인 데어 네에	근처에서
Stadtmitte	슈타트미테	시내
weit	바잇	멀리, 먼
weg	벡	떨어진, 없어진
hier	히어	여기에서
wie lange	뷔 랑에	얼마나 오랫동안
dauern	다우언	(시간이) 걸리다
bis	비스	~까지(4격 전치사)
dorthin	도어트힌	거기까지, 그곳까지
halbe Stunde	할베 슈툰데	반 시간, 30분
U-Bahn	우 반	지하철
kann	칸	할 수 있다
		(können의 1인칭 형태)
zu Fuß	쭈 푸쓰	걸어서, 도보로
öfter	외프터	자주
Besuch	베주흐	방문
Geschäftsreise	게쉐프츠라이제	출장(여행)
geschäftlich	게쉐프틀리히	업무상의, 사업상의
unterwegs sein	운터벡스 자인	여행 중이다, 이동 중이다
ankommen	안콤멘	도착하다(과거분사는
		angekommen)
gestern	게스턴	어제
gefallen	게팔렌	~에게 마음에 들다
		(gefällt는 3인칭 단수 형태)

59

단어늘리기

| mal | 말 | 한 번, 좀 |
| geboren | 게보렌 | 태어난 |

관련단어

[국가 이름]

Afghanistan	아프가니스탄	아프가니스탄
Argentinien	아르겐티니엔	아르헨티나
Australien	아우스트랄리엔	호주
Ägypten	에깁텐	이집트
Belgien	벨기엔	벨기에
Brasilien	브라질리엔	브라질
Bulgarien	불가리엔	불가리아
Chile	칠레	칠레
China	히나	중국
Dänemark	데네마크	덴마크
Deutschland	도이칠란트	독일
Finnland	핀란트	핀란드
Frankreich	프랑크라이히	프랑스
Griechenland	그리헨란트	그리스
Indien	인디엔	인도
Indonesien	인도네지엔	인도네시아
Irak	이락	이라크
Iran	이란	이란
Irland	이얼란트	아일랜드
Israel	이스라엘	이스라엘
Italien	이탈리엔	이탈리아
Japan	야판	일본
Kanada	카나다	캐나다

Korea	코레아	한국
Malaysia	말레이지아	말레이시아
Mexiko	멕시코	멕시코
die Niederlande	디 니덜란데	네덜란드
Nordkorea	노어트코레아	북한
Norwegen	노르베겐	노르웨이
Österreich	외스터라이히	오스트리아
Polen	폴렌	폴란드
Portugal	포어투갈	포르투갈
Philippinen	필리피넨	필리핀
Russland	루슬란트	러시아
Schweden	슈베덴	스웨덴
die Schweiz	디 슈바이츠	스위스
Spanien	슈파니엔	스페인
Südkorea	쥐트코레아	남한
die Türkei	디 튀어카이	터어키
die USA	디 우에스아	미국
Vietnam	비엣남	베트남

61

연방주의 국가 독일

독일은 지방자치가 가장 잘 이루어지고 있는 연방주의 국가입니다. 연방정부와 16개 주가 각기 독립적인 권한을 갖고 있습니다. 치안, 학교, 대학교, 문화 및 지방자치행정은 각 주의 권한 하에 있으며 16개 주의 행정부는 각 주의 법뿐 아니라 연방법도 집행하게 됩니다. 각 주의 주정부는 연방상원을 통해 연방의 입법과정에 직접 개입하고 있습니다.

독일의 연방주의는 단순한 국가제도를 넘어 독일의 분권화된 문화와 경제구조의 토대로서 오랜 전통을 가졌습니다. 16개 주로 구성된 독일의 연방주의적 구조는 정치적 기능 외에도 강한 지역별 정체성을 대변하기도 합니다. 기본법에는 1949년 제정 당시부터 각 주의 독립된 위상이 명시되어 있습니다. 그 후 1990년 독일이 통일을 이루면서 브란덴부르크, 메클렌부르크포어포메른, 작센, 작센안할트, 튀링엔 등 5개의 새 연방주가 탄생하였습니다.

노르트라인베스트팔렌 주는 인구가 1,760만 명으로 독일에서 가장 인구가 많은 주이고, 바이에른 주는 면적이 70,550㎢로 독일에서 가장 면적이 넓은 주입니다. 독일의 수도인 베를린은 1㎢당 인구가 3,838명으로 인구밀도가 가장 높습니다.

[독일 베를린 소재 연방의회]

감사 · 사과 · 축하

감사합니다.

A : Danke schön!
당케   쉔

B : Bitte schön!
비테   쉔

A : 감사합니다.
B : 천만에요.

표현늘리기

■ 고맙습니다.

Danke sehr!
당케   제어

■ 매우 감사드립니다.

Vielen Dank!
필렌   당크

■ 감사드립니다.

Ich bedanke mich.
이히 베당케   미히

■ 도와주셔서 감사합니다.

Ich danke Ihnen für Ihre Hilfe.
이히 당케   이넨   퓨어 이어레 힐페

64

■ 초대해 주셔서 감사드립니다.

Danke sehr für die Einladung.
당케 제어 퓨어 디 아인라둥

■ 선물에 감사드립니다.

Danke für das Geschenk.
당케 퓨어 다스 게쉥크

■ 천만에요.

Bitte sehr!
비테 제어

■ 괜찮습니다.

Nichts zu danken!
니히트 쭈 당켄

■ 천만에요.

Keine Ursache!
카이네 우어자헤

■ 좋아서 한 일인데요.

Gern geschehen!
게언 게쉐엔

Tip

누군가가 '고맙다'는 표현을 할 경우에는 답변으로 Bitte schön. / Bitte sehr. / Nichts zu danken. 등 여러 가지 표현들이 있습니다. 한국말로 하자면 '별말씀을 다 하십니다.' 정도인데 이러한 표현 말고도 Keine Ursache.나 Gern geschehen.도 있으니 잘 익혀두어야 합니다.

A : Entschuldigen Sie die Störung.
엔트슐데겐   지   디   슈퇴룽

B : Kein Problem.
카인   프로블렘

A : 폐를 끼쳐 죄송합니다.
B : 괜찮습니다.

표현늘리기

■ 좀 도와주시겠습니까?

Können Sie mir helfen?
쾨넨   지 미어 헬펜

■ 귀찮게 해서 죄송합니다.

Entschuldigen Sie, dass ich Sie störe.
엔트슐디겐   지   다스 이히 지 슈퇴레

■ 괜찮아요. 뭘 도와드릴까요?

Ist schon gut. Was kann ich Ihnen helfen?
이스트 숀   굿   봐스 칸   이히 이넨   헬펜

■ 내 차가 말썽입니다.

Mein Auto ist nicht in Ordnung.
마인   아우토 이스트 니히트 인 오어트눙

■ 걱정하지 마세요. 고쳐드릴게요.

Machen Sie sich keine Sorgen. Ich kann das reparieren.

마헨　　　지　지히　카이네　조르겐　　이히　칸　　다스　레파리어렌

■ 수고하셨습니다.

Danke für Ihre Mühe.

당케　　퓨어 이어레 뮈에

■ 별말씀을요.

Das ist doch nicht der Rede wert.

다스 이스트 도흐 니히트 데어 레데　　베어트

■ 다 괜찮습니다.

Alles ist in Ordnung.

알레스 이스트 인 오어트눙

■ 조언해 주셔서 감사드립니다.

Vielen Dank für Ihren Rat.

필렌　　　당크　퓨어 이어렌　랏

■ 별말씀 다 하십니다.

Bitte, bitte.

비테　　비테

Tip

　　남에게 폐를 끼치는 행위는 독일에서는 상대방에 대한 '방해'라고 생각하므로 명사 Störung(방해), 혹은 동사 stören(방해하다)을 이용하여 표현합니다. 또한 '~에 대해 감사하다'라고 할 경우에는 전치사 für가 주로 이용됨을 알아두시기 바랍니다.

Part 03

A : Herr Kim, was ist denn los?
헤어 킴   봐스 이스트 덴   로스

B : Tut mir leid, ich war krank.
툿   미어 라잇 이히 봐   크랑크

A : 김 씨, 어떻게 된 거예요?
B : 죄송합니다. 아팠거든요.

표현늘리기

■ 늦어서 죄송합니다.

Entschuldigen Sie bitte meine Verspätung.
엔트슐디겐   지 비테 마이네   페어슈페퉁

■ 정말 죄송합니다.

Es tut mir sehr leid.
에스 투트 미어 제어 라잇

■ 고의가 아니었습니다.

Das war keine Absicht.
다스 봐   카이네 압지히트

■ 그건 제 잘못입니다.

Das ist meine Schuld.
다스 이스트 마이네 슐트

■ 그건 제 실수입니다.

Das ist mein Fehler.
다스 이스트 마인 펠러

■ 제 책임입니다.

Daran bin ich schuld.
다란 빈 이히 슐트

■ 제가 부주의했습니다.

Es war unaufmerksam von mir.
에스 봐 운아우프메르크잠 폰 미어

■ 정말 유감입니다.

Das ist aber schade.
다스 이스트 아버 샤데

■ 있을 수 있는 일이니 괜찮아요.

Das kann ja mal passieren.
다스 칸 야 말 파씨어렌

■ 그건 중요한 일이 아니에요.

Das spielt keine Rolle.
다스 슈필트 카이네 롤레

Tip
상대에게 미안한 감정을 표현하고자 할 때에는 Entschuldigen Sie, Entschuldigung, 혹은 Es tut mir leid.을 사용합니다. 자기의 책임을 인정할 경우에는 Das ist mein Fehler.(나의 실수다.) / Das ist meine Schuld.(내 잘못이다.)라고 말할 수도 있습니다.

Part 04   새해 복 많이 받으세요.

A : Frohes neues Jahr!
프로에스   노이에스   야

B : Danke schön! Ihnen auch.
당케   쉔   이넨   아우흐

A : 새해 복 많이 받으세요.
B : 고맙습니다. 당신도요.

표현늘리기

■ 메리 크리스마스!

Frohe Weihnachten!
프로에   바이나흐텐

■ 생일 축하합니다!

Herzlichen Glückwunsch zum Geburtstag!
헤어츨리헨   글뤽분쉬   쭘   게부어츠탁

■ 새해 복 많이 받으세요.

Guten Rutsch ins neue Jahr!
구텐   루취   인스 노이에 야

■ 새해에 모든 일이 잘되길 바래요.

Alles Gute zum neuen Jahr!
엘레스 구테 쭘 노이엔 야

■ 즐거운 부활절 되세요.

Frohe Ostern!

프로에 오스턴

■ 결혼을 진심으로 축하드려요.

Herzlichen Glückwunsch zu Ihrer Hochzeit.

헤어츨리헌 글릭분쉬 쭈 이어러 호흐짜잇

■ 결혼 25주년을 축하드립니다.

Ich beglückwünsche Sie zur silbernen Hochzeit.

이히 베글릭뷘쉐 지 쭈어 질버르넨 호흐짜잇

■ 승진을 축하드립니다.

Ich gratuliere Ihnen zur Beförderung.

이히 그라툴리어레 이넨 쭈어 베푀어더룽

■ 시험 잘 봐.

Viel Glück bei der Prüfung!

필 글릭 바이 데어 프뤼풍

■ 성공하길 빕니다.

Ich wünsche Ihnen viel Erfolg.

이히 뷘쉐 이넨 필 에어폴크

Tip

가까운 사람들에게 성탄과 부활을 축하할 경우에는 각각 Frohe Weihnachten! / Frohe Ostern!이라고 하는데 한국어로는 '기쁜 성탄을!', '기쁜 부활절을!'이 됩니다. 모두 Ich wünsche Ihnen.(제가 당신에게 바랍니다.)이 생략된 표현이죠. 생일이나 결혼 등 개인의 특정일을 축하할 경우에는 일반적으로 Herzlichen Glückwunsch zu ~를 사용하는 경우가 많습니다. '~를 맞이하여 진심으로 행운을 빈다'는 의미입니다.

단어늘리기

danke schön	당케 쉔	대단히 감사합니다
bitte schön	비테 쉔	천만에요, 괜찮습니다
Dank	당크	감사
bedanken	베당켄	감사하다
Hilfe	힐페	도움
Einladung	아인라둥	초대
Geschenk	게쉥크	선물
nichts	니시츠	아무것도 ～ 아닌(부정대명사)
zu danken	쭈 당켄	감사할 것
Ursache	우어자헤	원인
gern	게언	즐겨
geschehen	게쉐엔	(～일이) 일어나다
entschuldigen	엔트슐디겐	실례하다, 사과하다
Störung	슈퇴룽	방해, 장애
Problem	프로블렘	문제
können	쾨넨	할 수 있다
helfen	헬펜	돕다, 도와주다
dass	다쓰	～하는 것(접속사)
stören	스퇴렌	방해하다
Auto	아우토	자동차
Ordnung	오어트눙	질서, 정돈
Sorge	조르게	걱정
reparieren	레파리어렌	수리하다
Mühe	뮈에	노력
Rede	레데	말
wert	베어트	가치가 있는

Rat	랏	조언
denn	덴	도대체
los	로스	풀어진, 느슨한, 시작하다
tun	툰	~을 하다
leid	라잇	유감스러운
war	봐	~였다(sein의 과거형)
krank	크랑크	아픈
Verspätung	페어슈페퉁	지각, 연착
Absicht	압지히트	의도
Schuld	슐트	책임, 죄
Fehler	펠러	실수
daran	다란	거기에, 그런 점에
unaufmerksam	운아우프메르크잠	부주의한, 주의하지 않은
schade	샤데	유감인
passieren	파씨어렌	~일이 일어나다
spielen	슈필렌	놀다, 연기하다
Rolle	롤레	역할
froh	프로	기쁜
neu	노이	새로운
Jahr	야	년, 해
Weihnachten	바이나흐텐	성탄절, 크리스마스
herzlich	헤어쯜리히	진심의
Glückwunsch	글릭분쉬	행운의 소망
Geburtstag	게부어츠탁	생일
Rutsch	루춰	미끄러짐
Alles Gute	엘레스 구테	다 잘되기를
Ostern	오스턴	부활절
Hochzeit	호흐짜잇	결혼식
beglückwünschen	베글릭뷘쉔	행운을 소망하다

단어늘리기

silbern	질버른	은색의
gratulieren	그라툴리어렌	축하하다
Beförderung	베푀어더룽	승진
viel	필	많은, 많이
Glück	글릭	행복, 행운
Prüfung	프뤼풍	시험
wünschen	뷘쉔	소망하다
Erfolg	에어폴크	성공

관련단어

[인칭대명사]

ich	이히	나
du	두	너
er	에어	그
sie	지	그녀, 그들
wir	뷔어	우리
ihr	이어	너희들
Sie	지	당신(들)

[주요 형용사]

viel	필	많은
wenig	베니히	적은
groß	그로스	큰
klein	클라인	작은
breit	브라잇	넓은
schmal	슈말	좁은
lang	랑	긴

kurz	쿠어츠	짧은
hübsch	휩쉬	귀여운
schön	쉔	아름다운
hässlich	헤쓸리히	못생긴
hoch	호흐	높은
niedrig	니트리히	낮은
gut	굿	좋은
schlecht	슐레히트	나쁜
teuer	토이어	비싼
billig	빌리히	싼
neu	노이	새로운
alt	알트	늙은, 낡은
jung	융	젊은
leicht	라이히트	가벼운, 쉬운
schwer	슈베어	무거운, 어려운
dick	딕	두꺼운, 뚱뚱한
dünn	뒨	얇은, 날씬한
klug	클룩	똑똑한
dumm	둠	어리석은
stark	슈타르크	강한
schwach	슈바크	약한
heiß	하이쓰	뜨거운
kalt	칼트	추운
schnell	슈넬	빠른
langsam	랑잠	천천히, 느린
fleißig	플라이씨히	부지런한
faul	파울	게으른
richtig	리히티히	옳은
falsch	팔쉬	틀린

75

독일의 사회 지리 정보

독일은 유럽의 심장부에 위치하며 9개 국가와 국경이 맞닿아 있어 유럽에서 가장 이웃국가가 많은 나라입니다. 독일은 북쪽으로는 발트해와 북해와 맞닿아 있고, 남쪽으로는 알프스 산맥과 연결됩니다.

독일은 면적이 357,340㎢로 프랑스, 스페인, 스웨덴에 이어 유럽연합에서 네 번째로 넓은 나라입니다. 국토의 1/3은 숲으로 이루어져 있습니다. 호수와 강이 국토의 2% 이상을 차지하는데 그중 가장 긴 강은 라인강으로, 독일 남서쪽에서 독일과 프랑스의 국경 역할을 하며 더 북쪽으로는 본, 쾰른, 그리고 뒤셀도르프를 지납니다.

독일의 기후는 온화한 편입니다. 7월에는 평균기온이 최고 21.8℃, 최저 12.3℃이며 1월에는 평균기온이 최고 2.1℃에서 최저 −2.8℃ 사이입니다.

독일의 수도는 베를린, 국기는 검정 · 빨강 · 금색으로 이루어진 삼색기를 사용합니다. 통화는 2002년 1월 1일부터 유로화를 사용합니다. 인구는 8,267만 명이며 이중 외국인이 1,640만 명으로 전체 인구의 약 20.3%에 해당합니다. 독일의 공식 언어는 독일어로서 이웃국가인 오스트리아, 그리고 스위스의 대부분 지역에서 독일어를 사용하기도 합니다.

날짜 • 시간 • 나이

A : Der wievielte ist heute?

데어 뷔필테 이스트 호이테

B : Heute ist der 5.(fünfte) Juli.

호이테 이스트 데어 퓐프테 율리

A : 오늘은 며칠입니까?
B : 오늘은 7월 5일입니다.

표현늘리기

■ 오늘이 며칠입니까?

Welches Datum ist heute?

벨헤스 다툼 이스트 호이테

■ 오늘은 4월 28일입니다.

Heute ist der 28.(achtundzwanzigste) April.

호이테 이스트 데어 아흐트운트쯔반찌히스테 아프릴

■ 오늘이 며칠이죠?

Den wievielten haben wir heute?

덴 뷔필텐 하벤 뷔어 호이테

■ 오늘은 8월 1일입니다.

Wir haben heute den ersten August.

뷔어 하벤 호이테 덴 에어스텐 아우구스트

■ 생일이 언제입니까?

Wann haben Sie Geburtstag?
반 하벤 지 게부어츠탁

■ 내일모레요, 10월 3일입니다.

Übermorgen, am dritten Oktober.
위버모르겐 암 드리텐 옥토버

■ 언제 태어나셨죠?

Wann sind Sie geboren?
반 진트 지 게보렌

■ 저는 12월 6일에 태어났습니다.

Ich bin am 6.(sechsten) Dezember geboren.
이히 빈 암 젝스텐 데쳄버 게보렌

■ 새학기는 언제 시작하죠?

Wann fängt das neue Semester an?
반 펭트 다스 노이에 제메스터 안

■ 학기가 10월 15일에 시작합니다.

Das Semester beginnt am 15.(fünfzehnten) Oktober.
다스 제메스터 베긴트 암 퓐프첸텐 옥토버

Tip

날짜를 말할 때는 항상 서수로 표현해야 합니다. 서수는 일반적으로 1부터 19까지는 기수에 **-t**를 붙이고, 20 이상은 **-st**를 붙입니다. 물론 형용사 어미변화가 뒤따르지요.

08월 04일 : der vierte August

10월 23일 : der dreiundzwanzigste Oktober

기본표현

A : Welcher Tag ist heute?
벨허　　　　탁　이스트 호이테

B : Heute ist Donnerstag.
호이테　　이스트 돈너스탁

A : 오늘은 무슨 요일입니까?
B : 오늘은 목요일입니다.

 표현늘리기

■ 오늘은 무슨 요일입니까?

Welchen Tag haben wir heute?
벨헨　　　탁　　하벤　　뷔어 호이테

■ 오늘이 무슨 요일이죠?

Was für ein Tag ist heute?
봐스　퓨어 아인 탁　이스트 호이테

■ 오늘은 월요일입니다.

Wir haben heute Montag.
뷔어 하벤　　호이테　몬탁

■ 어제는 무슨 요일이었죠?

Welchen Wochentag hatten wir gestern?
벨헨　　　　보헨탁　　　하텐　　뷔어 게스턴

■ 어제는 수요일이었습니다.

Gestern war Mittwoch.
게스턴   바   미트보흐

■ 지난 토요일에는 무엇을 하셨나요?

Was haben Sie am letzten Samstag gemacht?
봐스 하벤   지   암   렛츠텐   잠스탁   게마흐트

■ 영화 한 편 봤습니다.

Ich habe einen Film gesehen.
이히 하베   아이넨   필름   게제엔

■ 주말에 무슨 계획이 있습니까?

Haben Sie am Wochenende etwas vor?
하벤   지   암   보헨엔데   에트바스 포어

■ 아뇨, 집에서 책이나 읽으려고요.

Nein, ich will zu Hause bleiben und lesen.
나인   이히 빌 쭈 하우제   블라이벤   운트 레젠

■ 토요일 저녁에는 콘서트 보러 갑니다.

Am Samstagabend gehe ich ins Konzert.
암   잠스탁아벤트   게에   이히 인스 콘체어트

Tip 요일을 물을 때는 welch-나 was für ein-과 같은 형용사적 의문사로 표현합니다. '오늘이 무슨 요일입니까?'는 Welcher Tag ist heute? 혹은 Was für ein Tag ist heute?를 주로 사용합니다. 날짜를 묻는 표현인 Der wievielte ist heute?나 Welches Datum ist heute?와 혼동할 수 있으니 구분해야 합니다.

Part 03　지금 몇 시예요?

기본표현

A : Wie spät ist es?
　　뷔　슈펫　이스트 에스

B : Es ist Viertel vor elf.
　　에스 이스트 피어텔　포어 엘프

　　A : 몇 시입니까?
　　B : 10시 45분입니다.

표현늘리기

■ 지금 몇 시인가요?

Wie viel Uhr ist es jetzt?
뷔　필　우어 이스트 에스 옛츠트

■ 정확히 7시입니다.

Es ist genau sieben.
에스 이스트 게나우 지벤

■ 9시 15분입니다.

Es ist Viertel nach neun.
에스 이스트 피어텔 나흐　노인

■ 오후 8시 30분입니다.

Es ist zwanzig Uhr dreißig.
에스 이스트 쯔반찌히　우어　드라이씨히

■ 몇 시에 만날까요?

Um wie viel Uhr treffen wir uns?
움 뷔 필 우어 트레펜 뷔어 운스

■ 우리 10시 30분에 만날까요?

Wollen wir uns um halb elf treffen?
볼렌 뷔어 운스 움 할프 엘프 트레펜

■ 만날 약속을 하고 싶습니다.

Ich möchte einen Termin vereinbaren.
이히 뫼히테 아이넨 테르민 페어아인바렌

■ 몇 시가 괜찮으세요?

Um wie viel Uhr ist es Ihnen recht?
움 뷔 필 우어 이스트 에스 이넨 레히트

■ 제일 괜찮은 시간이 몇 시죠?

Um wie viel Uhr passt es Ihnen am besten?
움 뷔 필 우어 파스트 에스 이넨 암 베스텐

■ 6시는 어떨까요?

Wie wäre es mit sechs Uhr?
뷔 베레 에스 밋 젝스 우어

Tip 독일어로 시간을 말하는 방법은 두 가지가 있습니다. 12시간 체계로 말하는 방법과 24시간 체계로 말하는 방법입니다. 예를 들면 다음과 같습니다.

17시 30분 : Es ist halb sechs. / Es ist siebzehn Uhr dreißig.
20시 15분 : Es ist Viertel nach acht. / Es ist zwanzig Uhr fünfzehn.

Part 04 어느 정도 걸립니까?

A : Wie lange dauert es dorthin?
뷔   랑에   다우어트   에스 도어트힌

B : Es dauert etwa 20 Minuten.
에스 다우어트   에트봐   쯔반찌히 미누텐

A : 거기까지 얼마나 걸립니까?
B : 대략 20분 걸려요.

표현늘리기

■ 무엇을 이용해서 출근하십니까?

Womit fahren Sie zur Arbeit?
보밋   파렌   지   쭈어 아르바이트

■ 보통 자동차로 출근하고 있습니다.

Ich fahre meistens mit dem Auto zur Arbeit.
이히 파레   마이스텐스   밋 뎀   아우토 쭈어 아르바이트

■ 자동차로 얼마나 걸리나요?

Wie lange dauert es mit dem Auto?
뷔   랑에   다우어트 에스 밋   뎀   아우토

■ 30분 걸려요.

Es dauert eine halbe Stunde.
에스 다우어트 아이네 할베   슈툰데

■ 8시까지 사무실에 도착해야 합니다.

Bis 8 Uhr muss ich im Büro sein.

비스 아흐트 우어 무스 이히 임 뷔로   자인

■ 거기서 얼마나 근무하셨죠?

Wie lange haben Sie da gearbeitet?

뷔   랑에   하벤   지 다 게아르바이텟

■ 3년 근무했습니다.

Ich arbeite seit 3 Jahren in der Firma.

이히 아르바이테 자잇 드라이 야렌   인 데어 피르마

■ 당신의 집은 어디입니까?

Wo liegt Ihre Wohnung?

보   릭트   이어레 보눙

■ 제 집은 여기서 멀지 않아요.

Meine Wohnung ist nicht weit von hier.

마이네   보눙   이스트 니히트 봐잇 폰   히어

■ 걸어서 5분 걸립니다.

Es dauert 5 Minuten zu Fuß.

에스 다우어트 퓐프 미누텐   쭈 푸쓰

Tip

시간이 얼마나 걸리는지를 물을 때에는 Wie lange dauert es?로 표현합니다.
여기서 dauern 동사는 영어의 take와 같이 '~(시간이) 걸리다. 소요되다'의 의미로
사용되는 동사입니다. 이에 대한 대답은 Es dauert ~가 되는데, 정확한 시간이 아
니라 대략적인 시간이 걸릴 때에는 숫자 앞에 etwa를 써서 '대략, 대충'이란 의미를
살립니다. etwa 대신 ungefähr나 circa와 같은 단어도 같은 의미로 사용될 수 있는
단어입니다.

85

A : Wo waren Sie im letzten Monat?
보 봐렌 지 임 렛츠텐 모낫

B : Ich war in Spanien.
이히 봐 인 슈파니엔

A : 지난달에 어디 갔었나요?
B : 스페인에 갔었어요.

표현늘리기

■ 어제 뭐하셨나요?

Was haben Sie gestern gemacht?
봐스 하벤 지 게스턴 게마흐트

■ 하루종일 일했어요.

Ich habe den ganzen Tag gearbeitet.
이히 하베 덴 간쩬 탁 게아르바이텟

■ 지금은 무슨 계절입니까?

Welche Jahreszeit haben wir jetzt?
벨혜 야레스짜잇 하벤 뷔어 옛츠트

■ 지금은 봄이죠.

Wir haben jetzt Frühling.
뷔어 하벤 옛츠트 프륄링

86

■ 언제 여행을 하시나요?

Wann machen Sie eine Reise?

반　　마헨　　　지　아이네 라이제

■ 저는 봄에 여행 다녀왔습니다.

Im Frühling war ich auf einer Reise.

임　프륄링　　　봐　이히 아우프 아이너 라이제

■ 저는 내년에 프랑스로 가려고요.

Ich will nächstes Jahr nach Frankreich fahren.

이히 빌　네히테스　　야　나흐　프랑크라이히　　파렌

■ 월말에 여행을 떠날 것입니다.

Ende des Monats will ich abreisen.

엔데　데스 모낫츠　　빌　이히 압라이젠

■ 작년 여름엔 어디에 가셨나요?

Wo waren Sie im letzten Sommer?

보　봐렌　지　임 렛츠텐　좀머

■ 그때 저는 이탈리아에 갔었어요.

Da war ich in Italien.

다　봐　이히 인 이탈리엔

Tip

상대방에게 어느 장소에 갔다왔는지를 물을 때에는 '가다'라는 의미를 가진 gehen을 사용하기보다는 sein 동사의 과거형 war를 사용하는 것이 보통입니다. 즉, 그곳에 '갔었는지'보다는 그곳에 '있었는지'가 더 강조된다고 할 수 있습니다. 예를 들어 '서울에 가봤니?'를 독일어로 한다면 'Bist du nach Seoul gegangen?'보다는 Warst du in Seoul?이 더 적절하다고 말할 수 있습니다.

A : Wie alt sind Sie?
뷔 　알트 진트 　지

B : Ich bin 26 Jahre alt.
이히 　빈 　젝스운트쯔반찌히 야레 알트

A : 나이가 어떻게 되세요?
B : 26세입니다.

 표현늘리기

■ 너 몇 살이니?

Wie alt bist du?
뷔 　알트 비스트 두

■ 나이가 어떻게 되는지 여쭤봐도 될까요?

Darf ich Sie fragen, wie alt Sie sind?
다르프 이히 지 　프라겐 　뷔 　알트 지 　진트

■ 제 나이가 몇인지 맞춰보세요.

Erraten Sie, wie alt ich bin.
에어라텐 　지 　뷔 　알트 이히 빈

■ 몇 년생이세요?

In welchem Jahr sind Sie geboren?
인 벨헴 　야 　진트 지 　게보렌

■ 저는 1999년생입니다.

Ich bin im Jahr 1999 geboren.
이히 빈 임 야 노인첸훈더트노인운트노인찌히 게보렌

■ 저보다 두 살 많으시네요.

Sie sind zwei Jahre älter als ich.
지 진트 쯔바이 야레 엘터 알스 이히

■ 저랑 동갑이시네요.

Sie sind so alt wie ich.
지 진트 조 알트 뷔 이히

■ 저는 당신과 동갑입니다.

Ich bin gerade Ihr Alter.
이히 빈 게라데 이어 알터

■ 저는 20대입니다.

Ich bin in meinen Zwanzigern.
이히 빈 인 마이넴 쯔반찌건

■ 나이에 비해 젊어 보이시네요.

Sie sehen jünger aus, als Sie sind.
지 제엔 윙어 아우스 알스 지 진트

Tip
독일어에서 나이를 묻는 표현은 영어의 How old are you?와 구조가 같은 Wie alt sind Sie?를 사용합니다. 하지만 친해지기 전에 상대방의 나이를 직접 묻는 경우는 드뭅니다. 나이가 궁금하다면 태어난 연도를 묻거나 공손하게 Darf ich fragen, wie alt Sie sind?(나이가 어떻게 되는지 여쭈어도 될까요?)라고 하면 됩니다.

Part 07 여동생보다 세 살 위입니다.

기본표현

A : Ich bin drei Jahre älter als meine Schwester.
이히 빈 　드라이 야레 　엘터 　알스 마이네 　슈베스터

B : Sie sehen jünger als Ihre Schwester aus.
지 　지엔 　윙어 　알스 이어레 슈베스터 　아우스

A : 제가 여동생보다 세 살 위입니다.
B : 당신이 여동생보다 어려 보입니다.

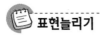 표현늘리기

■ 제가 당신보다 나이가 많습니다.

Ich bin älter als Sie.
이히 빈 엘터 　알스 지

■ 제가 당신보다 어립니다.

Ich bin jünger als Sie.
이히 빈 윙어 　알스 지

■ 당신은 저와 동갑입니다.

Sie sind mein Alter.
지 진트 마인 알터

■ 당신이 맏이인가요?

Sind Sie der älteste?
진트 지 데어 엘테스테

■ 아뇨, 제가 막내입니다.

Nein, ich bin der jüngste.
나인   이히 빈   데어 윙스테

■ 누나와 형이 있습니다.

Ich habe eine Schwester und einen Bruder.
이히 하베   아이네 슈베스터   운트   아이넨   브루더

■ 형이 나보다 2년 위입니다.

Mein Bruder ist zwei Jahre älter als ich.
마인   부르더   이스트 쯔바이 야레   엘터   알스 이히

■ 나는 누나보다 세 살 아래입니다.

Ich bin drei Jahre jünger als meine Schwester.
이히 빈   드라이 야레   윙어   알스 마이네   슈베스터

■ 저는 형이 있었으면 좋겠어요.

Ich hätte gern einen großen Bruder.
이히 헤테   게언   아이넨 그로쎈   브루더

■ 저는 여동생이 있었으면 좋겠어요.

Ich hätte gern eine kleine Schwester.
이히 헤테   게언   아이네 클라이네 슈베스터

Tip
형제자매의 호칭에 대해서 말하자면 남자 형제는 Bruder, 여자 형제는 Schwester라고 합니다. 단, 형제자매의 나이가 자신보다 많거나 적으면 비교급 älter나 jünger를 앞에 붙입니다. 때로는 groß나 klein을 붙이기도 합니다.

형, 오빠 : älterer Bruder, großer Bruder
누나, 언니 : ältere Schwester, große Schwester
남동생 : jüngerer Bruder, kleiner Bruder
여동생 : jüngere Schwester, kleine Schwester

단어늘리기

기본단어

wievielte	뷔필테	몇 번째의
heute	호이테	오늘
Datum	다툼	날짜
übermorgen	위버모르겐	내일모레
anfangen	안팡엔	시작하다
Semester	제메스터	학기
beginnen	베긴넨	시작하다
was für ein	봐스 퓨어 아인	어떠한, 어떤
Wochentag	보헨탁	주중의 날, 요일
letzt	렛츠트	지난, 마지막의
Film	필름	영화
sehen	제엔	보다(과거분사는 gesehen)
vorhaben	포어하벤	계획하다
etwas	에트봐스	무엇인가
zu Hause	쭈 하우제	집에서
bleiben	블라이벤	머물다
lesen	레젠	읽다
Samstagabend	잠스탁아벤트	토요일 저녁
spät	슈펫	늦은
Viertel	피어텔	4분의 1, 15분
vor	포어	이전의, 앞에
genau	게나우	정확한
um	움	~를 돌아, 둘레에,
		~시에(시간 앞에서)
treffen	트레펜	만나다
wollen	볼렌	원하다, ~하고자 하다(화법조동사)

halb	할프	1/2, 반
Termin	테어민	시간 약속, 만남
vereinbaren	페어아인바렌	일치시키다, 합일하다
recht	레히트	옳은, 정당한, 적절한
passen	파쎈	~에 맞다, 어울리다
am besten	암 베스텐	가장 좋은, 최상의(gut의 최상급)
wäre	베레	~일 것이다
		(sein 동사의 접속법 2식 형태)
dauern	다우언	(시간이) 걸리다, 소요되다
dorthin	도어트힌	그쪽까지
Minute	미누테	분
womit	보밋	무엇을 가지고, 무엇을 타고
fahren	파렌	(~을 타고) 가다
zur	쭈어	~로, ~를 향하여(zu der의 준말)
meistens	마이스텐스	대부분
Stunde	슈툰데	시간
im	임	~에서(in dem의 축약형)
Büro	뷔로	사무실
da	다	거기에, 그때에
seit	자잇	~이래로, 전부터
liegen	리겐	놓여 있다, 눕다
Wohnung	보눙	집
letzt	렛츠트	최근의, 마지막의
den ganzen Tag	덴 간쩬 탁	하루종일
Jahreszeit	야레스짜잇	계절
Frühling	프릴링	봄
Ende	엔데	끝, 마지막
Sommer	좀머	여름
alt	알트	늙은, 낡은

단어늘리기

fragen	프라겐	묻다, 질문하다
erraten	에어라텐	맞추다, 추측하다
älter	엘터	더 늙은(alt의 비교급 형태)
als	알스	~보다
wie	뷔	~처럼, ~와도 같이
gerade	게라데	방금, 곧
Alter	알터	나이
Zwanziger	쯔반찌거	20대
aussehen	아우스제엔	~처럼 보이다
jünger	윙어	더 젊은
der älteste	데어 엘테스테	가장 나이가 많은 사람, 맏이
der jüngste	데어 윙스테	가장 나이가 어린 사람, 막내
Schwester	슈베스터	자매
Bruder	브루더	형제
hätte gern	헤테 게언	갖고 싶다, 원한다
klein	클라인	작은

관련단어

[년]

Jahr	야	년, 해
letztes Jahr	렛츠테스 야	작년
dieses Jahr	디제스 야	금년
nächtes Jahr	네히테스 야	내년

[월]

Monat	모낫	월, 달
Januar	야누아	1월

94

Februar	페브루아	2월
März	메르츠	3월
April	아프릴	4월
Mai	마이	5월
Juni	유니	6월
Juli	율리	7월
August	아우구스트	8월
September	젭템버	9월
Oktober	옥토버	10월
November	노벰버	11월
Dezember	데쳄버	12월

[날짜]

Woche	보헤	주
letzte Woche	렛츠테 보헤	지난주
diese Woche	디제 보헤	이번 주
nächste Woche	넥스테 보헤	다음 주
Montag	몬탁	월요일
Dienstag	디엔스탁	화요일
Mittwoch	미트보흐	수요일
Donnerstag	돈너스탁	목요일
Freitag	프라이탁	금요일
Samstag	잠스탁	토요일
Sonntag	존탁	일요일
Tag	탁	날, 낮
heute	호이테	오늘
morgen	모르겐	내일
gestern	게스턴	어제
vorgestern	포어게스턴	그제

남해 독일마을

　한국에도 독일 정취를 느낄 수 있는 마을이 있습니다. 2001년 남해군에 조성된 이 마을은 60, 70년대 독일로 파견된 광부, 간호사 등이 고국으로 돌아와 정착한 곳으로 지금은 유명한 관광지가 되었습니다.

　독일마을은 남해 삼동면 물건리와 봉화리 일대 부지에 조성되었으며, 독일에서 건축자재를 가져와 빨간 지붕과 하얀 벽돌을 이용하여 전통적인 독일양식으로 주택을 건립하였습니다. '한국 속의 작은 독일'로 특화된 이 마을에는 2014년에 완공된 파독전시관이 있는데 1960년대 고국의 가난을 극복하기 위해 독일로 외화벌이에 나서야 했던 파독광부와 간호사들의 역사를 담은 곳입니다.

　독일마을의 절정은 맥주축제라 할 수 있습니다. 독일마을을 찾는 관광객들과 함께 벌이는 이 축제는 2010년 10월 첫 축제를 시작으로 매년 이어져 오고 있습니다. 이는 세계 3대 축제인 독일 뮌헨의 옥토버페스트(Oktoberfest)를 모태로 한 것으로서 한국에서 유일하게 경험 가능한 마을의 브랜드가 되었습니다.

　독일마을은 TV 드라마 등 매체를 통해서도 자주 소개되어서, 지금은 민박집, 맥주집, 카페, 먹거리 등이 많이 생겨나 수많은 여행객들의 방문을 재촉하고 있습니다.

제 5 장

가족

1. 가족이 몇 분이세요?
2. 자녀가 몇 명이에요?
3. 결혼하셨어요?
4. 이분은 제 이모입니다.
5. 당신 옆에 있는 여자 분은 누구입니까?

기본표현

A : Wie groß ist Ihre Familie?
뷔   그로스 이스트 이어레 파밀리에

B : Wir sind zu viert in der Familie.
뷔어 진트   쭈   피어트 인 데어 파밀리에

A : 가족이 몇 분이세요?
B : 우리는 네 식구입니다.

표현늘리기

■ 가족에 대해서 말씀 좀 해주세요.

Erzählen Sie mir bitte von Ihrer Familie.
에어쩰렌   지   미어 비테 폰   이어러 파밀리에

■ 가족이 몇 분이십니까?

Wie viele Personen sind zu Hause?
뷔   필레   페르조넨   진트 쭈 하우제

■ 우리는 세 식구입니다.

Wir sind drei.
뷔어 진트   드라이

■ 우리 가족은 여섯 명입니다.

Meine Familie besteht aus sechs Personen.
마이네   파밀리에   베슈테엣 아우스 젝스   페르조넨

■ 우리는 대가족입니다.

Meine Familie ist groß.
마이네 파밀리에   이스트 그로스

■ 형제자매가 없습니까?

Haben Sie keine Geschwister?
하벤   지   카이네 게슈비스터

■ 예, 저는 독자입니다.

Nein, ich bin ein Einzelkind.
나인   이히 빈   아인 아인쩔킨트

■ 아뇨, 저는 여동생이 있습니다.

Doch, ich habe eine Schwester.
도흐   이히 하베   아이네 슈베스터

■ 저는 외동아들입니다.

Ich bin der einzige Sohn.
이히 빈   데어 아인찌게   존

■ 저는 장남입니다.

Ich bin der älteste Sohn.
이히 빈   데어 엘테스테   존

Tip
'우리 가족은 ~ 식구입니다.'라고 가족을 소개하는 경우에는 일반적으로
bestehen aus~를 사용합니다. bestehen aus~는 '~으로 구성되다'라는 뜻으로서,
가족이 네 식구인 경우에는 Meine Familie besteht aus vier Personen.이라고 하
면 됩니다. '내 가족은 4명으로 구성되어 있다'라는 뜻입니다.

A : Wie viele Kinder haben Sie?
뷔 필레 킨더   하벤   지

B : Ich habe zwei Kinder.
이히 하베 쯔바이 킨더

A : 자녀가 몇 명이에요?
B : 아이가 둘 있습니다.

📓 표현늘리기

■ 자녀가 있습니까?

Haben Sie Kinder?
하벤   지 킨더

■ 예, 아들이 둘 있습니다.

Ja, Ich habe zwei Brüder.
야 이히 하베 쯔바이 브뤼더

■ 아이가 없나요?

Haben Sie keine Kinder?
하벤   지 카이네 킨더

■ 아뇨, 딸아이가 셋 있습니다.

Doch, ich habe drei Schwestern.
도흐   이히 하베   드라이 슈베스턴

100

■ 나는 아직 아이가 없습니다.

Ich habe noch keine Kinder.

이히 하베   노흐   카이네   킨더

■ 아들은 무엇을 하나요?(직업)

Was macht Ihr Sohn beruflich?

봐스   마흐트   이어 존   베루플리히

■ 아들은 엔지니어입니다.

Mein Sohn ist Ingenieur.

마인   존   이스트 인제뇌어

■ 딸은 병원에서 일합니다.

Meine Tochter arbeitet im Krankenhaus.

마이네   토흐터   아르바이텟 임   크랑켄하우스

■ 아이들은 학교에 다니나요?

Gehen Ihre Kinder zur Schule?

게엔   이어레 킨더   쭈어   슐레

■ 유치원에 다닙니다.

Meine Kinder gehen in den Kindergarten.

마이네   킨더   게엔   인 덴   킨더가르텐

Tip 긍정 의문문일 경우, 이에 대한 긍정의 답은 ja가 되겠지만 부정으로 물었을 경우 긍정의 답은 doch입니다. doch는 한국말로 '예'가 아닌, '아니요'로 이해해야 자연스럽습니다.

Sind Sie kein Student? 당신은 대학생이 아닙니까?

Doch, ich bin Student. 아니요, 저는 대학생입니다.

A : Sind Sie verheiratet?
진트　지　페어하이라텟

B : Nein, ich bin noch nicht verheiratet.
나인　이히　빈　노흐　니히트　페어하이라텟

A : 결혼하셨나요?
B : 아뇨, 아직 미혼입니다.

표현늘리기

■ 바우어 씨, 당신은 결혼하셨나요?

Herr Bauer, sind Sie verheiratet?
헤어　바우어　진트　지　페어하이라텟

■ 예, 저는 결혼했습니다.

Ja, ich bin verheiratet.
야　이히　빈　페어하이라텟

■ 아뇨, 저는 미혼입니다.

Nein, ich bin ledig.
나인　이히　빈　레디히

■ 저는 결혼했습니다.

Ich habe geheiratet.
이히　하베　게하이라텟

■ 저는 이혼했습니다.

Ich bin geschieden.
이히 빈 게쉬덴

■ 저는 사별했습니다.

Ich bin verwittwet.
이히 빈 페어비트벳

■ 결혼한 지 얼마나 되셨어요?

Wie lange sind Sie schon verheiratet?
뷔 랑에 진트 지 숀   페어하이라텟

■ 벌써 5년 되었습니다.

Ich bin schon seit 5 Jahren verheiratet.
이히 빈 숀   자잇 퓐프 야렌   페어하이라텟

■ 우리는 중매로 결혼했습니다.

Wir haben über eine Ehevermittlung geheiratet.
뷔어 하벤   위버 아이네 에에페어미틀룽   게하이라텟

■ 신혼여행은 어디로 가셨어요?

Wohin haben Sie Ihre Hochzeitsreise gemacht?
보힌   하벤   지 이어레 호흐차잇츠라이제   게마흐트

Tip

'결혼하다'라는 뜻의 동사는 heiraten, '결혼한'이란 형용사는 verheiratet입니다. 따라서 '나는 결혼했습니다'를 두 가지로 표현할 수 있는데, 하나는 Ich habe geheiratet. 다른 하나는 Ich bin verheiratet.입니다.

Part 04 이분은 제 이모입니다.

기본표현

A : Wer ist das?

베어 이스트 다스

B : Das ist meine Tante Johanna.

다스 이스트 마이네 탄테 요한나

A : 이 사람은 누구입니까?

B : 이분은 제 이모 요한나입니다.

표현늘리기

■ 독일에 친척이 있습니까?

Haben Sie Verwandte in Deuschland?

하벤 지 페어봔테 인 도이칠란트

■ 삼촌이 쾰른에 살고 계십니다.

Mein Onkel wohnt in Köln.

마인 옹클 본트 인 쾰른

■ 그분 직업은 어떻게 되죠?

Was ist er von Beruf?

봐스 이스트 에어 폰 베루프

■ 삼촌은 버스기사로 일하고 계십니다.

Er arbeitet als Busfahrer.

에어 아르바이텟 알스 부스파러

104

■ 두 분이 친척이세요?

Sind Sie beide verwandt?

진트　지　바이데　페어봔트

■ 예, 우린 서로 친척관계입니다.

Ja, wir sind miteinander verwandt.

야　뷔어　진트　밋아인안더　페어봔트

■ 이분은 저의 형부입니다.

Das ist mein Schwager.

다스　이스트　마인　슈바거

■ 이분의 저의 시누이예요.

Das ist meine Schwägerin.

다스　이스트　마이네　슈베거린

■ 안나가 너의 사촌(여)이니?

Ist Anna deine Kusine?

이스트　안나　다이네　쿠지네

■ 아니, 그녀는 내 조카(여)야.

Nein, sie ist meine Nichte.

나인　지　이스트　마이네　니히테

Tip

'할머니'는 독일어로 Großmutter, '할아버지'는 Großvater라고 하지만 구어체에서는 흔히 '할머니'를 Oma, '할아버지'를 Opa라고 합니다. 친근감이 들게 하는 일종의 애칭인 셈이죠. '어머니'를 Mama '아버지'를 Papa라고 하는 것과 같습니다. Tante는 이모, 고모, 숙모를 두루 호칭할 때 씁니다. 그리고 Schwager는 '매형', '형부', '제부' 등 친척관계는 아니지만 자기 가족과 결혼한 남자, 혹은 배우자의 가족(남)을 뜻하고 Schwägerin 또한 '시누이', '올케', '처형' 등 자기 가족과 결혼한 여자나 배우자의 가족(여)을 뜻합니다.

105

기본표현

A : Wer ist die Frau neben Ihnen?
베어 이스트 디 프라우 네벤   이넨

B : Das ist meine ältere Schwester Julia.
다스   이스트 마이네   엘터레   슈베스터   율리아

A : 당신 옆에 있는 여자 분은 누구죠?
B : 이 사람은 율리아 누나입니다.

 표현늘리기

■ 여기 제 가족사진이 있네요.

Hier ist das Foto von meiner Familie.
히어 이스트 다스 포토   폰   마이네   파밀리에

■ 이 사진 언제 찍은 것인가요?

Wann wurde das Foto gemacht?
반   부어데   다스 포토   게마흐트

■ 우리가 다 나와 있는 사진이 여기 있네요.

Hier ist das Foto, wo wir alle drauf sind.
히어   이스트 다스 포토   보   뷔어 알레 드라우프 진트

■ 앞에 어머니와 아버지가 앉아 계시네요.

Vorne sitzen meine Mutter und mein Vater.
포르네 짓쩬   마이네   무터   운트 마인   파터

■ 저기 뒷편 오른쪽이 바로 접니다.

Da hinten rechts, das bin ich.
다 힌텐   레히츠   다스 빈   이히

■ 제 옆에 누나가 있네요.

Neben mir ist meine ältere Schwester.
네벤   미어 이스트 마이네   엘터레   슈베스터

■ 맨 왼쪽에는 제 남동생이 있구요.

Da ganz links ist mein jüngerer Bruder.
다   간쯔   링크스 이스트 마인 윙어러   브루더

■ 이모는 가운데에 계시네요.

Meine Tante ist in der Mitte.
마이네   탄테   이스트 인 데어 미테

■ 그 옆에 삼촌이 있어요.

Da neben ist mein Onkel.
다   네벤   이스트 마인 옹클

■ 당신 가족은 호감이 있어요.

Ihre Familie sieht sympathisch aus.
이어레 파밀리에   지잇   쯤파티쉬   아우스

Tip
'위에', '아래에', '왼쪽에', '오른쪽에' 등 공간을 나타내는 부사를 정리하면 다음
과 같습니다.

oben : 위에	**unten** : 아래에
vorne : 앞에	**hinten** : 뒤에
links : 왼쪽에	**rechts** : 오른쪽에
in der Mitte : 가운데에	

단어늘리기

기본단어

Familie	파밀리에	가족
zu viert	쭈 피어트	넷이서
erzählen	에어쩰렌	이야기하다, 말해 주다
Person	페르존	사람, 인물
bestehen aus~	베슈테엔 아우스	~으로 구성되다
Einzelkind	아인쩰킨트	독자
doch	도흐	웬걸요, 아닙니다 (부정 물음에 대한 긍정 대답)
einzig	아인찌히	유일한
ältest	엘테스트	가장 나이 많은(alt의 최상급)
Kinder	킨더	아이들(Kind의 복수)
beruflich	베루플리히	직업적으로
Ingenieur	인제뇌어	엔지니어, 기술자
Krankenhaus	크랑켄하우스	병원
zur Schule	쭈어 슐레	학교로, 학교에
Kindergarten	킨더가르텐	유치원
verheiratet	페어하이라텟	결혼한
ledig	레디히	미혼의
heiraten	하이라텐	결혼하다
geschieden	게쉬덴	이혼한
verwittwet	페어비트벳	사별한
durch	두르히	~을 통하여
Ehevermittlung	에에페어미틀룽	중매, 결혼소개
Hochzeitsreise	호흐차잇츠라이제	신혼여행
Verwandte	페어반터	친척
Beruf	베루프	직업

Busfahrer	부스파러	버스운전사
verwandt	페어봔트	친척관계의
miteinander	밋아인안더	서로
neben	네벤	~옆에
Foto	포토	사진
werden	베어덴	~이 되다(과거형은 wurde)
wir alle	뷔어 알레	우리 모두
drauf	드라우프	그 위에
vorne	포어네	앞에, 앞쪽에서
da hinten	다 힌텐	저기 뒤에
rechts	레히츠	오른쪽에
links	링크스	왼쪽에
in der Mitte	인 데어 미테	가운데에
aussehen	아우스제엔	~처럼 보이다
sympathisch	쥠파티쉬	호감가는

관련단어

[가족, 친척 호칭]

Eltern	엘턴	부모
Vater	파터	아버지
Mutter	무터	어머니
Großvater	그로스파터	할아버지
Großmutter	그로스무터	할머니
Sohn	존	아들
Tochter	토흐터	딸
Bruder	브루더	형제
Schwester	슈베스터	자매
Geschwister	게슈비스터	형제자매

단어늘리기

Verwandten	페어봔텐	친척(들)
Tante	탄테	이모, 고모, 숙모
Onkel	옹클	삼촌
Schwager	슈바거	매형, 동서(남), 형부
Schwägerin	슈베거린	올케, 시누이
Vetter	페터	사촌(남)
Kusine	쿠지네	사촌(여)
Neffe	네페	조카(남)
Nichte	니히테	조카(여)
Enkel	엥켈	손자
Enkelin	엥켈린	손녀
Schwiegersohn	슈비거존	사위
Schwiegertochter	슈비거토흐터	며느리
Schwiegervater	슈비거파터	시아버지, 장인
Schwiegermutter	슈비거무터	시어머니, 장모

[직업]

Beruf	베루프	직업
Beamter	베암터	공무원
Polizei	폴리짜이	경찰
Polizist	폴리찌스트	경찰관
Soldat	졸닷	군인
Pilot	필롯	파일럿, 조종사
Lehrer	레러	선생님, 교사
Student	슈투덴트	대학생
Spieler	슈필러	운동선수
Professor	프로페쏘어	교수
Arzt	아르츠트	의사

Krankenschwester	크랑켄슈베스터	간호사
Apotheker	아포테커	약사
Sänger	젱어	가수
Arbeiter	아르바이터	노동자
Künstler	퀸스틀러	예술가, 연예인
Schauspieler	샤우슈필러	배우, 연기자
Koch	코흐	요리사
Architekt	아키텍트	건축가
Ingenieur	인제뇌어	기술자, 엔지니어
Rechtsanwalt	레히츠안봘트	변호사
Steuerberater	슈토이어베라터	세무사
Bauer	바우어	농민, 농부
Fischer	피셔	어민, 어부
Übersetzer	위버젯쩌	번역가
Dolmetscher	돌메쳐	통역가
Reporter	레포터	기자
Kaufmann	카우프만	상인
Verkäufer	페어코이퍼	판매원
Fahrer	파러	운전사
Politiker	폴리티커	정치인
Friseur	프리죄어	미용사
Tischler	티쉴러	목수

그릴(Grill) 문화

한국에서는 특별한 날, 즉 생일이나 각종 기념일, 입학식 졸업식 때 외식을 하는 게 일반적이지만 독일에서는 지인들과 친지들을 초대하여 야외, 혹은 집에서 그릴파티(Grillparty)를 하는 것이 일반적입니다. 화창한 날 야외에서 소시지와 육류를 직화불로 구워내 나눠먹으며 담소를 나누는 독일의 그릴파티 문화는 바쁘게 돌아가는 삶 속에서도 여유로움을 느끼게 합니다.

그릴파티는 보통 따스한 봄과 여름, 초가을에 집 마당이나 야외의 뜰에서 이뤄지는데 먼저 그릴기구와 목탄을 준비해야 하고 각종 육류와 소시지, 샐러드, 맥주 등 음료로 손님들을 맞이합니다. 요즘은 손님들이 음식 하나씩 준비해서 모두 함께 즐기기도 합니다.

그릴파티의 제일 중요한 요소는 날씨입니다. 날씨가 좋지 않을 때는 야외의 그릴파티가 취소되기도 하며, 혹은 집 밖에서 고기를 굽고 안에서 먹기도 합니다. 보통은 잔디마당이 있는 단독주택이나 야외 공간에서 이루어지지만 때로는 아파트나 공동주택 발코니에서 이루어지기도 합니다. 이 경우 그릴 연기가 이웃을 방해하게 되면 곤혹스러운 상황도 발생할 수 있습니다.

제 6 장

일상생활

A : Um wie viel Uhr gehen Sie zur Arbeit?
움　뷔　필　우어　게엔　지　쭈어　아르바이트

B : Um sieben Uhr gehe ich zur Arbeit.
움　지벤　우어　게에　이히　쭈어　아르바이트

A : 몇 시에 출근하세요?
B : 7시에 출근합니다.

표현늘리기

■ 언제 출근하십니까?

Wann gehen Sie zur Arbeit?
반　게엔　지　쭈어 아르바이트

■ 몇 시까지 출근하셔야 해요?

Um wie viel Uhr müssen Sie anwesend sein?
움　뷔　필　우어　뮈쎈　지　안베젠트　자인

■ 8시까지는 사무실로 가야 합니다.

Bis 8 Uhr muss man im Büro sein.
비스 아흐트 우어 무스　만　임　뷔로　자인

■ 일이 언제 시작되나요?

Wann beginnt Ihre Arbeit?
반　베긴트　이어레 아르바이트

■ 일은 9시에 시작됩니다.

Meine Arbeit fängt um 9 Uhr an.
마이네 아르바이트 펭트 움 노인 우어 안

■ 무엇을 타고 출근하시나요?

Womit fahren Sie zur Arbeit?
보밋 파렌 지 쭈어 아르바이트

■ 저는 보통 지하철을 타고 일하러 갑니다.

Ich fahre meistens mit der U-Bahn zur Arbeit.
이히 파레 마이스텐스 밋 데어 우반 쭈어 아르바이트

■ 집에서 직장까지는 시간이 많이 걸립니다.

Es dauert sehr lang von zu Hause bis zum Arbeitsplatz.
에스 다우어트 제어 랑 폰 쭈 하우제 비스 쭘 아르바이츠플랏츠

■ 교통이 막히면 자주 지각합니다.

Bei Stau komme ich manchmal spät zum Dienst.
바이 슈타우 콤메 이히 만히말 슈펫 쭘 디엔스트

■ 언제 집에 오시나요?

Wann kommen Sie nach Hause zurück?
반 콤멘 지 나흐 하우제 쭈뤽

Tip 버스나 지하철과 같은 교통수단을 타고 갈 때는 전치사 mit을 사용하여 표현합니다. '버스를 타고'는 mit dem Bus, '지하철을 타고'는 mit der U-Bahn이라고 합니다. '무엇을 타고 ~'라고 물을 때는 의문사와 전치사의 결합형 Womit ~을 이용하여 질문합니다.

Part 02 늦어도 5시에는 끝나요.

기본표현

A : Wann ist Ihre Arbeitszeit zu Ende?
반　　　이스트 이어레 아르바이츠차잇　쭈　엔데

B : Spätestens um fünf Uhr.
슈페테스텐스　　　움　퓐프　우어

A : 근무 시간이 언제 끝나나요?
B : 늦어도 5시에는 끝납니다.

 표현늘리기

■ 근무 시간은 얼마나 됩니까?

Wie lange haben Sie Arbeitszeit?
뷔　랑에　하벤　지　아르바이츠차잇

■ 근무 시간이 어떻게 되죠?

Wie sind Ihre Arbeitszeiten?
뷔　진트　이어레 아르바이츠차이텐

■ 오전 9시부터 오후 5시까지 근무합니다.

Ich arbeite von 9 bis 17 Uhr.
이히　아르바이테 폰　노인 비스 집첸 우어

■ 몇 시에 퇴근하세요?

Um wie viel Uhr haben Sie Feierabend?
움　뷔　필　우어　하벤　지　파이어아벤트

■ 저는 보통 6시에 퇴근을 해요.

Normalerweise habe ich um sechs Uhr Feierabend.

노말러바이제 하베 이히 움 젝스 아우 파이어아벤트

■ 우리는 3교대로 근무합니다.

Wir arbeiten in drei Schichten.

뷔어 아르바이텐 인 드라이 쉬히텐

■ 일을 마친 후 바로 집으로 갑니까?

Nach dem Feierabend gehen Sie direkt nach Hause?

나흐 뎀 파이어아벤트 게엔 지 디렉트 나흐 하우제

■ 가끔 야근을 해야 합니다.

Manchmal muss ich Nachtdienst machen.

만히말 무스 이히 나흐트디엔스트 마헨

■ 가게는 몇 시에 닫아요?

Um wie viel Uhr schließt Ihr Geschäft?

움 뷔 필 우어 슐리스트 이어 게쉐프트

■ 24시간 개점합니다.

Mein Geschäft ist rund um die Uhr geöffnet.

마인 게쉬프트 이스트 룬트 움 디 우어 게외프넷

Tip 비교적 정확한 시간을 표현할 때는 전치사 um을 사용합니다. '9시에'는 um neun, '몇 시에'는 Um wie viel Uhr ~ ?라고 질문하면 됩니다. 정확하지 않은 시간, 예를 들어 '9시쯤'이라면 전치사 gegen을 사용하여 gegen neun이라고 합니다. 그리고 '몇 시부터 몇 시까지'를 표현하고자 할 때는 von ~ bis ~ 형태를 사용합니다. '9시부터 12시까지'라면 von neun bis zwölf라고 하면 됩니다.

기본표현

A : Wie kommst du zur Schule?
뷔 콤스트 두 쭈어 슐레

B : Ich fahre mit dem Bus zur Schule.
이히 파레 밋 뎀 부스 쭈어 슐레

A : 학교는 어떻게 가는 거니?
B : 버스를 타고 학교에 갑니다.

 표현늘리기

■ 저는 스쿨버스로 학교에 갑니다.

Ich fahre mit dem Schulbus zur Schule.
이히 파레 밋 뎀 슐부스 쭈어 슐레

■ 저는 걸어서 학교에 갑니다.

Ich gehe zu Fuß zur Schule.
이히 게에 쭈 푸스 쭈어 슐레

■ 친구들과 함께 갑니다.

Ich gehe mit meinen Freunden zur Schule.
이히 게에 밋 마이넨 프로인덴 쭈어 슐레

■ 저는 자전거를 타고 학교에 갑니다.

Ich fahre mit dem Fahrrad zur Schule.
이히 파레 밋 뎀 파랏 쭈어 슐레

118

■ 엄마가 차로 태워주십니다.

Meine Mutter fährt mich bis zur Schule.
마이네 무터 페엇 미히 비스 쭈어 슐레

■ 어느 학교에 다니니?

Welche Schule besuchst du?
벨헤 슐레 베주흐스트 두

■ 뒤셀도르프에 있는 레씽 김나지움에 다닙니다.

Ich besuche das Lessing Gymnasium in Düsseldorf.
이히 베주헤 다스 레씽 김나지움 인 뒤셀도어프

■ 몇 학년이니?

In welcher Klasse bist du?
인 벨혀 클라쎄 비스트 두

■ 학교가 너희 집에서 머니?

Ist die Schule weit von deiner Wohnung?
이스트 디 슐레 바엣 폰 다이너 보눙

■ 여기서 가깝습니다.

Die Schule ist in der Nähe von hier.
디 슐레 이스트 인 데어 네에 폰 히어

Tip 독일의 Gymnasium은 인문계 중고등학교로서 초등학교(Grundschule) 4년 과정을 마친 후 들어갈 수 있는 학교입니다. Gymnasium의 8년 과정을 마치면 졸업시험인 Abitur를 통해 대학에 입학할 수 있습니다.

Part 04 방을 구하고 있습니다.

A : Ich suche ein Zimmer. Ist es noch frei?
이히 주헤　　아인 침머　　이스트 에스 노흐　프라이

B : Nein, tut mir leid. Es ist schon weg.
나인　툿　미어 라잇　에스 이스트 숀　　벡

A : 방을 구하고 있는데요. 방이 아직 비어 있습니까?
B : 아뇨, 죄송합니다. 방이 이미 나갔습니다.

표현늘리기

■ 그 집에 관심이 있는데요.

Ich interessiere mich für die Wohnung.
이히 인터레씨어레　　미히　퓨어 디　보눙

■ 방이 아직 비어 있나요?

Ist das Zimmer noch frei?
이스트 다스 침머　　노흐　프라이

■ 방이 벌써 나갔습니다.

Das Zimmer ist schon vermietet.
다스　침머　　이스트 숀　　페어미텟

■ 발코니가 있는 방을 원합니다.

Ich hätte gern ein Zimmer mit Balkon.
이히 헤테　게언　아인 침머　　　밋　발콘

■ 가구가 갖추어져 있나요?

Ist das Zimmer schon möbliert?
이스 다스 침머　손　뫼빌리어트

■ 방을 한번 볼 수 있을까요?

Kann ich das Zimmer mal sehen?
칸　이히 다스 침머　말　제엔

■ 집을 좀 구경하고 싶은데요.

Ich möchte die Wohnung mal besichtigen.
이히 뫼히테　디　보눙　말　베지히티겐

■ 집이 어디에 있나요?

Wo ist denn die Wohnung?
보　이스트 덴　디　보눙

■ 거실이 넓고 밝습니다.

Das Wohnzimmer ist groß und hell.
다스　본침머　이스트 그로스 운트 헬

■ 집이 마음에 듭니다.

Die Wohnung gefällt mir gut.
디　보눙　게펠트　미어 굿

Tip

방이 비어 있는지를 물을 때는 Ist es noch frei?를 주로 사용합니다. frei는 '자유로운'이라는 뜻 말고도 '비어 있는'이라는 뜻이 있습니다. 이 표현은 '좌석이 비어 있는지'를 물을 때도 사용할 수 있습니다. 방이 나갔다면 Es ist schon weg.이나 Es ist schon vermietet.이라는 말을 듣게 될 것입니다. 이런 말들을 듣는다면 다른 집을 알아봐야 하겠지요.

Part 05 집세는 얼마인가요?

A : Wie hoch ist die Miete?
뷔 　 호흐 　 이스트 디 　 미테

B : Neunhundert Euro pro Monat.
노인훈더트 　 　 오이로 　 프로 　 모낫

A : 집세가 얼마입니까?
B : 한 달에 900유로입니다.

 표현늘리기

■ 월세가 대체 얼마인가요?

Wie hoch ist denn die Miete?
뷔 　 호흐 　 이스트 덴 　 디 　 미테

■ 부대비용은 얼마나 되나요?

Wie hoch sind die Nebenkosten?
뷔 　 호흐 　 진트 　 디 　 네벤코스텐

■ 200유로인데 전기세는 별도입니다.

200 Euro und die Strommkosten sind extra.
쯔바이훈더트 오이로 운트 디 슈트롬코스텐 　 　 진트 　 엑스트라

■ 보증금은 얼마인가요?

Wie hoch ist die Kaution?
뷔 　 호흐 　 이스트 디 　 카우치온

122

■ 보증금은 3개월치 월세입니다.

Die Kaution beträgt drei Monatsmieten.
디 카우치온 베트렉트 드라이 모낫츠미텐

■ 방이 너무 비쌉니다.

Das Zimmer ist zu teuer.
다스 침머 이스트 쭈 토이어

■ 생각 좀 해보겠습니다.

Ich würde es mal überlegen.
이히 뷔어데 에스 말 위버레겐

■ 이 집을 임대하고 싶습니다.

Ich möchte diese Wohnung mieten.
이히 뫼히테 디제 보눙 미텐

■ 계약할 수 있습니까?

Können wir einen Mietvertrag abschließen?
쾨넨 뷔어 아이넨 밋페어트락 압슐리쎈

■ 서류를 작성해 주세요.

Füllen Sie bitte das Formular aus.
퓔렌 지 비테 다스 포어물라 아우스

Tip

집세가 얼마인지 물을 때는 Wie hoch ist die Miete?를 주로 사용합니다. hoch는 '높은'이라는 뜻의 형용사인데 이 표현은 월세 수준이 얼마나 높은지를 묻고 있는 것입니다. 월세 수준은 난방비를 포함한 Warmmiete와 난방비를 제외한 Kaltmiete로 나뉘며, Kaltmiete로 월세를 계산할 경우에는 추가로 '난방비를 포함한 부대비용' Nebenkosten을 지불해야 합니다.

Part 06 집이 얼마나 넓어요?

A : Wie groß ist die Wohnung?
뷔　　그로스 이스트 디　보눙

B : Die ist etwa 80m² groß.
디 이스트 에트바 아흐찌히크바드랏메터 그로스

A : 집이 얼마나 넓어요?
B : 대략 80제곱미터 정도 됩니다.

 표현늘리기

■ 집의 크기가 어떻게 되죠?

Wie viel Quadratmeter hat die Wohnung?
뷔　필　크바드랏메터　　　핫　디　보눙

■ 이 집은 방이 몇 개입니까?

Wie viele Zimmer hat die Wohnung?
뷔　필레　침머　　　핫　디　보눙

■ 집이 정말 크네요.

Die Wohnung ist aber groß.
디　보눙　　　이스트 아버　그로스

■ 거실이 좀 어둡군요.

Das Wohnzimmer ist ein bisschen dunkel.
다스 본침머　　　이스트 아인 비쓰헨　　둥켈

124

■ 이 집은 중앙난방식입니까?

Hat diese Wohnung Zentralheizung?
핫   디제   보눙   쩬드랄하이쭝

■ 근처에 쇼핑센터가 있습니까?

Gibt es ein Einkaufszentrum in der Nähe?
깁트   에스 아인 아인카우프스첸트룸   인 데어 네에

■ 교통편은 어떻습니까?

Wie ist die Verkehrsverbindung?
뷔   이스트 디   페어케어스페어빈둥

■ 집이 언제부터 비게 되나요?

Ab wann ist die Wohnung frei?
압   반   이스트 디 보눙   프라이

■ 제가 언제부터 입주할 수 있습니까?

Wann kann ich einziehen?
반   칸   이히 아인찌엔

■ 즉시 입주하실 수 있습니다.

Sie können ab sofort einziehen.
지   쾨넨   압 조포어트 아인찌엔

Tip

우리나라에서는 집의 크기를 보통 '평'으로 말하지만 독일에서는 m², 즉 '제곱미터'로 말하고 표기합니다. 제곱미터는 독일어로 Quadratmeter라고 합니다. 집 크기가 90m²라면 neunzig Quadratmeter라고 말합니다. 크기를 한국식 평수로 비교하고 싶다면 제곱미터의 약 3분의 1로 계산하면 됩니다. 예를 들면 90m²는 대략 30평 정도가 되는 것입니다.

A : Wie ist das Wetter heute?
뷔   이스트 다스 베터   호이테

B : Das Wetter heute ist sehr schön.
다스   베터   호이테 이스트 제어   쉔

A : 오늘은 날씨가 어떻죠?
B : 오늘은 날씨가 아주 좋습니다.

표현늘리기

■ 오늘 날씨가 어떻습니까?

Was haben wir heute für Wetter?
봐스   하벤   뷔어 호이테   퓨어 베터

■ 오늘 날씨 좋습니다.

Heute haben wir schönes Wetter.
호이테   하벤   뷔어 쉐네스   베터

■ 따뜻합니다.

Es ist warm.
에스 이스트 봠

■ 날씨가 맑습니다.

Es ist sonnig.
에스 이스트 조니히

126

■ 무덥고 습합니다.

Es ist schwül und feucht.
에스 이스트 슈뷜   운트   포이히트

■ 춥습니다.

Es ist kalt.
에스 이스트 칼트

■ 서늘합니다.

Es ist kühl.
에스 이스트 퀼

■ 바람이 부네요.

Es ist windig.
에스 이스트 뷘디히

■ 비가 옵니다.

Es regnet.
에스 레그넷

■ 눈이 오네요.

Es schneit.
에스 슈나잇

Tip

'날씨가 좋다'를 표현할 때는 형용사 **gut** 대신 **schön**을 사용하는 경우가 많습니다. 또한 '비가 오다', '눈이 오다', '덥다', '춥다' 등 날씨와 관련된 여러 표현에는 대체로 문법적 주어인 **es**를 이용합니다. 날씨와 관련된 영어권 표현에서 문법적 주어인 **it**를 사용하는 경우와 같다고 할 수 있습니다.

Part 08 일기예보에서 내일 비가 온다고 합니다.

기본표현

A : Nach dem Wetterbericht soll es morgen regnen.
나흐　뎀　베터베리히트　졸　에스 모르겐　레그넨

B : Wirklich? Vergessen Sie keinen Regenschirm.
비어클리히　페어게쎈　지 카이넨　레겐쉬엄

A : 일기예보에서 내일 비가 온다고 합니다.
B : 정말요? 우산을 잊지 마세요.

 표현늘리기

■ 오늘 일기예보는 어떤가요?

Wie ist die Wettervorhersage für heute?
뷔　이스트 디　베터포어헤어자게　　퓨어 호이테

■ 비가 온다네요.

Es soll regnen.
에스 졸　레그넨

■ 오후에는 날씨가 좋아질 거랍니다.

Am Nachmittag soll es besser werden.
암　나흐미탁　졸　에스 메써　베어덴

■ 내일은 날씨가 어떨까요?

Wie wird das Wetter morgen?
뷔　뷔엇　다스 베터　모르겐

128

■ 내일은 아마 좋을 겁니다.

Morgen wird es wohl schön werden.
모르겐 뷔엇 에스 볼 쉔 베어덴

■ 비가 올 것 같아요.

Es sieht nach Regen aus.
에스 지잇 나흐 레겐 아우스

■ 비가 그쳤어요.

Es hat aufgehört zu regnen.
에스 핫 아우프게회엇 쭈 레그넨

■ 다음 주부터 장마라고 합니다.

Ab nächster Woche soll die Regenzeit beginnen.
압 넥스터 보헤 졸 디 리겐차잇 베긴넨

■ 오늘 기온이 몇 도입니까?

Wie viel Grad haben wir heute?
뷔 필 그랏 하벤 뷔어 호이테

■ 섭씨 27도입니다.

Es sind 27 Grad Celsius.
에스 진트 지벤운트쯔반찌히 그랏 첼지우스

Tip

일기예보에서처럼 '날씨가 어떠하다고 한다'라고 표현하려 할 경우에는 보통 화법조동사 sollen을 이용합니다. 화법조동사 sollen은 '~해야 한다'로 이해하여 보통은 '의무'를 나타내는 경우가 많으나 '~라고 하더라'처럼 '소문'을 나타내는 용법으로 사용되기도 합니다. 예를 들어 '날씨가 좋다고 한다'는 Es soll schön sein.으로 표현됩니다.

129

단어늘리기

wie viel	뷔 필	얼마나 많은
müssen	뮈쎈	~해야 한다(화법조동사)
anwesend	안베젠트	출석한
Arbeitsplatz	아르바이츠플랏츠	일자리
Stau	슈타우	정체
manchmal	만히말	때때로, 자주
Dienst	디엔스트	업무, 근무
zurückkommen	쭈뤽콤멘	돌아오다
nach Hause	나흐 하우제	집으로
Arbeitszeit	아르바이츠차잇	근무시간
zu Ende	쭈 엔데	끝에, 마지막에
spätestens	슈페테스텐스	늦어도
Feierabend	파이어아벤트	퇴근
normalerweise	노말러바이제	일반적으로, 보통
Schicht	쉬히트	층, 겹, 교대근무
direkt	디렉트	직접
Nachtdienst	나흐트디엔스트	야간근무
schließen	슐리쎈	닫다
Geschäft	게쉐프트	상점
rund	룬트	대략, 둥근
geöffnet	게외프넷	열린, 개장된
Bus	부스	버스
Schulbus	슐부스	스쿨버스
Fahrrad	파랏	자전거
besuchen	베주헨	방문하다
Klasse	클라쎄	학급, 학년

130

suchen	주헨	구하다, 찾다
Zimmer	침머	방
frei	프라이	빈, 비어 있는
Tut mir leid	툿 미어 라잇	죄송합니다, 실례합니다
weg	벡	(집이) 나간, 없어진
interessieren	인터레씨어렌	관심을 갖다, 관심이 있다
vermietet	페어미텟	임대된, (집이) 나간
hätte gern	헤테 게언	～원하다, ～갖고 싶다
Balkon	발콘	발코니, 베란다
möbliert	뫼빌리어트	가구가 비치된
besichtigen	베지히티겐	구경하다
Wohnzimmer	본침머	거실
hell	헬	밝은
hoch	호흐	높은
Miete	미테	월세, 세
Nebenkosten	네벤코스텐	부대비용
Strommkosten	슈트롬코스텐	전기세
extra	엑스트라	별도의, 따로
Kaution	카우치온	보증금
betragen	베트라겐	～에 달하다
teuer	토이어	비싼
überlegen	위버레겐	곰곰이 생각하다, 심사숙고하다
mieten	미텐	임차하다, 세 들다
Mietvertrag	밋페어트락	월세계약
abschließen	압슐리쎈	(계약을) 체결하다
ausfüllen	아우스퓔렌	작성하다
Formular	포어물라	서류양식, 신청서
etwa	에트봐	대략, 대충

131

Quadratmeter	크바드랏메터	제곱미터
ein bisschen	아인 비쓰헨	약간, 조금
dunkel	둥켈	어두운
Zentralheizung	쩬드랄하이쭝	중앙난방
Einkaufszentrum	아인카우프스첸트룸	쇼핑센터
Verkehrsverbindung	페어케어스페어빈둥	교통연결편
ab	압	~부터
einziehen	아인찌엔	입주하다
sofort	조포어트	즉시, 바로
wirklich	비어클리히	정말, 실제로
vergessen	페어게쎈	잊다, 망각하다
Regenschirm	레겐쉬엄	우산
besser	베써	더 나은, 더 좋은 (gut의 비교급)
wohl	볼	아마도
aussehen	아우스제엔	~처럼 보이다
aufhören	아우프회언	중단하다, 그만두다
nächste Woche	넥스테 보헤	다음 주
Regenzeit	레겐차잇	장마 시기
Grad	그랏	도, 온도
Celsius	첼지우스	섭씨

관련단어

[날씨]

Wetter	베터	날씨
warm	밤	따뜻한
Sonne	존네	태양, 해

sonnig	조니히	맑은
schwül	슈뷜	무더운
feucht	포이히트	축축한, 습한
Wind	빈트	구름
windig	빈디히	구름 낀
Nebel	네벨	안개
nebelig	네벨리히	안개 낀
Wetterbericht	베터베리히트	일기예보
kalt	칼트	추운
kühl	퀼	서늘한
heiß	하이쓰	뜨거운
windig	뷘디히	바람 부는
Regen	레겐	비
regnen	레그넨	비가 오다
Schnee	슈네	눈
schneien	슈나이엔	눈이 오다
schön	쇤	좋은, 예쁜
Wettervorhersage	베터포어헤어자게	일기예보

독일의 결혼풍습

독일의 결혼식은 전체적으로 3가지의 단계를 거칩니다.

첫 번째, 독일은 결혼식 전야에 폴터아벤트(Polterabend)라는 파티를 여는데, 이 파티에 참석하는 사람들은 특별히 자신의 집에서 오래된 접시를 몇 개 가져와 신혼부부의 집 앞에 던져 깨뜨립니다. 이렇게 하는 것은 신혼부부에게 행운을 가져온다고 믿는 풍습 때문입니다. 이 일이 끝나면 사람들은 파티장으로 가서 다양한 종류의 음식과 술을 곁들이며 게임이나 춤 같은 여흥을 즐깁니다.

두 번째 단계는 혼인청(Standesamt)에서 결혼식을 진행한다는 것입니다. 거주 도시의 혼인청에서 올리는 결혼식은 법적으로 결혼을 공식화하는 단계로서, 신혼부부의 가족들과 친척, 그리고 특별히 이들의 결혼이 합법적으로 이루어졌음을 서명해야 하는 증인 몇 명이 참석한 가운데 식이 진행됩니다. 주례는 결혼 등록소의 공무원이 집전하는 게 보통이며 신랑 신부는 가족, 친지들 앞에서 혼인신고서에 서명합니다.

세 번째 단계는 교회에서 진행되는 결혼식입니다. 혼인청에서 결혼식을 마친 그날 오후나 그다음 날인 셋째 날에 치릅니다. 신랑 신부는 턱시도와 드레스 등 예식의복을 갖추고 아이들은 꽃바구니를 들고 신랑 신부가 행진할 때 꽃을 뿌리곤 합니다. 종교인이 집전하는 예식을 마치고 신랑 신부가 교회 문을 나설 때 친구들은 이들에게 행운을 기원합니다. 그리고 신혼부부는 차를 타고 시내를 드라이브하는데, 길을 지나는 많은 사람들에게 이제 막 결혼했음을 알리기 위해 차 뒤에 깡통을 매달고 요란한 경적음을 내며 도심을 달립니다.

여가 • 취미

A : Was machen Sie in Ihrer Freizeit?
봐스   마헨   지   인 이어러   프라이짜잇

B : Ich sehe gern fern.
이히   제에   게언   페언

A : 여가 시간에 무엇을 하세요?
B : 저는 TV를 즐깁니다.

표현늘리기

■ 주말은 어떻게 보내세요?

Was machen Sie am Wochenende?
봐스   마헨   지   암   보헨엔데

■ 산책을 합니다.

Ich gehe manchmal spazieren.
이히 게에   만히말   슈파찌어렌

■ 쇼핑도 합니다.

Ich gehe auch einkaufen.
이히 게에   아우흐   아인카우펜

■ 가끔 가족과 함께 식사하러 갑니다.

Ich gehe oft mit meiner Familie essen.
이히 게에   오프트 밋   마이너   파밀리에   에쎈

■ 영화관에 자주 갑니다.

Ich gehe oft ins Kino.

이히 게에   오프트 인스 키노

■ 주말에 무슨 계획이 있나요?

Haben Sie am Wochenende etwas vor?

하벤   지 암 보헨엔데   에트바스 포어

■ 주말에 할 일이 많아요.

Am Wochenende habe ich viel zu tun.

암   보헨엔데   하베 이히 필 쭈 툰

■ 휴일에는 무엇을 하실 건가요?

Was wollen Sie am Freitag machen?

봐스 볼렌   지 암 프라이탁 마헨

■ 아내와 오페라 보러 갈 겁니다.

Ich will mit meiner Frau in die Oper gehen.

이히 빌 밋 마이너   프라우 인 디 오퍼 게엔

■ 우리는 정원에서 불고기 파티를 할 것입니다.

Wir wollen eine Grillparty in dem Garten machen.

뷔어 볼렌   아이네 그릴파티   인 뎀   가르텐   마헨

Tip   gehen 동사와 또 다른 동사의 원형이 한 문장에 동시에 사용된다면 '~하러 가다'라는 뜻으로 사용됩니다. einkaufen gehen은 '쇼핑하러 가다'이고, essen gehen은 '식사하러 가다'인데, 여기서 gehen 동사는 다른 동사의 조동사 역할을 합니다.

Ich gehe heute Abend einkaufen. 나는 오늘 저녁에 쇼핑하러 간다.

Ich gehe um 18:00 Uhr essen. 나는 저녁 6시에 식사하러 간다.

> ### A : Was ist Ihr Hobby?
> 봐스   이스트 이어 호비
>
> ### B : Mein Hobby ist Musik hören.
> 마인   호비   이스트 무직   회렌
>
> A : 취미가 무엇입니까?
> B : 제 취미는 음악을 듣는 것입니다.

표현늘리기

- 취미가 무엇입니까?

Was ist Ihre Lieblingsbeschäftigung?
봐스   이스트 이어레 리블링스베쉐프티궁

- 제 취미는 등산입니다.

Meine Lieblingsbeschäftigung ist Bergsteigen.
마이네   리블링스베쉐프티궁   이스트 베어크슈타이겐

- 어디에 관심이 있습니까?

Wofür interessieren Sie sich denn?
보퓨어   인터레씨어렌   지   지히   덴

- 저는 축구팬입니다. 축구를 좋아합니다.

Ich bin Fußballfan. Ich liebe Fußball.
이히 빈   푸쓰발팬   이히 리베   푸쓰발

■ 주말마다 축구를 합니다.

Ich spiele jedes Wochenende Fußball.
이히 슈필레 예데스 보헨엔데 푸쓰발

■ 저는 자전거를 즐깁니다.

Ich fahre gern Fahrrad.
이히 파레 게언 파랏

■ 저는 취미로 우표를 수집합니다.

Ich sammle als Hobby Briefmarken.
이히 잠믈레 알스 호비 브리프마르켄

■ 특별한 취미는 없습니다.

Ich habe kein besonderes Hobby.
이히 하베 카엔 베존더레스 호비

■ 컴퓨터 게임이 유일한 취미입니다.

Mein einziges Hobby ist Computerspiel spielen.
마인 아인찌게스 호비 이스트 콤퓨터슈필 슈필렌

■ 누구나 자기만의 취향이 있지요.

Jeder hat seinen eigenen Geschmack.
예더 핫 자인 아이게네스 게슈막

Tip
Hobby는 중성명사로서 '취미'입니다. 순수 독일어로는 Lieblingsbeschäftigung
도 있습니다. '좋아하는 일'이란 뜻입니다. Lieblingsbeschäftigung은 다소 긴 철자
의 단어이므로 발음에 유의하도록 합시다. [리블링스베쉐프티궁]이라고 읽습니다.

기본표현

A : Haben Sie vielleicht heute Abend Zeit?
하벤   지   필라이히트   호이테   아벤트   차잇

B : Nein, leider habe ich keine Zeit.
나인   라이더   하베   이히 카이네   차잇

A : 혹시 오늘 밤에 시간 있으세요?
B : 아니요, 유감이지만 시간이 없네요.

표현늘리기

■ 오늘 저녁에 시간 있으세요?

Haben Sie heute Abend Zeit?
하벤   지   호이테   아벤트   차잇

■ 오늘 무슨 계획 있나요?

Haben Sie heute etwas vor?
하벤   지   호이테   에트봐스 포어

■ 저랑 저녁 식사 하시겠어요?

Wollen Sie mit mir zu Abend essen?
볼렌   지   밋   미어 쭈 아벤트   에쎈

■ 오늘 밤엔 선약이 있습니다.

Heute Abend habe ich eine andere Verabredung.
호이테   아벤트   하베   이히 아이네 안더레   페어압레둥

■ 내일 약속 있으세요?

Haben Sie morgen eine Verabredung?
하벤   지   모르겐   아이네 페어압레둥

■ 무엇을 원하는지 말씀해 주세요.

Bitte erzählen Sie mir, was Sie wollen.
비테   에어쩰렌   지   미어   봐스 지   볼렌

■ 당신과 사귀고 싶습니다.

Ich möchte Sie gerne kennenlernen.
이히 뫼히테   지   게어네   켄넨레어넨

■ 당신과 데이트하고 싶습니다.

Ich möchte mich mit Ihnen verabreden.
이히 뫼히테   미히   밋   이넨   페어압레덴

■ 오늘 아주 즐거웠습니다.

Das war ein schöner Tag mit Ihnen.
다스   봐   아인 쉐너   탁   밋   이넨

■ 집에 바래다드려도 될까요?

Darf ich Sie nach Hause begleiten?
다프   이히 지   나흐   하우제   베글라이텐

Tip 　시간을 뜻하는 독일어 단어는 크게 세 가지입니다. Zeit, Uhr, Stunde가 그것
인데 먼저 Zeit은 '일반적인 시간'을 나타냅니다. '시간이 있습니까?'라고 물을 때
Haben Sie Zeit?이라고 표현합니다. 두 번째로 Uhr는 '구체적인 시간'을 뜻합니다.
예를 들어 um 9 Uhr라고 하면 '9시에'가 되는 것입니다. 마지막으로 Stunde는 '시
간의 길이'를 뜻합니다. '한 시간'은 eine Stunde, '두 시간'은 zwei Stunden이라고
합니다.

Part 04 어디로 휴가를 다녀오셨어요?

기본표현

A : Wohin sind Sie im Urlaub gefahren?
보힌　　　진트　지　임　우얼라웁　게파렌

B : Ich war in Amerika.
이히　봐　인　아메리카

A : 어디로 휴가를 다녀오셨어요?
B : 미국에 다녀왔어요.

 표현늘리기

■ 휴가 어디서 보내셨나요?

Wo haben Sie Ihren Urlaub gemacht?
보　하벤　지　이어렌　우얼라웁　게마흐트

■ 해변에 갔다 왔어요.

Ich habe meinen Urlaub am Strand gemacht.
이히　하베　마이넨　우얼라웁　암　슈트란트　게마흐트

■ 거기서 얼마나 계셨는데요?

Wie lange sind Sie da geblieben?
뷔　랑에　진트　지　다　게블리벤

■ 2주 있었습니다.

Zwei Wochen.
쯔바이　보헨

■ 휴가는 어땠나요?

Wie war Ihr Urlaub?
뷔　　봐　이어 우얼라웁

■ 환상적이었어요.

Das war fantastisch.
다스　봐　판타스티쉬

■ 미국에 가본 적이 있나요?

Waren Sie in Amerika?
봐렌　　지　인 아메리카

■ 사업차 종종 미국으로 갑니다.

Ich fliege oft geschäftlich in die USA.
이히 플리게　오프트 게쉐프틀리히　인 디 우에스아

■ 우리는 여행을 좋아합니다.

Wir machen gern eine Reise.
뷔어 마헨　　게언　아이네 라이제

■ 언젠가 세계 여행을 하고 싶습니다.

Irgendwann möchte ich eine Weltreise machen.
이어겐트반　　뫼히테　이히 아이네 벨트라이제　마헨

Tip

Urlaub machen이나 im Urlaub fahren은 '휴가를 가다'라는 의미로 사용됩니다. 이 밖에 machen 동사를 사용한 흔한 표현으로는 eine Reise machen(여행하다), eine Pause machen(휴식하다), einen Ausflug machen(소풍 가다), einen Spaziergang machen(산책하다) 등이 있습니다.

Part 05 운동을 하시나요?

기본표현

A : Treiben Sie Sport?
트라이벤   지   슈포엇

B : Ja, ich spiele gern Fußball.
야   이히 슈필레   게언   푸쓰발

A : 운동을 하시나요?
B : 예, 축구를 즐깁니다.

 표현늘리기

■ 스포츠 좋아하세요?

Mögen Sie Sport?
뫼겐   지   슈포엇

■ 저는 모든 스포츠를 다 좋아합니다.

Ich mag alle Sportarten.
이히 막   알레 슈포엇아르텐

■ 좋아하는 운동이 무엇입니까?

Was ist Ihr Lieblingssport?
봐스 이스트 이어 리블링스슈포엇

■ 내가 좋아하는 운동은 수영입니다.

Mein Lieblingssport ist Schwimmen.
마인   리블링스슈포엇   이스트 슈빔멘

144

■ 어떤 운동을 하십니까?

Was für einen Sport treiben Sie?

봐스　퓨어 아이넨　슈포엇　트라이벤　지

■ 테니스를 즐깁니다.

Ich spiele gern Tennis.

이히 슈필레　게언　테니스

■ 얼마나 자주 테니스를 하십니까?

Wie oft spielen Sie Tennis?

뷔　오프트 슈필렌　지　테니스

■ 일주일에 한두 번 합니다.

Ich spiele ein- oder zweimal in der Woche.

이히 슈필레　아인 오더　쯔바이말　인 데어　보헤

■ 축구 하는 것도 좋아하세요?

Spielen Sie auch gern Fußball?

슈필렌　지　아우흐 게언　푸쓰발

■ 아뇨, 축구에는 관심이 없어요.

Nein, ich interessiere mich nicht für Fußball.

나인　이히 인터레씨어레　미히　니히트　퓨어 푸쓰발

Tip

'운동을 하다'의 독일어 표현은 Sport treiben입니다. 구기종목과 같은 특정한 운동을 할 경우에는 영어의 play에 해당하는 spielen 동사를 씁니다. 예를 들면 '축구 하다'는 Fußball spielen, '테니스 하다'는 Tennis spielen이라고 하지요. 이 밖에 joggen(조깅하다), schwimmen(수영하다)처럼 한 단어로 표현될 때도 있습니다.

기본표현

A : Um wie viel Uhr beginnt die Vorstellung?
움 뷔 필 우어 베긴트 디 포어슈텔룽

B : Die beginnt um halb sieben.
디 베긴트 움 할프 지벤

A : 몇 시에 공연이 시작됩니까?
B : 6시 30분에 시작됩니다.

📝 표현늘리기

■ 우리 연극 보러 갈까요?

Wollen wir ins Theater gehen?
볼렌 뷔어 인스 테아터 게엔

■ 좋은 생각이에요.

Das ist eine gute Idee.
다스 이스트 아이네 구테 이데

■ 오늘 저녁에 어떤 공연을 합니까?

Was wird heute Abend gespielt?
봐스 뷔엇 호이테 아벤트 게슈필트

■ 오늘은 괴테의 파우스트가 있네요.

Heute gibt es Goethes Faust.
호이테 깁트 에스 괴테스 파우스트

■ 몇 시에 시작됩니까?

Um wie viel Uhr fängt es an?

움   뷔   필   우어   펭트   에스 안

■ 공연 시간이 얼마나 걸리나요?

Wie lange dauert die Vorstellung?

뷔   랑에   다우어트   디   포어슈텔룽

■ 오늘 밤 티켓 두 장 주세요.

Bitte zwei Karten für heute Abend.

비테   쯔바이 카르텐   퓨어 호이테 아벤트

■ 공연 표가 매진되었습니다.

Die Vorstellung ist schon ausverkauft.

디   포어슈텔룽   이스트 숀   아우스페어카우프트

■ 심야공연 표만 있습니다.

Es gibt nur noch Karten für die Spätvorstellung.

에스 깁트   누어 노흐   카르텐   퓨어 디   슈펫포어슈텔룽

■ 내일 저녁 표를 예매할 수 있습니까?

Kann ich für morgen Abend Karten reservieren?

칸   이히 퓨어 모르겐   아벤트   카르텐   레저비어렌

Tip '연극'이나 '연극을 하는 장소'를 Theater라 하고, 연극작품을 Theaterstück이라고 합니다. '공연'에 해당하는 단어는 Vorstellung이나 Aufführung을 사용합니다. 이 밖에 '오늘 저녁에 어떤 공연을 합니까?(Was wird heute Abend gespielt?)'라는 문장에서 사용된 spielen 동사는 영어의 play처럼 '놀다', '경기하다', '상연하다', '연기하다', '연주하다' 등 다양한 뜻으로 사용될 수 있음에 주목해야 할 것입니다.

기본표현

A : Interessieren Sie sich fürs Kochen?
인터레씨어렌　　　지　지히　퓨어스 코헨

B : Ja, natürlich. Kochen macht mir Spaß.
야　나튀얼리히　코헨　마흐트　미어 슈파스

A : 요리에 관심 있으세요?
B : 예, 물론이죠. 저는 요리가 재미있어요.

 표현늘리기

■ 저는 요리하는 것을 좋아합니다.

Ich koche gerne.
이히 코헤　게어네

■ 어떤 요리를 잘하시는데요?

Was kochen Sie gern?
봐스　코헨　지　게언

■ 생선 요리를 잘합니다.

Ich koche gern Fischgerichte.
이히 코헤　게언　피쉬게리히테

■ 어머니한테 요리를 배웠습니다.

Ich habe bei meiner Mutter kochen gelernt.
이히 하베　바이 마이네　무터　코헨　겔레언트

- 요리학원에 다닌 적이 있어요.

Ich habe an einem Kochkurs teilgenommen.
이히 하베 　안　아이넴　코흐쿠어스　타일게놈멘

- 저는 요리할 줄 모릅니다.

Ich kann nicht kochen.
이히 칸　　니히트 코헨

- 어떤 음식을 좋아하시나요?

Was für ein Essen mögen Sie gern?
봐스　퓨어 아인 에쎈　　뫼겐　　지 게언

- 맛있게 드세요!

Guten Appetit!
구텐　　아페팃

- 맛이 있나요?

Wie schmeckt es?
뷔　슈멕트　　　에스

- 정말 맛있습니다.

Es schmeckt sehr gut.
에스 슈멕트　　　제어　굿

Tip
여가시간에, 혹은 취미생활로 무엇인가를 좋아하거나 즐길 때는 부사 gern/gerne를 사용하는 경우가 많습니다. 축구를 즐긴다면 Ich spiele gern Fussball.이라고 하고, 요리를 즐길 때는 Ich koche gern.이라고 합니다. 또한 '먹다'의 뜻을 가진 essen의 명사형 Essen은 먹는 행위를 나타내는 '식사'나 먹는 대상인 '음식'을 가리키기도 합니다.

기본단어

Freizeit	프라이짜잇	여가시간, 쉬는 시간
fernsehen	페언제엔	텔레비전을 보다, TV를 시청하다
spazierengehen	슈파찌어렌게엔	산책하다
einkaufengehen	아인카우펜게엔	쇼핑하다, 장 보다
vorhaben	포어하벤	계획하다
zu tun haben	쭈 툰 하벤	할 일이 있다
Oper	오퍼	오페라
Grillparty	그릴파티	그릴파티
Garten	가르텐	정원
hören	회렌	듣다
Lieblingsbeschäftigung	리블링스베쉐프티궁	취미
Bergsteigen	베어크슈타이겐	등산하기, 등산
Fußballfan	푸쓰발팬	축구팬
spielen	슈필렌	놀다, 경기하다
sammeln	잠멜른	모으다, 수집하다
Briefmarken	브리프마르켄	우표
besonder	베존더	특별한
einzig	아인찌히	유일한
Computerspiel	콤퓨터슈필	컴퓨터 게임
jeder	예더	누구나
eigen	아이겐	자신의, 고유의
Geschmack	게슈막	맛, 취향
zu Abend essen	쭈 아벤트 에쎈	저녁 식사를 하다
Verabredung	페어압레둥	약속

150

erzählen	에어쩰렌	이야기하다
kennenlernen	켄넨레어넨	사귀다, 알게 되다
begleiten	베글라이텐	동반하다, 함께하다
Amerika	아메리카	미국
Strand	슈트란트	해변
fantastisch	판타스티쉬	환상적인
geschäftlich	게쉐프틀리히	사업의, 업무상의
irgendwann	이어겐트봔	언젠가
Weltreise	벨트라이제	세계여행
Sport treiben	스포엇 트라이벤	운동을 하다
mögen	뫼겐	좋아하다
Sportarten	슈포엇아르텐	스포츠 종류
Lieblingssport	리블링스슈포엇	좋아하는 스포츠
interessieren sich für ~		~에 관심을 갖다
	인터레씨어렌 지히 퓨어	
Vorstellung	포어슈텔룽	공연, 소개
Idee	이데	생각, 아이디어
es gibt ~	에스 깁트	~이 있다, 존재하다
Karte	카르테	입장권
ausverkauft	아우스페어카우프트	매진된
Spätvorstellung	슈펫포어슈텔룽	심야상영
reservieren	레저비어렌	예약하다
natürlich	나튀얼리히	물론
Spaß	슈파스	즐거움
Fischgericht	피쉬게리히트	생선요리
		(복수는 Fischgerichte)
Kochkurs	코흐쿠어스	요리수업
teilnehmen	타일네멘	참가하다
was für ein	봐스 퓨어 아인	어떠한 종류의

단어늘리기

Essen	에쎈	음식, 식사
Appetit	아페팃	식욕
schmecken	슈멕켄	~한 맛이 나다

관련단어

[취미, 스포츠]

Hobby	호비	취미
Film	필름	영화
Theater	테아터	연극관, 연극
Musik	무직	음악
Lied	리트	노래, 곡
Tanz	탄츠	춤
Foto	포토	사진
Lesen	레젠	읽기, 독서
Malen	말렌	그림 그리기
Sammlung	잠룽	수집
Kochen	코헨	요리, 요리하기
Sport	슈포엇	체육, 스포츠
Fußball	푸쓰발	축구
Golf	골프	골프
Billard	빌라트	당구
Tischtennis	티쉬테니스	탁구
Tennis	테니스	테니스
Baseball	베이스볼	야구
Badminton	베드민턴	베드민턴
Basketball	바스켓발	농구
Yacht	야흐트	요트

152

Yoga	요가	요가
Schwimmen	슈빔멘	수영하기, 수영
Ski	스키	스키
Eislauf	아이스라우프	스케이트
Angeln	앙엘른	낚시
Jagen	야겐	사냥
Bergsteigen	베어크슈타이겐	등산
Reise	라이제	여행
Surfen	주어펜	서핑
Wandern	봔던	트레킹, 걷기
Computerspiel	콤퓨터슈필	컴퓨터 게임
Internet surfen	인터넷 주어펜	인터넷 검색

로렐라이(Loreley) 언덕

독일 뤼데스하임(Rüdesheim)에서 라인강변을 따라 북쪽으로 30분쯤 가면 만날 수 있는 것이 바로 그 유명한 로렐라이 언덕입니다. 로렐라이가 유명해진 이유는 "라인강의 뱃사람들이 여인의 아름다운 노랫소리에 도취되어 넋을 잃고 그녀의 모습을 바라보고 있는 동안에 배가 물결에 휩쓸려서 암초에 부딪쳐 난파한다."는 줄거리의 설화 때문입니다. 하이네의 서정시를 질허(Silcher)가 작곡한 가곡 때문에 더욱 유명해졌지요. 우리나라에도 로렐라이 민요가 잘 알려져 있습니다.

이러한 스토리 때문에 지금도 매년 수백만 명이 찾는 세계적인 관광 명소이긴 하지만 독일 로렐라이 언덕을 실제로 가보면 지극히 평범해 많은 관광객들을 실망에 빠뜨리기도 합니다. 혹자들은 로렐라이 언덕을 벨기에의 오줌싸개 동상, 덴마크의 인어공주 동상과 함께 유럽의 3대 허무관광지라 하기도 합니다.

로렐라이 언덕을 가는 코스는 프랑크푸르트에서 직접 열차를 타고 가는 방법과 뤼데스하임에서 라인강 유람선을 타고 가는 방법이 있습니다. 직접 언덕에 올라가는 코스도 있으나 실망할 수 있으므로 로렐라이 언덕의 외관을 구경하는 것으로만 만족하길…….

초대·방문

Part 01

언제 만나 뵐까요?

 기본표현

A : Wann kann ich Sie besuchen?
반 칸 이히 지 베주헨

B : Können Sie morgen zu mir kommen?
쾨넨 지 모르겐 쭈 미어 콤멘

A : 언제 만나 뵐까요?
B : 내일 오실 수 있으세요?

📔 표현늘리기

■ 시간 약속을 하고 싶은데요.

Ich möchte einen Termin vereinbaren.
이히 뫼히테 아이넨 테어민 페어아인바렌

■ 몇 시로 했으면 좋겠어요?

Um wie viel Uhr ist es Ihnen recht?
움 뷔 필 우어 이스트 에스 이넨 레히트

■ 오후에 댁을 방문해도 되겠습니까?

Kann ich Sie am Nachmittag besuchen?
칸 이히 지 암 나흐미탁 베주헨

■ 오후에는 제가 집에 없습니다.

Heute Nachmittag bin ich nicht zu Hause.
호이테 나흐미탁 빈 이히 니히트 쭈 하우제

156

■ 내일 오후 3시에 만날까요?

Wollen wir uns morgen um drei Uhr treffen?

볼렌　뷔어 운스 모르겐　움 드라이 우어 트레펜

■ 그때는 다른 약속이 있습니다.

Da habe ich einen anderen Termin.

다 하베　이히 아이넨 안더렌　테어민

■ 오늘 저녁에 만날까요?

Treffen wir uns heute Abend?

트레펜　뷔어 운스 호이테 아벤트

■ 제가 모시러 가겠습니다.

Ich hole Sie ab.

이히 홀레　지 압

■ 시간을 좀 미뤄도 될까요?

Darf ich den Termin etwas später verlegen?

다르프 이히 덴　테어민　에트봐스 슈페터 페어레겐

■ 약속을 취소해야겠습니다.

Ich muss die Verabredung absagen.

이히 무스　디　페어압레둥　압자겐

Tip

'약속'을 독일어 단어로 표현한다면 Termin, Versprechen, Verabredung이 있습니다. 이 단어들 사이에는 약간의 차이가 존재하는데요. Termin은 시간 약속, 그러니까 특정 시간에 만나기로 한 약속이며, Versprechen은 '무엇을 하기로 한 약속', 즉 약속 상대에게 자신의 의지를 표명하는 약속입니다. Verabredung은 이들보다 더 상위의 개념을 가진 단어로서 Termin과 Versprechen을 모두 포함하는 일반적인 약속이 되겠습니다.

Part 02

저희 집으로 저녁 식사 초대하고 싶습니다.

기본표현

A : Ich möchte Sie bei mir zum Abendessen einladen.
이히 뫼히테　지　바이 미어 쭘　아벤트에쎈　아인라덴

B : Danke sehr, ich komme gerne.
당케　제어　이히 콤메　게어네

A : 당신을 저희 집 저녁 식사에 초대하고 싶은데요.
B : 고마워요, 기꺼이 가겠습니다.

 표현늘리기

■ 오늘 저녁 만나서 식사할까요?

Treffen wir uns heute Abend zum Essen?
트레펜　뷔어 운스 호이테 아벤트　쭘　에쎈

■ 좋은 생각입니다.

Das finde ich gut.
다스 핀데　이히 굿

■ 저희 집에 들르시겠어요?

Kommen Sie bei mir vorbei?
콤멘　지　바이 미어 포어바이

■ 제가 저녁 식사 대접해 드리고 싶습니다.

Ich möchte Sie zum Abendessen einladen.
이히 뫼히테　지　쭘　아벤트에쎈　아인라덴

158

■ 그거 아주 좋겠습니다.

Das hört sich gut an!

다스 회엇 지히 굿 안

■ 이번 주 토요일 괜찮겠습니까?

Geht es am kommenden Samstag?

게엣 에스 암 콤멘덴 잠스탁

■ 죄송하지만 그때는 갈 수가 없는데요.

Tut mir leid, da kann ich leider nicht kommen.

툿 미어 라잇 다 칸 이히 라이더 니히트 콤멘

■ 언제가 제일 좋겠습니까?

Wann passt es Ihnen am besten?

반 파스트 에스 이넨 암 베스텐

■ 일요일 저녁이 제일 좋겠는데요.

Am besten wäre es mir am Sonntagabend.

암 베스텐 베레 에스 미어 암 존탁아벤트

■ 몇 시에 저에게 오시겠어요?

Um wie viel Uhr kommen Sie zu mir?

움 뷔 필 우어 콤멘 지 쭈 미어

Tip

집에 초대를 하거나 밖에서 식사 대접을 하거나 상관없이 상대방에게 밥을 사 겠다는 표현은 einladen 동사를 사용합니다. 저녁 식사를 대접할 경우에는 zum Abendssen einladen, 커피를 대접할 경우에는 zum Kaffeetrinken einladen이라 고 합니다.

기본표현

A : Ich danke Ihnen für die Einladung.
이히 당케   이넨   퓨어 디   아인라둥

B : Ich freue mich, dass Sie gekommen sind.
이히 프로이에 미히   다스   지   게콤멘   진트

A : 초대해 주셔서 감사합니다.
B : 와 주셔서 반갑습니다.

 표현늘리기

■ 초대해 주셔서 감사합니다.

Danke für die Einladung.
당케   퓨어 디   아인라둥

■ 와 주셔서 고맙습니다.

Danke für das Kommen.
당케   퓨어 다스 콤멘

■ 어서 들어오세요.

Kommen Sie bitte herein!
콤멘   지   비테   헤어라인

■ 이것은 당신께 드리는 조그만 선물입니다.

Das hier ist eine Kleinigkeit für Sie.
다스   히어 이스트 아이네 클라이니히카잇 퓨어 지

■ 그러실 필요는 없는데요.(선물 받으면서)

Das wäre doch nicht nötig gewesen.
다스 베레 도흐 니히트 뇌티히 게베젠

■ 외투 받아드릴까요?

Darf ich Ihren Mantel abnehmen?
다르프 이히 이어렌 만텔 압네멘

■ 이쪽으로 앉으세요.

Nehmen Sie hier Platz, bitte.
네멘 지 히어 플랏쯔 비테

■ 제 집을 보여드리겠습니다.

Ich zeige Ihnen meine Wohnung.
이히 짜이게 이넨 마이네 보눙

■ 집이 참 예쁘네요.

Sie haben eine schöne Wohnung.
지 하벤 아이네 쉐네 보눙

■ 집이 아주 크네요.

Ihre Wohnung ist zu gross.
이어레 보눙 이스트 쭈 그로쓰

Tip
초대에 대한 감사를 표현할 경우에는 Ich danke Ihnen für die Einladung. 혹은 Danke für die Einladung.이라고 합니다. '~에 대해 감사하다'고 할 경우 danken 동사를 전치사 für와 함께 사용하는 것이 일반적입니다.

기본표현

A : Möchten Sie etwas trinken?
뫼히텐　　　　지　에트봐스　트링켄

B : Ein Glas Mineralwasser, bitte!
아인　글라스　미네랄봐써　　　　　　비테

A : 뭐 좀 마시겠어요?

B : 물 한 잔 주세요.

 표현늘리기

■ 무엇을 마시겠습니까?

Was möchten Sie trinken?
봐스　뫼히텐　　　지　트링켄

■ 오렌지 주스 부탁합니다.

Einen Orangensaft, bitte.
아이넨　오랑젠자프트　　　비테

■ 저는 맥주 한 잔 마실게요.

Ich trinke ein Glas Bier.
이히 트링케　아인 글라스 비어

■ 아니요, 괜찮습니다.

Nein, danke.
나인　　당케

■ 커피와 차 중 어느 것을 드시겠습니까?

Was wollen Sie trinken, Kaffee oder Tee?

바스 볼렌   지 트링켄   카페   오더 테

■ 커피 부탁드리겠습니다.

Lieber Kaffee bitte.

리버   카페   비테

■ 커피 어떻게 해서 드세요?

Wie nehmen Sie den Kaffee?

뷔   네멘   지 덴 카페

■ 설탕은 빼고 마실게요.

Ich nehme Kaffee ohne Zucker.

이히 네메   카페   오네 쭈커

■ 커피 더 드릴까요?

Möchten Sie noch mehr Kaffee?

뫼히텐   지 노흐 메어 카페

■ 참 친절하시군요.

Das ist sehr nett von Ihnen.

다스 이스트 제어 넷   폰   이넨

Tip

독일에서 초대를 하거나 받는다면 식사 전 마실 것을 권유하거나 권유받는 것
이 일반적입니다. 가볍게 커피나 차, 물을 마실 수도 있고 맥주를 마시기도 합니다.
굳이 마시고 싶지 않을 때는 거절의 표현인 **Nein, danke.**라고 하면 되겠지만, 초대
하여 친절을 베푸는 사람의 성의를 봐서 물이라도 마셔주는 것이 좋을 듯.

Part 05 맛있게 드세요.

 기본표현

A : Guten Appetit!
구텐   아페팃

B : Ihnen auch.
이넨   아우흐

A : 맛있게 드세요!
B : 당신도요.

표현늘리기

■ 맛있게 드세요.

Lassen Sie sich's gut schmecken!
라쎈   지   지히스   굿   슈멕켄

■ 마음껏 드세요.

Bitte bedienen Sie sich!
비테   베디넨   지   지히

■ 자, 그럼 듭시다.

Bitte lassen Sie uns zugreifen!
비테   라쎈   지   운스   쭈그라이펜

■ 음식이 당신 입맛에 맞길 바랍니다.

Hoffentlich schmeckt es Ihnen!
호펜틀리히   슈멕트   에스 이넨

164

■ 이건 어떤 요리입니까?

Was für ein Gericht ist das?
봐스 퓨어 아인 게리히트 이스트 다스

■ 한번 맛보아도 될까요?

Darf ich mal probieren?
다르프 이히 말 프로비어렌

■ 한국음식 잘 드시나요?

Essen Sie gern koreanisch?
에센 지 게언 코레아니쉬

■ 이거 어떻게 먹는 건가요?

Wie kann ich das denn essen?
뷔 칸 이히 다스 덴 에쎈

■ 이 찌개 맛 좀 봐주세요.

Bitte probieren Sie mal diesen Eintopf.
비테 프로비어렌 지 말 디젠 아인토프

■ 좀 더 드시겠어요?

Möchten Sie etwas mehr?
뫼히텐 지 에트봐스 메어

Tip '맛있게 드세요!', '많이 드세요!' 혹은 '잘 먹겠습니다.'와 같이 식사할 때의 인사는 일반적으로 Guten Appetit!을 사용합니다. 이 밖에도 Lassen Sie sich's gut schmecken!이나 Bitte bedienen Sie sich!도 식사 시에 할 수 있는 인사표현이니 잘 알아두도록 합시다.

165

Part 06 맛이 어떻습니까?

기본표현

A : Wie schmeckt es Ihnen?
뷔　슈멕트　　　에스 이넨

B : Es schmeckt mir sehr gut.
에스 슈멕트　　　미어 제어　굿

A : 맛이 어떻습니까?
B : 아주 맛있습니다.

표현늘리기

■ 맛이 어떻습니까?
Wie schmeckt es?
뷔　슈멕트　　　에스

■ 맛있게 드셨나요?
Hat es Ihnen gut geschmeckt?
핫　에스 이넨　　굿　게슈멕트

■ 맛이 좋았습니다.
Das hat gut geschmeckt.
다스　핫　굿　게슈멕트

■ 아주 맛있었습니다.
Das war sehr lecker.
다스　바　제어　렉커

166

■ 약간 짜네요.

Es ist ein bisschen salzig.

에스 이스트 아인 비쓰헨　잘찌히

■ 맵지만 맛있습니다.

Es ist scharf, aber lecker.

에스 이스트 샤프　아버　렉커

■ 좋은 냄새가 납니다.

Es riecht gut.

에스 레히트　굿

■ 좀 더 드시지요.

Legen Sie noch etwas zu!

레겐　지　노흐　에트봐스 쭈

■ 아뇨, 괜찮습니다. 배가 부르네요.

Nein, danke. Ich bin satt.

나인　당케　이히 빈　잣

■ 요리를 잘하시는군요.

Sie kochen ausgezeichnet.

지　코헨　아우스게짜이히넷

Tip

schmecken 동사는 '~맛이 나다'라는 뜻으로 상대방에게 '맛이 어떤지'를 물을 때나 '맛이 어떻다'고 대답할 때 일반적으로 사용됩니다. 맛이 어떤지를 물을 때는 Wie schmeckt es Ihnen?, 맛이 좋다고 할 때는 Es schmeckt mir gut.이라고 합니다. 또한 맛이 있을 때는 lecker라는 형용사를 사용하여 Das ist lecker!라고 하기도 합니다.

Part 07 천천히 가봐야 할 것 같네요.

기본표현

A : Leider muss ich langsam gehen.
라이더　무쓰　이히　랑잠　게엔

B : Können Sie nicht etwas länger bleiben?
쾨넨　지　니히트　에트봐스　렝어　블라이벤

A : 천천히 가봐야 할 것 같네요.
B : 좀 더 있다 가시면 안 될까요?

 표현늘리기

■ 시간이 늦었네요.

So, es ist schon spät.
조　에스 이스트 숀　슈펫

■ 이제 가봐야겠습니다.

Nun gehe ich weg.
눈　게에　이히 벡

■ 좀 더 계시지요.

Bleiben Sie doch noch ein bisschen!
블라이벤　지　도흐　노흐　아인 비쓰헨

■ 즐거운 저녁이었습니다.

Es war ein netter Abend.
에스 봐　아인 네터　아벤트

■ 다시 뵙기 바랍니다.

Ich hoffe, wir sehen uns bald wieder!
이히 호페   뷔어 제엔   운스 발트   비더

■ 운전 조심하세요.

Fahren Sie bitte vorsichtig!
파렌   지   비테   포어지히티히

■ 잘 들어가세요.

Kommen Sie gut nach Hause!
콤멘   지 굿 나흐   하우제

■ 역까지 바래다 드리겠습니다.

Ich begleite Sie bis zum Bahnhof.
이히 베글라이테 지 비스 쭘   반호프

■ 다시 한번 들러주세요.

Kommen Sie einfach wieder mal vorbei!
콤멘   지 아인파흐 비더   말 포어바이

■ 부모님께 안부 전해주시구요.

Viele Grüße an Ihre Eltern.
필레   그뤼쎄   안 이어레 엘턴

Tip
　초대받은 손님들이 식사를 마치고 집으로 갈 때 초대한 사람으로부터 '집으로 잘 들어가시라'는 말을 듣게 되지요. 이럴 때는 Kommen Sie gut nach Hause!로 표현할 수 있습니다. kommen이라는 동사를 사전적 의미인 '오다'로만 해석하면 안 될 때가 있습니다. '가다'를 kommen으로 사용할 때도 많다는 것을 잊지 말도록 합시다.

169

단어늘리기

abholen	압홀렌	데려오다, 가져오다
verlegen	페어레겐	미루다
absagen	압자겐	거절하다
vorbeikommen	포어바이콤멘	들르다
Abendessen	아벤트에쎈	저녁 식사
einladen	아인라덴	초대하다
anhören	안회렌	~처럼 들리다
kommend	콤멘트	돌아오는, 이번의
leider	라이더	유감스럽게도
passen	파쎈	어울리다, 맞다
freuen sich	프로이엔 지히	기뻐하다
hereinkommen	헤어라인콤멘	안으로 들어오다
Kleinigkeit	클라이니히카잇	사소한 것, 작은 것
nötig	뇌티히	필요한
Mantel	만텔	외투
abnehmen	압네멘	받아들다, 취하다
Platz	플랏츠	자리, 좌석, 광장
zeigen	짜이겐	보여주다
trinken	트링켄	마시다
Glas	글라스	유리잔, 컵
Mineralwasser	미네랄봐써	미네랄워터
Orangensaft	오랑젠자프트	오렌지주스
Bier	비어	맥주
Kaffee	카페	커피
Tee	테	차
Zucker	쭈커	설탕

nett	넷	친절한
Appetit	아페팃	식욕
schmecken	슈멕켄	~한 맛이 나다
bedienen	베디넨	접대하다, 서비스하다
zugreifen	쭈그라이펜	포착하다, 도와주다
hoffentlich	호펜틀리히	아마도, 기대하건대
Gericht	게리히트	요리
probieren	프로비어렌	시도하다, 시식/시음하다
Eintopf	아인토프	냄비요리, 찌개
lecker	렉커	맛있는
salzig	잘찌히	짠
scharf	샤프	매운
riechen	리헨	~한 냄새가 나다
zulegen	쭈레겐	더하다, 증가하다
satt	잣	배부른
kochen	코헨	요리하다
ausgezeichnet	아우스게짜이히넷	뛰어난, 탁월한
langsam	랑잠	천천히
etwas	에트봐스	약간
länger	렝어	더 오랜(lang의 비교급)
weggehen	벡게엔	떠나다, 가버리다
hoffen	호펜	기대하다
bald	발트	곧
vorsichtig	포어지히티히	조심스럽게, 주의하는
begleiten	베글라이텐	동반하다
Bahnhof	반호프	역
vorbeikommen	포어바이콤멘	들르다
Grüße	그뤼쎄	안부, 인사 (Gruß의 복수형)

단어늘리기

숫자
[기수]

eins	아인스	1
zwei	쯔바이	2
drei	드라이	3
vier	피어	4
fünf	퓐프	5
sechs	젝스	6
sieben	지벤	7
acht	아흐트	8
neun	노인	9
zehn	첸	10
elf	엘프	11
zwölf	쯔뵐프	12
dreizehn	드라이첸	13
vierzehn	피어첸	14
fünfzehn	퓐프첸	15
sechzehn	제히첸	16
siebzehn	집첸	17
achtzehn	아흐첸	18
neunzehn	노인첸	19
zwanzig	쯔반찌히	20
dreißig	드라이찌히	30
vierzig	피어찌히	40
fünfzig	퓐프찌히	50
sechzig	제히찌히	60

siebzig	집찌히	70
achtzig	아흐찌히	80
neunzig	노인찌히	90
hundert	훈더트	100
tausend	타우젠트	1000
Million	밀리온	100만

[서수]

erst	에어스트	첫 번째의
zweit	쯔바이트	두 번째의
dritt	드릿	세 번째의
viert	피어트	네 번째의
fünft	퓐프트	다섯 번째의
sechst	젝스트	여섯 번째의
siebt	집트	일곱 번째의
acht	아흐트	여덟 번째의
neunt	노인트	아홉 번째의
zehnt	첸트	열 번째의
letzt	렛츠트	마지막의

173

독일의 예절

나라마다 예절문화가 다릅니다. 로마에 가면 로마의 법을 따르라는 말이 있듯이 독일에서도 독일의 문화와 예절에 적응하고 익숙해져야 생활이 편해집니다. 기본적인 에티켓만 알고 있으면 큰 실수를 피할 수 있습니다.

일단 식사 시에 지켜야 할 것 중 한국과 독일의 가장 큰 차이라면 소리를 내며 식사하는 것입니다. 쩝쩝 소리를 내는 행위는 국물이 많은 한국에서는 어느 정도 이해되는 측면이 있지만 독일에서는 남에게 피해를 주는 것으로 인식합니다. 큰 소리로 떠들며 대화하는 것도 피해야 하고 특히 트림을 하지 않도록 각별히 주의해야 합니다. 음식점에서 식사할 때에는 서비스해 준 직원에게 음식 값의 10% 정도 팁을 주는 것도 잊지 말아야 합니다. 물론 서비스가 불만족스러울 때는 주지 않아도 됩니다.

파티에서 처음 만나는 사람들이 만나 대화를 할 때에도 개인 사생활에 포함되는 내용은 피해야 합니다. 연인 관계인 사람들에게 "너희들 언제 결혼할 거야?"라든지 수입 수준, 소유 자동차나 집에 대해 묻는 것은 에티켓에 어긋나는 질문이며 정치나 종교문제처럼 논쟁의 소지가 많은 주제도 피해야 합니다. 선물을 할 때도 장례식을 연상케 하는 흰색, 검은색 포장지는 피하며 꽃 선물의 경우는 꽃을 홀수로 준비하는 것이 좋습니다.

174

구직 · 회사생활

Part 01

일자리를 찾고 있습니다.

기본표현

A : Ich suche eine Stelle.
이히 주헤   아이네 슈텔레

B : Was für eine Stelle suchen Sie denn?
봐스 퓨어 아이네 슈텔레 주헨   지 덴

A : 일자리를 찾고 있습니다.
B : 어떤 일자리를 찾고 계신데요?

 표현늘리기

■ 새 일자리가 생겼어요.

Ich habe eine neue Stelle.
이히 하베   아이네 노이에 슈텔레

■ 저는 아르바이트 일자리를 찾고 싶습니다.

Ich möchte eine Teilzeitstelle finden.
이히 뫼히테   아이네 타일차잇슈텔레   핀덴

■ 저는 현재 일이 없습니다.

Ich bin zurzeit arbeitslos.
이히 빈   쭈어차잇   아르바이츠로스

■ 일자리 구하기가 어렵습니다.

Es ist schwer, einen Job zu suchen.
에스 이스트 슈베어   아이넨   좁   쭈 주헨

■ 신문에서 구인광고를 봤는데요.

Ich habe Ihr Stellenangebot in der Zeitung gelesen.

이히 하베   이어 슈텔렌안게봇   인 데어 차이퉁   겔레젠

■ 일자리가 있습니까?

Haben Sie eine freie Stelle?

하벤   지   아이네 프라이에 슈텔레

■ 저는 기술자로 일하고 싶습니다.

Ich möchte als Ingenieur arbeiten.

이히 뫼히테   알스 인제뇌어   아르바이텐

■ 당신의 회사에 지원하고 싶습니다.

Ich möchte mich um eine Stelle bei Ihnen bewerben.

이히 뫼히테   미히   움   아이네 슈텔레 바이 이넨   베베어벤

■ 내일 면접 보러 오실 수 있나요?

Können Sie morgen zum Vorstellungsgespräch kommen?

쾨넨   지   모어겐   쭘   포어슈텔룽스게슈프레히   콤멘

■ 이력서 좀 보내주세요.

Schicken Sie uns Ihren Lebenslauf.

쉬켄   지   운스 이어렌 레벤스라우프

Tip
　　여성명사 Stelle는 '자리', '위치', '장소' 등의 뜻을 갖고 있으나 여기서는 '일자리', 즉 Arbeitsstelle를 뜻합니다. 이러한 일자리에 지원할 경우에는 '~에 지원하다'라는 의미를 지닌 sich bewerben um ~을 사용할 수 있습니다. Vorstellungsgespräch(면접), Lebenslauf(이력서) 등의 단어들을 알고 있다면 구직과 관련된 폭넓은 일상어 표현을 할 수 있을 것입니다.

기본표현

A : Warum haben Sie sich bei uns beworben?
봐룸 하벤 지 지히 바이 운스 베보어벤

B : Die Arbeitsbedingung hat mir gut gefallen.
디 아르바이츠베딩웅 핫 미어 굿 게팔렌

A : 왜 우리 회사에 지원하셨습니까?
B : 근무 조건이 마음에 들었습니다.

표현늘리기

■ 지금까지 어떤 일을 하셨습니까?

Was haben Sie denn bisher gemacht?
봐스 하벤 지 덴 비스헤어 게마흐트

■ 지금까지는 프로그래머로 일했습니다.

Ich habe bisher als Programmiererin gearbeitet.
이히 하베 비스헤어 알스 프로그라미어러린 게아르바이텟

■ 주말에도 일하실 수 있습니까?

Können Sie am Wochenende arbeiten?
쾨넨 지 암 보헨엔데 아르바이텐

■ 유감이지만 주말엔 일을 할 수 없습니다.

Leider kann ich am Wochenende nicht arbeiten.
라이더 칸 이히 암 보헨엔데 니히트 아르바이텐

178

■ 회사는 언제 설립되었나요?

Wann wurde die Firma gegründet?
반　　　부어데　디　　피르마　게그륀뎃

■ 50년 전에 설립되었습니다.

Die Firma wurde vor 50 Jahren gegründet.
디　　피르마　부어데　포어 퓐프찌히 야렌　게그륀뎃

■ 취업비자 없이 일할 수 있습니까?

Kann ich ohne Arbeitsvisum arbeiten?
칸　　이히 오네　아르바이츠비줌　　아르바이텐

■ 보수는 얼마나 됩니까?

Wie hoch ist das Gehalt?
뷔　　호흐　이스트 다스 게할트

■ 직원 복지제도가 있습니까?

Haben Sie Sozialleistungen für die Mitarbeiter?
하벤　　지　조찌알라이스퉁엔　　퓨어 디　밋아르바이터

■ 초과근무를 많이 해야 하나요?

Muss ich viele Überstunden machen?
무스　　이히 필레　위버슈툰덴　　마헨

Tip 취직을 목적으로 어떤 일자리에 지원하거나 신청할 경우 bewerben 동사를 사용하는데요. sich bewerben um ~은 '~에 지원하다'라는 뜻입니다. bewerben의 과거형은 bewarb, 과거분사는 geworben입니다.

Part 03 사장님 계십니까?

기본표현

A : Ist der Chef schon da?
이스트 데어 쉐프   숀   다

B : Nein, der kommt heute nicht.
나인   데어 콤트   호이테   니히트

A : 사장님 계십니까?
B : 아니요, 오늘 안 나오시는데요.

표현늘리기

■ 켈러 씨(여) 계신가요?

Ist Frau Keller da?
이스트 프라우 켈러   다

■ 아뇨, 그녀는 지금 사무실에 안 계세요.

Nein, sie ist im Moment nicht im Büro.
나인   지 이스트 임 모멘트   니히트 임 뷔로

■ 마이어 씨는 사무실에 계시나요?

Ist Herr Meier in seinem Zimmer?
이스트 헤어 마이어 인 자이넴   침머

■ 아뇨, 그분은 출장 중이십니다.

Nein, er ist auf Geschäftsreise.
나인   에어 이스트 아우프 게쉐프츠라이제

180

■ 그는 퇴근했습니다.

Er hat Feierabend gemacht.
에어 핫   파이어아벤트   게마흐트

■ 그는 회의 중입니다.

Er ist im Gespräch.
에어 이스트 임 게슈프레히

■ 그는 오늘 쉬는 날입니다.

Er macht heute einen Ruhetag.
에어 마흐트   호이테   아이넨   루에탁

■ 그는 휴가 중입니다.

Er ist im Urlaub.
에어 이스트 임 우얼라웁

■ 그분에게 뭘 좀 전해드릴까요?

Soll ich ihm etwas ausrichten?
졸   이히 임   에트봐스 아우스리히텐

■ 아뇨, 제가 나중에 다시 올게요.

Nein, danke. Ich komme später noch einmal.
나인   당케   이히 콤메   슈페터   노흐   아인말

Tip
da sein은 사람이나 사물이 '있다'를 뜻하는 것으로서 Ist er da?라고 한다면 '그가 있습니까?'를 의미하게 됩니다. '~이 있다'라는 뜻으로 es gibt ~로 표현하는 방법도 있지만 da sein은 화자가 찾는 사람이 현재 출석하여 있는지를 물을 때 주로 사용됩니다.

기본표현

A : Wann sind Sie in die Firma eingetreten?
반   진트 지 인 디 피르마   아인게트레텐

B : Schon vor 10 Jahren.
숀   포어 첸 야렌

A : 회사는 언제 입사하셨어요?
B : 벌써 10년 됐네요.

 표현늘리기

■ 거기서 근무하신 지는 얼마나 됐죠?

Seit wann arbeiten Sie da?
자잇 반   아르바이텐 지 다

■ 저는 이 회사에 다닌 지 5년 되었습니다.

Ich bin bei dieser Firma jetzt schon fünf Jahre.
이히 빈 바이 디저   피르마 옛츠트 숀   퓐프 야레

■ 1년에 휴가를 몇 번이나 받습니까?

Wie viel Urlaub im Jahr bekommen Sie denn?
뷔   필   우얼라웁 임 야   베콤멘   지 덴

■ 매년 저는 2주일간 두 번 휴가를 받습니다.

Jedes Jahr bekomme ich zweimal 2 Wochen Urlaubstage.
예데스 야   베콤메 이히 쯔바이말 쯔바이 보헨   우얼라웁스타게

182

■ 일은 마음에 드세요?

Sind Sie mit Ihrer Arbeit zufrieden?
진트 지 밋 이어러 아르바이트 쭈프리덴

■ 일은 재미있습니다.

Mein Job macht mir viel Spass.
마인 좁 마흐트 미어 필 슈파스

■ 마음에 들지 않습니다.

Es gefällt mir nicht an meiner Arbeit.
에스 게펠트 미어 니히트 안 마이너 아르바이트

■ 사표를 낼 것입니다.

Ich will die Kündigung einreichen.
이히 빌 디 퀸디궁 아인라이헨

■ 당신 회사는 정년이 몇 살인가요?

Was ist das Pensionsalter in Ihrer Firma?
봐스 이스트 다스 팡지온스알터 인 이어러 피르마

■ 언제 퇴직하세요?

Wann treten Sie in den Ruhestand?
봔 트레텐 지 인 덴 루에슈탄트

Tip 과거의 일에 대해 '언제', 즉 의문사 wann으로 시작하는 문장으로 묻는다면 대답할 경우에는 현재 시점으로부터 '~전에'라고 말해야 하므로 전치사 vor를 사용하여 대답합니다. 예를 들어 '한 시간 전에'는 vor einer Stunde, '일주일 전에'는 vor zwei Wochen, '3년 전에'는 vor drei Jahren 등으로 말합니다.

A : Wie läuft die Angelegenheit?

뷔   로이프트 디   안겔레겐하잇

B : Die Arbeit habe ich schon erledigt.

디   아르바이트 하베   이히 숀   에어레디히트

A : 그 일은 어떻게 되어가고 있습니까?

B : 그 일은 이미 처리했습니다.

■ 당신이 할 일이 좀 있는데요.

Ich habe etwas, was Sie zu tun haben.

이히 하베   에트봐스 봐스 지 쭈 툰   하벤

■ 오늘 제가 아주 바쁜데요.

Heute bin ich sehr beschäftigt.

호이테 빈   이히 제어   베쉐프티히트

■ 당신께 이 일을 맡기고 싶습니다.

Ich möchte Ihnen diese Arbeit überlassen.

이히 뫼히테   이넨   디제   아르바이트 위버라쎈

■ 그 일을 처리할 시간이 없습니다.

Ich habe keine Zeit, die Arbeit zu erledigen.

이히 하베   카이네 차잇   디 아르바이트 쭈 에어레디겐

184

■ 그 일이 언제 끝나죠?

Wann sind Sie mit der Arbeit fertig?
반 진트 지 밋 데어 아르바이트 페어티히

■ 이미 어제 끝냈어야 했잖아요.

Die Arbeit sollte doch schon gestern fertig sein.
디 아르바이트 졸테 도흐 숀 게스턴 페어티히 자인

■ 내일까지는 그 일을 끝내야 할 것입니다.

Bis morgen sollte es fertig sein.
비스 모르겐 졸테 에스 페어티히 자인

■ 서류 좀 봐도 될까요?

Darf ich mir mal das Dokument ansehen?
다르프 이히 미어 말 다스 도쿠멘트 안제엔

■ 내일까지 서류를 제출하세요.

Bitte geben Sie das Papier bis morgen ab.
비테 게벤 지 다스 파피어 비스 모르겐 압

■ 그곳에 서명하시기만 하면 됩니다.

Sie müssen das nur noch unterschreiben.
지 뮈쎈 다스 누어 노흐 운터슈라이벤

Tip

sollte는 sollen 동사의 과거형이기도 하지만 대부분의 경우는 sollen 동사의 접속법 2식으로 사용됩니다. 그래서 Bis morgen sollte es fertig sein.이라는 문장은 '내일까지 그 일이 끝났어야 했다'가 아니라 '내일까지는 그 일이 끝나야 할 것이다.'로 이해해야 합니다. 그리고 화법조동사 müssen을 nur와 함께 쓰면 '~하기만 하면 된다'의 뜻이 됩니다.

기본표현

A : Um wie viel Uhr ist die Besprechung?
움 뷔 필 우어 이스트 디 베슈프레흉

B : Am Nachmittag um 16 Uhr.
암 나흐밋탁 움 제히첸 우어

A : 회의가 몇 시에 있습니까?
B : 오후 네 시에 있습니다.

표현늘리기

■ 회의가 언제 있습니까?

Wann haben wir die Besprechung?
봔 하벤 뷔어 디 베슈프레흉

■ 회의를 몇 시에 시작할까요?

Um wie viel Uhr sollen wir die Sitzung abhalten?
움 뷔 필 우어 졸렌 뷔어 디 짓쭝 압할텐

■ 내일 11시에 회의가 있습니다.

Morgen um 11 Uhr findet die Besprechung statt.
모르겐 움 엘프 우어 핀뎃 디 베슈프레흉 슈탓

■ 회의에 늦지 마세요.

Kommen Sie nicht zu spät zur Besprechung!
콤멘 지 니히트 쭈 슈펫 쭈어 베슈프레흉

- 늦어서 죄송합니다.

Entschuldigen Sie bitte meine Verspätung!

엔트슐디겐 지 비테 마이네 페어슈페퉁

- 지금 회의를 시작하겠습니다.

Nun fangen wir die Sitzung an.

눈 팡엔 뷔어 디 짓쭝 안

- 다음 주제로 넘어가겠습니다.

Ich will zum nächsten Thema kommen.

이히 빌 쭘 넥스텐 테마 콤멘

- 간단한 질문을 해도 될까요?

Darf ich mal eine kurze Frage stellen?

다르프 이히 말 아이네 쿠어쩨 프라게 슈텔렌

- 좀 더 정확히 말씀해 주시겠어요?

Können Sie das etwas genauer sagen?

쾨넨 지 다스 에트봐스 게나우어 자겐

- 오늘은 그만하겠습니다.

Machen wir Schluss für heute.

마헨 뷔어 슐루스 퓨어 호이테

Tip 회사에서 이루어지는 '회의'는 그 규모나 성격에 따라 Besprechung, Sitzung, Konferenz 그리고 Versammlung으로 구분됩니다. 일반적으로 간단한 회의는 Besprechung이라고 하며 정기적으로 이루어지는 회의는 Sitzung, 비교적 큰 규모의 행사로 이뤄지는 회의는 Konferenz, 특정 사안을 위해 모이는 집회는 Versammlung이라고 합니다.

Part 07 이메일 주소가 어떻게 됩니까?

 기본표현

A : Wie ist Ihre E-Mail Adresse?
뷔　이스트 이어레 이메일　아드레쎄

B : Die steht auf meiner Visitenkarte.
디　슈테엣　아우프 마이너　비지텐카르테

A : 이메일 주소가 어떻게 되나요?
B : 제 명함에 나와 있습니다.

표현늘리기

■ 여기서 인터넷을 할 수 있나요?

Kann man hier im Internet surfen?
칸　만　히어　임 인터넷　주어펜

■ 이메일 주소가 있나요?

Haben Sie eine E-Mail Adresse?
하벤　지　아이네 이메일　아드레쎄

■ 제게 이메일을 보내주실 수 있나요?

Können Sie mir eine E-Mail schicken?
쾨넨　지　미어 아이네 이메일　쉭켄

■ 이메일로 정보를 보내드리겠습니다.

Ich schicke Ihnen die Information per E-Mail.
이히 쉭케　이넨　디 인포어마치온　퍼　이메일

■ 팩스 번호가 어떻게 되죠?

Wie ist Ihre Faxnummer?

뷔   이스트 이어레 팍스눔머

■ 여기서 당신의 팩스를 사용해도 되나요?

Darf ich hier bitte Ihr Faxgerät benutzen?

다르프 이히 히어   비테   이어 팍스게렛   베눗쩬

■ 이 자료를 컴퓨터에 입력해 주세요.

Bitte geben Sie diese Daten in den Computer ein!

비테 게벤   지 디제   다텐   인 덴   콤퓨터   아인

■ 파일을 어떻게 불러옵니까?

Wie kann ich die Daten abrufen?

뷔   칸   이히 디   다텐   압루펜

■ 이 파일들을 다운로드해도 되나요?

Darf ich diese Daten herunterladen?

다르프 이히 디제   다텐   헤어운터라덴

■ 이 서류를 복사해 주시겠습니까?

Könnten Sie bitte diese Papiere für mich kopieren?

쾬텐   지 비테 디제   파피어레   퓨어 미히   코피어렌

Tip   외래어 명사는 대체로 중성명사입니다. das Taxi, das Hotel, das Restaurant 등 중성명사는 외래어의 대부분을 차지하고 있습니다. 그러나 외래어 중에서도 남성명사나 여성명사들이 간혹 있습니다. 예를들면 Internet(인터넷)은 중성명사이지만 E-Mail(이메일)은 여성명사입니다. 정관사를 쓴다면 die E-Mail, 부정관사와 함께 사용한다면 eine E-Mail이 되는 것입니다. 그 밖에 Computer는 남성명사이기 때문에 der Computer가 되는 것이지요.

189

단어늘리기

Stelle	슈텔레	일자리, 장소
Teilzeitstelle	타일차잇슈텔레	시간제 일자리
arbeitslos	아르바이츠로스	실업의, 무직의
schwer	슈베어	어려운, 무거운
Job	좁	직업, 일자리
Stellenangebot	슈텔렌안게봇	일자리 제공/광고
Ingenieur	인제니어	기술자
bewerben	베베어벤	지원하다, 신청하다
Vorstellungsgespräch		면접
	포어슈텔룽스게슈프레히	
schicken	쉭켄	보내다
Lebenslauf	레벤스라우프	이력, 이력서
Arbeitsbedingung	아르바이츠베딩웅	근무조건
bisher	비스헤어	지금까지
Programmiererin	프로그라미어러린	프로그래머(여)
Firma	피르마	회사
gründen	그륀덴	설립하다
ohne	오네	~없이(4격 전치사)
Arbeitsvisum	아르바이츠비쥼	노동비자
Gehalt	게할트	봉급, 월급
Sozialleistung	조찌알라이스퉁	사회복지제도
Mitarbeiter	밋아르바이터	직원
Überstunden	위버슈툰덴	초과근무
Chef	쉐프	사장, 상사
im Moment	임 모멘트	지금은, 현재는
Geschäftsreise	게쉐프츠라이제	출장

Feierabend	파이어아벤트	퇴근
Gespräch	게슈프레히	대화, 회의
Ruhetag	루에탁	쉬는 날
ausrichten	아우스리히텐	전달하다, 정돈하다
noch einmal	노흐 아인말	다시 한번
eintreten	아인트레텐	들어서다, 진입하다
Urlaubstag	우얼라웁스탁	휴가일
zufrieden	쭈프리덴	만족한
Kündigung	퀸디궁	사표, 해약
einreichen	아인라이헨	제출하다, 신청하다
Pensionsalter	팡지온알터	정년퇴직 나이
Ruhestand	루에슈탄트	정년퇴직, 은퇴
Angelegenheit	안겔레겐하잇	일, 사안
erledigen	에어레디겐	처리하다
beschäftigt	베쉐프티히트	바쁜
überlassen	위버라쎈	떠맡기다
fertig	페어티히	끝난, 준비된
Dokument	도쿠멘트	서류
ansehen	안제엔	들여다보다, 구경하다
Papier	파피어	종이, 서류
abgeben	압게벤	제출하다
unterschreiben	운터슈라이벤	서명하다
Besprechung	베슈프레훙	회의, 면담
Sitzung	짓쭝	회의
stattfinden	슈탓핀덴	개최되다, 열리다
nun	눈	이제
Thema	테마	주제
kurz	쿠어츠	짧은
Schluss	슐루스	종료, 마지막

단어늘리기

E-Mail	이메일	전자메일
Visitkarte	비짓카르테	명함
Internet	인터넷	인터넷
surfen	주어펜	서핑하다, 검색하다
Faxnummer	팍스눔머	팩스번호
Faxgerät	팍스게렛	팩스기기
benutzen	베눗첸	이용하다
Daten	다텐	자료, 파일
eingeben	아엔게벤	입력하다
abrufen	압루펜	호출하다, 불러오다
herunterladen	헤어운터라덴	다운로드하다
kopieren	코피어렌	복사하다

관련단어

[직위]

Chef	쉐프	사장, 상사
Vorsitzender	포어짓쩬더	회장, 의장
Geschäftsführer	게쉐프츠퓨어러	사장, 대표이사
Hauptgeschäftsverwalter		전무
	하우프트게쉐프츠페어발터	
Geschäftsführender Direktor		상무
	게쉐프츠퓌어렌더 디렉토어	
Abteilungsleiter	압타일룽스라이터	과장, 부장
Angestellte	안게슈텔테	직원, 회사원
Gruppenleiter	그루펜라이터	팀장
Manager	매니저	매니저
Sekretär	제크레테어	비서

[부서]

Abteilung	압타일룽	부서
Planungsabteilung	플라눙스압타일룽	기획부
Personalabteilung	페르조날압타일룽	인사부
Produktionsabteilung	프로둑치온스압타일룽	생산부
Verkaufsabteilung	페어카우프스압타일룽	판매부, 영업부
Kaufsabteilung	카우프스압타일룽	구매부
Exportabteilung	엑스포엇압타일룽	수출부
Sekretariat	제크레타리앗	비서실, 사무국
Geschäftsführung	게쉐프츠퓨어룽	총무부
Materialabteilung	마테리알압타일룽	자재부
Hausverwaltung	하우스페어발퉁	시설관리부
Kundenbetreuung	쿤덴베트로이웅	고객관리부

한국에서 많이 사용하는 독일어

한국에서 제일 많이 사용하는 독일어 단어는 무엇일까요? 아마도 '아르 바이트(Arbeit)'일 것입니다. 하지만 한 국에서 쓰는 아르바이트와 독일에서 쓰 는 아르바이트는 약간의 차이가 있습니 다. 독일에서는 아르바이트가 '일, 노동' 이라는 폭넓은 의미로 사용되지만, 한 국에서는 대학생들이나 아주머니들의 '부업' 정도로 인식되고 있지요. 요즘엔 이 용어가 축약된 형태인 '알바'로 흔히 사용되고 있으니 형태적으로도 내용적 으로도 독일어와는 괴리감이 있는 것처 럼 보입니다.

우리가 흔히 독일어인지 모르고 사용하는 독일어는 또 있습니다. '도플갱 어'로 일컬어지는 '도펠갱어(Doppelgänger)'가 그것인데 원래는 '한 인간 의 내부에 존재하는 이중적 자아'를 뜻합니다. 한국에서는 '외모가 비슷한 사람'이라는 의미로도 사용되어 이 역시 원래의 뜻과 일정한 차이를 보이고 있습니다. 그 밖에도 '이념'을 뜻하는 '이데올로기(Ideologie)', '등산용 밧줄' 을 뜻하는 '자일(Seil)', '배낭'을 뜻하는 '룩색(Rucksack)', '따스하고 건조한 바람 때문에 생기는 고온현상'을 뜻하는 '푄(Föhn)' 현상 등이 한국에서 많 이 쓰이는 독일어 단어입니다.

의학분야에서 많이 쓰이는 노이로제(Neurose), 알레르기(Alergie), 게놈 (Genom), 아스피린(Aspirin), 모르핀(Morphin)과 과학분야의 디젤(Diesel), 마하(Mach), 헤르츠(Hertz) 등도 우리가 흔히 쓰는 독일어 단어들입니다.

제 10 장

전 화

기본표현

A : Becker am Apparat.
베커   암   아파랏

B : Hallo! Hier spricht Minho Kim.
할로   히어   슈프리히트 민호   킴

A : 베커입니다.
B : 여보세요, 저는 김민호입니다.

📝 표현늘리기

■ 전화 좀 받아주세요.

Gehen Sie bitte ans Telefon!
게엔   지 비테 안스 텔레폰

■ 안녕하세요, 저는 박입니다.

Guten Tag! Hier spricht Park.
구텐   탁   히어 슈프리히트 팍

■ 전화 거시는 분은 누구세요?

Wer ist am Apparat?
베어 이스트 암 아파랏

■ 빈터입니다. 당신은 누구시죠?

Winter, wer spricht da bitte?
빈터   베어 슈프리히트 다   비테

■ 안녕하세요. 저는 슈나이더입니다.

Guten Tag. Hier ist Schneider.
구텐　　탁　　히어　이스트 슈나이더

■ 누구에게 전화하셨어요?

Wen haben Sie angerufen?
벤　　하벤　　지　안게루펜

■ 콜러 씨와 통화하고 싶습니다.

Ich möchte gern mit Herrn Kohler sprechen.
이히 뫼히테　　게언　밋　헤른　　콜러　　슈프레헨

■ 콜러 씨 좀 바꿔주세요.

Verbinden Sie mich bitte mit Herrn Kohler.
페어빈덴　　지　미히　비테　밋　헤른　　콜러

■ 잠깐만요.

Einen Moment, bitte.
아이넨　모멘트　　비테

■ 안녕히 계세요.(전화상으로)

Auf Wiederhören!
아우프 비더회렌

Tip

전화상으로 상대방이 누구인지를 물을 때는 Wer ist am Apparat?이란 표현을 하게 되는데요. 여기서 Apparat이란 '기구', '기계'라는 뜻으로 Telefonapparat(전화기)를 가리킵니다. 즉 '전화기에 대고 말하는 사람이 누구냐'를 물어보는 방식입니다. 전화를 끊을 때의 인사말은 Auf Wiederhören!이라고 합니다.

기본표현

A : Ist Herr Werner da?
이스트 헤어 베르너 다

B : Er ist momentan nicht an seinem Platz.
에어 이스트 모멘탄 니히트 안 자이넴 플랏츠

A : 베르너 씨 계십니까?
B : 그분은 지금 자리에 안 계십니다.

 표현늘리기

■ 누구를 바꿔드릴까요?

Wen möchten Sie sprechen?
벤 뫼히텐 지 슈프레헨

■ 볼프 씨(여) 좀 바꿔주시겠습니까?

Ist Frau Wolf zu sprechen?
이스트 프라우 볼프 쭈 슈프레헨

■ 그녀가 어느 부서에서 일합니까?

In welcher Abteilung arbeitet sie?
인 벨혀 압타일룽 아르바이텟 지

■ 그녀는 지금 사무실에 안 계시는데요.

Sie ist im Moment nicht im Büro.
지 이스트 임 모멘트 니히트 임 뷔로

■ 베르너 씨는 출장 중입니다.

Herr Werner ist auf Geschäftsreise.

헤어 베르너 이스트 아우프 게쉐프츠라이제

■ 그는 지금 연락이 안 됩니다.

Er ist zurzeit nicht erreichbar.

에어 이스트 쭈어차잇 니히트 에어라이히바

■ 잠깐만요, 바꿔드리겠습니다.

Moment, ich verbinde Sie!

모멘트 이히 페어빈데 지

■ 그는 퇴근했습니다.

Er hat Feierabend gemacht.

에어 핫 파이어아벤트 게마흐트

■ 나중에 다시 전화해 주실 수 있습니까?

Können Sie später zurückrufen?

쾨넨 지 슈페터 쭈뤽루펜

■ 무슨 용건인데요?

Worum handelt es sich, bitte?

보룸 한델트 에스 지히 비테

Tip

상대방의 존재 유무를 물어볼 때 주로 사용하는 표현이 바로 da sein입니다. 만일 '그분이 있습니다.'라고 말하고자 할 때에는 간단히 Er ist da.라고 하면 됩니다. 그리고 전화상에서 '지금 현재 시점'을 뜻하는 부사적 표현으로는 momentan, 또는 im Moment를 많이 사용하는데, 만일 '그 사람이 지금 없다'라고 할 때는 Er ist im Moment nicht da.라고 말하면 됩니다.

A : Ich möchte gerne mit Paula sprechen.
이히 뫼히테 게어네 밋 파울라 슈프레헨

B : Tut mir leid, Sie haben sich verwählt.
툿 미어 라잇 지 하벤 지히 페어벨트

A : 파울라와 통화하고 싶습니다.
B : 죄송합니다. 전화 잘못 거셨네요.

표현늘리기

■ 전화 잘못 거셨습니다.

Sie sind falsch verbunden.
지 진트 팔쉬 페어분덴

■ 몇 번에 거셨습니까?

Welche Nummer haben Sie gewählt?
벨헤 눔머 하벤 지 게벨트

■ 전화를 잘못 거셨습니다.

Sie haben die falsche Nummer gewählt.
지 하벤 디 팔쉐 눔머 게벨트

■ 전화번호를 다시 확인해 보세요.

Überprüfen Sie nochmal die Nummer!
위버프뤼펜 지 노흐말 디 눔머

■ 죄송합니다. 제가 잘못 걸었네요.

Entschuldigung, ich habe mich verwählt.
엔트슐디궁 　　　　　　 이히 하베 　미히 　　페어벨트

■ 잘 안 들리는데요.

Ich höre Sie nicht gut.
이히 회레 　지 　니히트 　굿

■ 통화 중입니다.

Die Leitung ist besetzt.
디 　라이퉁 　　　이스트 베젯츠트

■ 그는 아직 통화 중입니다.

Er hängt noch am Telefon.
에어 헹트 　　노흐 　암 　텔레폰

■ 통화 중입니다.

Der Apparat ist belegt.
데어 아파랏 　　　이스트 벨렉트

■ 전화회선에 장애가 있습니다.

Die Leitung ist gestört.
디 　라이퉁 　　　이스트 게슈퇴엇

Tip 　전화를 잘못 걸었을 때는 verwählen 동사를 사용하여 표현하는데 이 동사
는 보통 재귀대명사 sich와 함께 쓰입니다. 자신이 잘못 걸었음을 인정할 때는 Ich
habe mich verwählt.(제가 잘못 걸었습니다.)라고 하면 되고 상대방이 잘못 걸었음
을 알려줄 때는 Sie haben sich verwählt.(당신이 잘못 거셨네요.)라고 하면 됩니다.

201

약속 시간 좀 잡고 싶습니다.

A : Ich möchte gern einen Termin machen.
이히 뫼히테 게언 아이넨 테어민 마헨

B : Wann können Sie denn kommen?
반 쾨넨 지 덴 콤멘

A : 약속 시간 좀 잡고 싶습니다.
B : 언제 오실 수 있는데요?

표현늘리기

■ 약속 시간 좀 잡을 수 있을까요?

Kann ich einen Termin vereinbaren?
칸 이히 아이넨 테어민 페어아인바렌

■ 당신과 약속 시간을 잡고 싶습니다.

Ich möchte mit Ihnen einen Termin machen.
이히 뫼히테 밋 이넨 아이넨 테어민 마헨

■ 저는 약속 시간이 급히 필요합니다.

Ich brauche dringend einen Termin.
이히 브라우헤 드링엔트 아이넨 테어민

■ 언제 오시고 싶으세요?

Wann wollen Sie denn kommen?
반 볼렌 지 덴 콤멘

■ 5월 9일이요, 가능한 한 오후예요.

Am neunten Mai, möglichst am Nachmittag.

암　노엔텐　　마이　뫼클리히스트　암　나흐밋탁

■ 5월 9일 15시 괜찮겠습니까?

Geht es am neunten Mai um 15 Uhr?

게엣　에스 암　노인텐　　마이　움　퓐프첸 우어

■ 그 시간 좋습니다.

Das passt mir gut.

다스　파스트　미어　굿

■ 지금 바로 오실 수 있으세요?

Können Sie jetzt gleich kommen?

쾨넨　　지　옛츠트　글라이히　콤멘

■ 예, 지금 바로 가겠습니다.

Ja, ich komme jetzt gleich.

야　이히 콤메　　옛츠트 글라이히

■ 좀 기다리셔야 될 겁니다.

Sie müssen bestimmt etwas warten.

지　뮈쎈　　베슈팀트　　에트봐스　봐르텐

Tip '시간을 정하여 만나는 약속'을 말할 때는 Termin이라는 명사를 사용하게 되는데, '시간 약속을 하다'는 독일어로 einen Termin machen, 혹은 einen Termin vereinbaren을 사용할 수 있습니다. '당신과 시간 약속을 할 수 있을까요?'라고 표현하려면 Kann ich mit Ihnen einen Termin machen?이라고 말하면 됩니다.

A : Ist die Wohnung noch frei?
이스트 디 보눙 노흐 프라이

B : Tut mir leid, die ist schon weg.
툿 미어 라잇 디 이스트 숀 벡

A : 집이 아직 비어 있나요?
B : 죄송해요. 집이 벌써 나갔네요.

표현늘리기

■ 신문에서 당신의 광고를 봤습니다.

Ich habe Ihre Anzeige in der Zeitung gesehen.
이히 하베 이어레 안짜이게 인 데어 짜이퉁 게제엔

■ 그 집이 벌써 임대되었나요?

Ist die Wohnung schon vermietet?
이스트 디 보눙 숀 페어미텟

■ 아직은 임대가 되지 않았습니다.

Die Wohnung ist noch nicht vermietet.
디 보눙 이스트 노흐 니히트 페어미텟

■ 당신의 집에 관심이 있습니다.

Ich interessiere mich für Ihre Wohnung.
이히 인터레씨어레 미히 퓨어 이어레 보눙

■ 그 집이 대체 언제 비워지게 됩니까?

Wann ist die Wohnung denn frei?
반　이스트 디　보눙　덴　프라이

■ 다음 달부터요.

Ab nächsten Monat.
압　넥스텐　모낫

■ 우리가 집 좀 한번 볼 수 있을까요?

Kann ich mir die Wohnung mal ansehen?
칸　이히 미어 디　보눙　말　안제엔

■ 몇 가지 여쭈어볼 게 있는데요.

Ich habe noch ein paar Fragen.
이히 하베　노흐　아인 파　프라겐

■ 부대비용이 얼마죠?

Wie hoch sind die Nebenkosten?
뷔　호흐　진트　디　네벤코스텐

■ 정확히 주소가 어떻게 되죠?

Wie ist die genaue Adresse bitte?
뷔　이스트 디　게나우에　아드레쎄　비테

Tip

집을 구하는 과정에서 흔히 사용하는 단어가 있습니다. frei와 weg인데 frei는 집이 '비어 있는' 상태를 뜻하는 것이고, weg은 집이 '나간' 상태를 의미합니다. 또한 vermietet이라는 분사적 형용사를 사용하기도 하는데, 이는 이미 '임대된' 상태를 의미하며 아직 임대되지 않았을 경우에는 nicht vermietet이라고 표현하기도 합니다.

기본표현

A : Wie lange möchten Sie bleiben?
뷔 랑에 뫼히텐 지 블라이벤

B : Bis Samstag, also zwei Nächte.
비스 잠스탁 알조 쯔바이 네히테

A : 얼마 동안 계실 건가요?
B : 토요일까지요, 그러니까 이틀 밤 머물 거에요.

 표현늘리기

■ 빈 방 있나요?

Haben Sie ein Zimmer frei?
하벤 지 아인 침머 프라이

■ 더블룸을 원하세요? 아니면 싱글룸을 원하세요?

Doppelzimmer oder Einzelzimmer?
도펠침머 오더 아인첼침머

■ 욕실이 있는 싱글룸을 원합니다.

Ich möchte ein Einzelzimmer mit Bad.
이히 뫼히테 아인 아인첼침머 밋 밧

■ 유감이지만 방이 모두 찼습니다.

Leider sind die Zimmer voll belegt.
라이더 진트 디 침머 폴 벨렉트

■ 언제 오시는지 말씀해 주실래요?

Können Sie mir sagen, wann Sie ankommen?
쾨넨   지   미어 자겐   반   지   안콤멘

■ 금요일 오후에 옵니다.

Am Freitagnachmittag.
암   프라이탁나흐미탁

■ 얼마 동안 머무실 겁니까?

Wie lange möchten Sie bei uns bleiben?
뷔   랑에   뫼히텐   지   바이 운스 블라이벤

■ 이틀간 쓸 겁니다.

Zwei Nächte.
쯔바이 네히테

■ 방값이 하루에 얼마예요?

Wie viel kostet das Zimmer?
뷔   필   코스텟   다스 침머

■ 아침 식사 포함해서 하루에 80유로입니다.

Mit Frühstück kostet das 80 Euro pro Nacht.
밋   프뤼슈틱   코스텟   다스 아흐찌히 오이로 프로 나흐트

Tip

Doppelzimmer는 더블침대, 혹은 1인용 침대 두 개가 들어가는 방을 뜻하기 때문에 2인이 머물 때 적합한 방이며, Einzelzimmer는 1인용 침대 하나가 들어간 방을 뜻하기 때문에 1인이 사용하기에 적합한 방입니다.

단어늘리기

Apparat	아파랏	기구, 기계
Telefon	텔레폰	전화
anrufen	안루펜	전화하다
verbinden	페어빈덴	연결하다
Auf Wiederhören	아우프 비더회렌	안녕히 계세요 (전화상의 작별 인사)
momentan	모멘탄	현재, 지금
Abteilung	압타일룽	부서
Geschäftsreise	게쉐프츠라이제	출장
erreichbar	에어라이히바	도달할 수 있는, 연락할 수 있는
zurückrufen	쭈뤽루펜	답신하다, 전화해 주다
verwählen	페어벨렌	잘못 전화 걸다
falsch	팔쉬	잘못된, 틀린
verbunden	페어분덴	연결된(verbinden의 과거분사 형태)
Nummer	눔머	번호
wählen	벨렌	고르다, 선택하다
überprüfen	위버프뤼펜	점검하다
Leitung	라이퉁	전화선, 연결선
besetzt	비젯츠트	점유된, 통화 중인
hängen	헹엔	걸려 있다
belegt	벨렉트	통화 중인
gestört	게슈퇴엇	결함이 있는, 장애가 있는
brauchen	브라우헨	필요로 하다
dringend	드링엔트	급히, 위급한

möglichst	뫼클리히스트	가능한 한
passen	파쎈	어울리다, 맞다
bestimmt	베슈팀트	분명히
warten	봐르텐	기다리다
weg	벡	(집이) 나간, 임대된
Anzeige	안짜이게	광고
Zeitung	짜이퉁	신문
sehen	제엔	보다
vermietet	페어미텟	임대된
interessieren	인터레씨어렌	관심이 있다
nächst	넥스트	다음의
ein paar	아인 파	몇몇의
Frage	프라게	질문
Nebenkosten	네벤코스텐	부대비용
Adresse	아드레쎄	주소
also	알조	그러니까, 그러면
Doppelzimmer	도펠침머	더블룸
Einzelzimmer	아인첼침머	싱글룸
Bad	밧	욕실
belegt	벨렉트	점유된, 예약된
Freitagnachmittag	프라이탁나흐미탁	금요일 오후
Frühstück	프뤼슈틱	아침 식사
pro Nacht	프로 나흐트	하룻밤에

브레멘 음악대

브레멘 음악대는 독일의 그림 형제(Brüder Grimm)가 1819년 발간한 《어린이와 가정동화》에 실린 동화입니다. 이 동화에는 네 마리의 동물, 즉 수탉, 고양이, 개 그리고 당나귀가 등장하는데 이 동물들이 모두 늙어서 주인에게 쓸모없어진 나머지 곧 죽을 운명이 되지만 탈출하는데 성공, 우연히 함께 만나서 브레멘 음악대원이 되고자 떠납니다.

이 동화는 고난과 역경을 뚫고 새로운 삶을 살게 된 동물들의 모습을 통해서 어떠한 난관도 극복할 수 있다는 교훈을 던져줌과 동시에 이용가치가 없어 쓸모없게 되어 버린 자들을 저버리는 인간의 냉혹한 모습도 풍자하고 있습니다.

독일 도시 브레멘의 음악대는 원래 14세기부터 있었으며 축제 때마다 음악을 연주했다고 합니다. 이것을 그림 형제가 1819년 이야기를 덧붙여 동화집에 실은 것이 유명해진 것이라고 합니다. 지금도 독일 브레멘 도시에는 그림형제의 동화를 상징하는 네 마리의 동물상들을 시청사와 성모교회 등에서 볼 수 있는데, 당나귀의 앞발을 잡고 소원을 빌면 소원이 이루어진다는 미신이 있어서 많은 관광객들이 브레멘 음악대의 동물상을 찾고 있습니다. 사진에서 보듯 많은 관광객들이 제일 아래 당나귀의 앞발을 만지다 보니 이젠 하얗게 변색이 되었습니다.

제 11 장

교통 · 길묻기

1. 실례합니다. 쾰른 성당이 어디에 있어요?
2. 모퉁이를 돌아 왼쪽으로 가세요.
3. 어디서 택시를 탈 수 있습니까?
4. 이 버스가 공항으로 가나요?
5. 함부르크행 열차는 언제 출발합니까?
6. 자동차를 렌트하려고 합니다.

A : Entschuldigung, wo ist der Kölner Dom?
엔트슐디궁　　　　　　보　이스트 데어 쾰너　　　돔

B : Tut mir leid. Das weiß ich auch nicht.
툿　미어 라잇　다스　바이쓰 이히 아우흐 니히트

　A : 실례합니다. 쾰른 성당이 어디에 있죠?
　B : 죄송합니다. 저도 모르겠네요.

📝 표현늘리기

■ 실례합니다. 중앙역으로 가고 싶은데요.

Entschuldigung, ich möchte zum Hauptbahnhof.
엔트슐디궁　　　　　　이히 뫼히테　쭘　하우프트반호프

■ 이 거리를 따라 쭉 직진으로 가세요.

Gehen Sie diese Straße immer geradeaus.
게엔　지 디제　슈트라쎄 임머　게라데아우스

■ 실례합니다. 우체국은 어디에 있습니까?

Entschuldigen Sie bitte, wo finde ich die Post?
엔트슐디겐　　　지 비테　보 핀데 이히 디 포스트

■ 우체국은 여기서 멀리 있습니다.

Die Post ist weit von hier.
디 포스트 이스트 봐잇 폰　히어

212

■ 걸어가면 얼마나 되죠?

Wie weit ist das denn zu Fuß?
뷔   바잇 이스트 다스 덴   쭈 푸쓰

■ 30분 정도 걸립니다.

Es dauert etwa eine halbe Stunde.
에스 다우엇   에트바 아이네 할베   슈툰데

■ 지하철을 타세요.

Nehmen Sie die U-Bahn!
네멘   지 디 우반

■ 여기서 가깝습니다.

Es ist in der Nähe von hier.
에스 이스트 인 데어 네에   폰   히어

■ 여기서 멀어요. 버스 타시는 게 나을 거예요.

Das ist weit. Fahren Sie besser mit dem Bus.
다스 이스트 봐잇 파렌   지   베써   밋 뎀 부스

■ 이곳은 처음입니다.

Ich bin fremd hier.
이히 빈 프렘트   히어

Tip 상대방이 장소에 대해 물을 때 잘 모르겠다면 Das weiß ich nicht.(모르겠습니다.)라고 말하면 되지만 해당 지역에 처음 온 사람이 대답할 때는 Ich bin fremd hier.라고 말하는 것이 보통입니다. fremd는 '낯선'이란 뜻으로서 '내가 이곳이 낯설다.' 즉, '이곳에 처음 와서 잘 모르겠음'을 알리는 표현이 됩니다.

기본표현

A : Entschuldigung, wie komme ich zur Bank?
엔트슐디궁　　　　　뷔　콤메　　이히 쭈어 방크

B : Gehen Sie links um die Ecke!
게엔　지 링크스 움　디 엑케

A : 실례합니다. 은행이 어디에 있죠?
B : 모퉁이를 돌아 왼쪽으로 가세요.

 표현늘리기

■ 이곳 근처에 박물관이 있나요?

Gibt es hier in der Nähe ein Museum?
깁트 에스 히어 인 데어 네에　아인 무제움

■ 곧장 직진으로 가세요.

Fahren Sie immer geradeaus!
파렌　　지 임머　　게라데아우스

■ 첫 번째 길에서 우회전하세요.

Biegen Sie die erste Straße rechts ab!
비겐　　지　디 에어스테 슈트라쎄 레히츠　압

■ 그럼 바로 박물관이 나옵니다.

Dann kommen Sie direkt zum Museum.
단　콤멘　　지 디렉트 쭘　　무제움

214

- 다리를 건너가세요.

Fahren Sie über die Brücke!
파렌   지   위버   디   브뤼케

- 왼쪽에 시청이 있습니다.

Auf der linken Seite ist das Rathaus.
아우프 데어 링켄   자이테 이스트 다스 랏하우스

- 괴테로에서 내리셔야 합니다.

Sie müssen an der Goethestraße aussteigen.
지   뮈쎈   안 데어 괴테슈트라쎄   아우스슈타이겐

- 그러면 오른쪽에 교회가 보일 겁니다.

Auf der rechten Seite sehen Sie dann schon eine Kirche.
아우프 데어 레히텐   자이테 제엔   지   단   숀   아이네 키어헤

- 교회에서 왼쪽으로 가세요.

An der Kirche gehen Sie links!
안 데어 키어헤   게엔   지   링크스

- 첫번째 신호등에서 왼쪽으로 가세요.

Fahren Sie an der ersten Ampel links!
파렌   지   안 데어 에어스텐 암펠   링크스

Tip
　　길에 대해 묻고 답할 때 방향을 나타내는 부사들이 많이 사용되는데 '오른쪽'은 rechts, '왼쪽'은 links, '직진'은 geradeaus라고 합니다. 그리고 오른쪽이나 왼쪽으로 돌아갈 때는 분리동사 abbiegen이 주로 사용됩니다. 예를 들어 '오른쪽으로 돌아가세요.'라고 말하려면 Biegen Sie bitte rechts ab.이라고 말하면 됩니다.

Part 03

어디서 택시를 탈 수 있습니까?

A : Wo kann man ein Taxi nehmen?
보 칸 만 아인 탁시 네멘

B : Der Taxistand ist da drüben.
데어 탁시슈탄트 이스트 다 드뤼벤

A : 어디서 택시를 탈 수 있습니까?
B : 저쪽에 택시 승차장이 있네요.

📝 표현늘리기

■ 택시를 부르려고 합니다.

Ich will ein Taxi rufen.
이히 빌 아인 탁시 루펜

■ 택시를 좀 불러주시겠습니까?

Könnten Sie mir ein Taxi bestellen?
쾬텐 지 미어 아인 탁시 베슈텔렌

■ 중앙역까지 요금이 얼마나 될까요?

Wie viel kostet es bis zum Hauptbahnhof?
뷔 필 코스텟 에스 비스 쭘 하웁트반호프

■ 택시로 가면 얼마나 걸립니까?

Wie lange dauert es mit dem Taxi?
뷔 랑에 다우어트 에스 밋 뎀 탁시

■ 트렁크 좀 열어주세요.

Machen Sie bitte den Kofferraum auf!
마헨 지 비테 덴 코퍼라움 아우프

■ 저를 이 주소로 태워다 주세요.

Bringen Sie mich zu dieser Adresse!
브링엔 지 미히 쭈 디저 아드레쎄

■ 여기서 세워주세요.

Halten Sie hier, bitte.
할텐 지 히어 비테

■ 조금만 더 가주세요.

Fahren Sie bitte noch weiter!
파렌 지 비테 노흐 봐이터

■ 20유로 지불하겠습니다.

20 Euro stimmt so.
쯔반찌히 오이로 슈팀트 조

■ 잔돈은 가지세요.

Der Rest ist für Sie.
데어 레스트 이스트 퓨어 지

Tip

'택시를 타다', 혹은 '택시를 잡다'를 독일어로 표현하고자 할 때는 주로 Taxi nehmen을 사용합니다. 상대방에게 '택시를 타세요!'라고 할 경우에는 Nehmen Sie ein Taxi!라고 하면 됩니다. 그러나 택시를 부르고자 할 때에는 Taxi rufen이나 Taxi bestellen으로 표현하면 됩니다. 택시를 부르고 싶다면 Ich möchte ein Taxi rufen. 혹은 Ich möchte ein Taxi bestellen.이라고 말해 봅시다.

기본표현

A : Fährt dieser Bus zum Flughafen?
페엇   디저   부스   쯤   플룩하펜

B : Fahren Sie besser mit der U-Bahn.
파렌   지   베써   밋   데어 우-반

A : 이 버스가 공항으로 가나요?

B : 지하철 타시는 게 더 나을 거예요.

 표현늘리기

■ 버스 정류소가 어디에 있습니까?

Wo ist die Bushaltestelle?
보   이스트 디 부스할테슈텔레

■ 이 버스가 시청에도 가나요?

Hält dieser Bus auch am Rathaus?
헬트 디저   부스 아우흐 암   랏하우스

■ 어디서 갈아타야 합니까?

Wo muss ich denn umsteigen?
보   무쓰   이히 덴   움슈타이겐

■ 몇 번 노선으로 갈아타야 합니까?

In welche Linie muss ich umsteigen?
인 벨헤   리니에 무스   이히 움슈타이겐

■ 슈트라쎈반 정류소는 어디에 있나요?

Wo finde ich die Straßenbahnhaltestelle?

보 핀데   이히 디 슈트라쎈반할테슈텔레

■ 지하철역으로 가려면 어떻게 합니까?

Wie komme ich zur U-Bahnstation?

뷔   콤메   이히 쭈어 우–반슈타치온

■ 몇 호선을 타야 합니까?

Welche Linie muss ich nehmen?

벨헤   리니에 무스   이히 네멘

■ 승차권은 어디서 살 수 있습니까?

Wo kann ich die Fahrkarte kaufen?

보   칸   이히 디   파카르테   카우펜

■ 티켓 발매기는 어디에 있습니까?

Wo ist der Fahrkartenautomat?

보   이스트 데어 파카르텐아우토맛

■ 다음 정차역은 어디입니까?

Wo ist die nächte Station?

보   이스트 디 넥스테   슈타치온

Tip

버스나 전차의 '정류소'는 Haltestelle라고 하며 '지하철역'은 Station이라고 부릅니다. 또한 '기차역'은 보통 Bahnhof라고 하는데, 도시마다 하나씩만 존재하는 '중앙역'은 Hauptbahnhof라고 합니다.

Part 05 함부르크행 열차는 언제 출발합니까?

A : Wann fährt der Zug nach Hamburg ab?
반   페엇   데어 쭉 나흐   함부어크   압

B : Um 11:30 Uhr.
움   할프 쯔뵐프 (우어)

A : 함부르크행 기차는 언제 출발합니까?
B : 11시 30분에요.

표현늘리기

■ 프랑크푸르트행 승차권 하나 부탁합니다.

Eine Fahrkarte nach Frankfurt, bitte.
아이네 파카르테   나흐   프랑크푸어트   비테

■ 드레스덴으로 가는 기차표 한 장 부탁합니다.

Ich hätte gern eine Fahrkarte nach Dresden.
이히 헤테   게언 아이네 파카르테   나흐   드레스덴

■ 편도입니까 왕복입니까?

Einfach oder hin und zurück?
아인파크   오더   힌   운트 쭈뤽

■ 왕복으로 주세요.

Hin und zurück, bitte.
힌 . 운트 쭈뤽   비테

220

■ 기차가 몇 번 홈에서 출발하죠?

Auf welchem Gleis fährt der Zug ab?
아우프 벨헴   글라이스 페엇   데어 쭉   압

■ 10번 홈입니다.

Auf Gleis 10.
아우프 글라이스 첸

■ 기차가 베를린까지 얼마나 걸립니까?

Wie lange fährt der Zug nach Berlin?
뷔   랑에   페엇   데어 쭉   나흐   베얼린

■ 대략 5시간 이상 걸립니다.

Etwa über 5 Stunden.
에트바 위버   핀프 슈툰덴

■ 기차가 10분 연착합니다.

Der Zug hat zehn Minuten Verspätung.
데어 쭉   핫 첸   미누텐   페어슈페퉁

■ 기차를 놓쳤습니다.

Ich habe meinen Zug verpasst.
이히 하베   마이넨   쭉   페어파스트

Tip   독일 기차역을 이용할 시에 기본적으로 알아두어야 할 용어가 '편도'와 '왕복'
입니다. 기차표를 구할 때 편도의 경우에는 einfach, 왕복의 경우 hin und zurück이
라고 말하고 표를 받아야 합니다. 독일은 일반적으로 기차표가 비싼 편이며 편도와
왕복의 가격 차이가 많이 나지 않으므로 다시 출발지로 돌아올 예정이라면 왕복표
를 끊는 게 유리합니다.

A : Ich möchte ein Auto mieten.
이히 뫼히테   아인 아우토   미텐

B : Welches Automodell hätten Sie gern?
벨헤스   아우토모델   헤텐   지   게언

A : 차를 렌트하고 싶은데요.
B : 어떤 모델을 원하시는데요?

표현늘리기

■ 차 한 대 렌트할 수 있습니까?

Kann ich hier ein Auto mieten?
칸   이히 히어   아인 아우토   미텐

■ 얼마 동안 필요하신데요?

Wie lange brauchen Sie das Auto?
뷔   랑에   브라우헨   지   다스 아우토

■ 일주일 동안 필요합니다.

Für eine Woche.
퓨어 아이네 보헤

■ 일주일에 렌트 가격이 얼마죠?

Wie viel kostet es pro Woche?
뷔   필   코스텟   에스 프로   보헤

■ 하루에 60유로입니다.

Für einen Tag kostet es nur sechzig Euro.
퓨어 아이넨 탁 코스텟 에스 누어 제히찌히 오이로

■ 보험이 포함된 가격인가요?

Ist der Preis inklusive Versicherung?
이스트 데어 프라이스 인클루지베 페어지셔룽

■ 종합보험이 포함되어 있나요?

Ist eine Vollkaskoversicherung eingeschlossen?
이스트 아이네 폴카스코페어지셔룽 아인게슐로쎈

■ 보험료는 따로 내셔야 합니다.

Sie müssen Ihre Versicherung extra bezahlen.
지 뮈쎈 이어레 페어지셔룽 엑스트라 베짤렌

■ 목적지에서 차를 반납해도 되나요?

Kann ich den Wagen am Ziel zurückgeben?
칸 이히 덴 봐겐 암 찌일 쭈뤽게벤

■ 운전면허증을 가지고 오셨죠?

Haben Sie Ihren Führerschein dabei?
하벤 지 이어렌 퓨어러샤인 다바이

Tip 자동차를 렌트할 경우에는 동사 **mieten**을 사용합니다. **mieten**은 '빌리다', '임차하다'의 뜻을 가지고 있으며 월세집을 빌릴 경우나 자동차를 빌릴 때 주로 사용되는 동사입니다. 반대말은 **vermieten**, 즉 '임대하다', '빌려주다'라는 뜻으로 사용되는 동사입니다.

단어늘리기

기본단어

Entschuldigung	엔트슐디궁	실례합니다
Dom	돔	성당
wissen	뷔쎈	알다
Hauptbahnhof	하우프트반호프	중앙역
Straße	슈트라쎄	길
geradeaus	게라데아우스	직진으로, 곧바로
finden	핀덴	찾다
Post	포스트	우체국
halb	할프	절반의, 2분의 1의
nehmen	네멘	잡다, 받다, 타다
Nähe	네에	근처
Ecke	엑케	모퉁이
Museum	무제움	박물관
rechts	레히츠	오른쪽(으로)
abbiegen	압비겐	돌아가다, 꺾다
Brücke	브뤼케	다리
Rathaus	랏하우스	시청
aussteigen	아우스슈타이겐	내리다, 하차하다
Kirche	키어헤	교회
Taxistand	탁시슈탄트	택시 승차장
rufen	루펜	부르다
bestellen	베슈텔렌	주문하다
Kofferraum	코퍼라움	트렁크
aufmachen	아우프마헨	열다
bringen	브링엔	데려다주다, 가져가다
halten	할텐	멈추다

stimmen	슈팀멘	옳다, 맞다, 일치하다
Rest	레스트	나머지, 잔돈
Flughafen	플룩하펜	공항
Bushaltestelle	부스할테슈텔레	버스 정류소
umsteigen	움슈타이겐	갈아타다
Linie	리니에	선, 노선
Straßenbahnhaltestelle		슈트라쎈반정류소
	슈트라쎈반할테슈텔레	
U-Bahnstation	우–반슈타치온	지하철역
Fahrkarte	파카르테	승차권
Fahrkartenautomat	파카르텐아우토맛	티켓발매기
Station	슈타치온	역, 정거장
abfahren	압파렌	출발하다
einfach	아인파크	편도의
hin und zurück	힌 운트 쭈뤽	왕복의
Gleis	글라이스	승차구역, 플랫폼
verpassen	페어파쎈	놓치다
mieten	미텐	임대하다, 빌리다
Automodell	아우토모델	자동차 모델
kosten	코스텐	~ 비용이 들다
Preis	프라이스	가격, 상
inklusive	인클루지베	~을 포함하여
Versicherung	페어지셔룽	보험
Vollkaskoversicherung		종합보험
	폴카스코페어지셔룽	
eingeschlossen	아인게슐로쎈	포함되어 있는
extra	엑스트라	별도로
bezahlen	베짤렌	지불하다
Ziel	찌일	목표, 목적지

단어늘리기

zurückgeben	쭈뤽게벤	반납하다
dabeihaben	다바이하벤	지참하다, 가지고 있다
Führerschein	퓨어러샤인	운전면허증

관련단어

[교통수단]

Verkehr	페어케어	교통
Raumschiff	라움쉬프	우주선
Flughafen	풀룩하펜	공항
Flugzeug	풀룩쪼익	비행기
Hubschrauber	훕슈라우버	헬기
Zug	쭉	기차
U-Bahnstation	우-반슈타치온	지하철역
Strassenbahn	슈트라쎈반	전차
Taxi	탁시	택시
Bus	부스	버스
Reisebus	라이제부스	관광버스
PKW	페카베	승용차
LKW	엘카베	화물차
Rettungswagen	레퉁스봐겐	구급차
Feuerwehrauto	포이어베어아우토	소방차
Seilbahn	자일반	케이블카
Sportwagen	스포어트바겐	스포츠카
Motorrad	모토어랏	오토바이
Fahrrad	파랏	자전거
Hafen	하펜	항구
Schiff	쉬프	배

Segel	제겔	돛단배

[방향]

Richtung	리히퉁	방향
Ost	오스트	동
West	베스트	서
Süd	쥐트	남
Nord	노어트	북
Südost	쥐트오스트	남동
Südowest	쥐트베스트	남서
Nordost	노어트오스트	북동
Nordwest	노어트베스트	북서
rechts	레히츠	오른쪽에
links	링크스	왼쪽에
oben	오벤	위쪽에
unten	운텐	아래쪽에
in der Mitte	인 데어 미테	가운데에
vorne	포어네	앞에
hinten	힌텐	뒤에
innen	인넨	안에
außen	아우쎈	밖에

독일 자동차

독일은 세계 최초로 현대적인 자동차를 만든 나라입니다. 2차 세계 대전 이후 재건하는 과정에서 독일의 자동차 산업은 라인강의 기적을 가능하게 한 중추 산업이었습니다. 독일 자동차가 품질 면에서 세계적인 인기를 누리게 된 것은 근면하고 정확한 독일인들의 민족성, 그리고 자국민들의 자동차 사랑과 자부심 때문이라고 할 수 있습니다. 벤츠, 아우디, BMW, 폴크스바겐 등 세계적인 자동차 회사가 독일에 몰려 있는 것은 독일의 국가산업에서 자동차가 차지하는 비중을 엿볼 수 있게 합니다. 독일의 전체 수출에서 자동차 수출이 차지하는 비중도 20%에 이를 정도입니다.

독일에서도 벤츠, 아우디, BMW는 비싼 자동차입니다만 자국민들이 많이 구매해 주기 때문에 성장을 지속하고 있으며, 아직도 질적으로 우수한 '자동차=독일'이라는 등식이 성립할 만큼 견고하고 안전한 자동차를 생산하여 세계 도처로 수출하고 있습니다.

독일은 자동차뿐만 아니라 운전자들의 운전 매너도 세계 최고 수준입니다. 속도 무제한 구간의 고속도로에서도 추월차선인 1차로는 추월할 때 이외엔 절대로 들어가지 않습니다. 또한 시내 구간에서도 신호등을 철저히 지키고 보행자 우선 원칙을 철저히 지키는 편입니다. 신호등이 없는 횡단보도에서도 사람이 지나가면 멀리서부터 속도를 줄여 정지선에 서는 차량들을 많이 볼 수 있습니다. 다른 차량에 대한 배려심도 돋보여 양보운전하는 모습을 종종 볼 수 있습니다.

제 12 장

부탁·요청·명령·조언

A : Könnten Sie mir einen Gefallen tun?
쾬텐   지   미어   아이넨   게팔렌   툰

B : Ja, bitte.
야   비테

A : 부탁 하나 들어주실 수 있나요?
B : 예, 그러세요.

📝 **표현늘리기**

■ 당신에게 부탁이 있습니다.

Ich habe eine Bitte an Sie.
이히 하베   아이네 비테   안   지

■ 제가 당신에게 도움을 청합니다.

Ich bitte Sie um Ihre Hilfe.
이히 비테   지   움   이어레 힐페

■ 제가 내일 당신의 차를 쓸 수 있을까요?

Kann ich morgen Ihren Wagen benutzen?
칸   이히 모르겐   이어렌   봐겐   베눗쩬

■ 주소 좀 가르쳐주시겠어요?

Darf ich Sie um Ihre Adresse bitten?
다르프 이히 지   움   이어레 아드레쎄   비텐

230

■ 저 좀 태워주실 수 있나요?

Könnten Sie mich bitte mitnehmen?

쾬텐   지   미히   비테   밋네멘

■ 내일 제게 와주시겠습니까?

Würden Sie morgen zu mir kommen?

뷔르덴   지   모르겐   쭈   미어   콤멘

■ 오늘 저녁에 전화 좀 해주시겠어요?

Würden Sie mich heute Abend anrufen?

뷔르덴   지   미히   호이테   아벤트   안루펜

■ 뭐 좀 물어봐도 돼요?

Darf ich etwas fragen?

다르프 이히 에트봐스 프라겐

■ 혹시 당신 자전거 좀 빌릴 수 있나요?

Kann ich vielleicht Ihr Fahrrad ausleihen?

칸   이히   필라이히트   이어 파랏   아우슬라이엔

■ 물론이지요.

Selbstverständlich!

젤프스트페어슈텐틀리히

Tip

처음에 무엇인가를 요청하거나 부탁하는 사람의 입장에서 '~해주실 수 있어요?', '제가 ~할 수 있을까요?', '~해도 됩니까?'라고 표현하고자 할 경우에는 화법 조동사 können과 dürfen을 주로 이용하게 됩니다. 또한 좀 더 예의를 차리기 위해서 접속법 2식 형태인 könnten을 사용하기도 합니다.

Könnte ich mir mal ansehen? 구경해도 될까요?

Könnten Sie mir sagen, wo Sie wohnen?

어디서 살고 계신지 말씀해 주실 수 있으세요?

기본표현

A : Machen Sie bitte das Fenster zu!
마헨   지 비테   다스 펜스터   쭈

B : Ja, bestimmt.
야   베슈팀트

A : 창문 좀 닫아주세요.
B : 예, 그러지요.

📝 표현늘리기

■ 문 좀 열어주세요.

Machen Sie bitte die Tür auf!
바헨   지 비테   디 튀어 아우프

■ 불 좀 켜주세요.

Machen Sie das Licht an!
마헨   지 다스 리히트 안

■ 잠깐 기다려주세요.

Warten Sie einen Moment!
봐르텐   지 아이넨   모멘트

■ 이 자리에 앉으세요.

Nehmen Sie bitte hier Platz!
네멘   지 비테   히어 플랏츠

■ 휴대폰 좀 꺼주세요.

Machen Sie das Handy aus!
마헨   지   다스   핸디   아우스

■ 조심히 운전하세요.

Fahren Sie bitte vorsichtig!
파렌   지   비테   포어지히티히

■ 제게 빨리 전화 좀 해주세요.

Rufen Sie mich bitte sofort an!
루펜   지   미히   비테   조포어트   안

■ 제게 이메일 좀 보내주세요.

Schicken Sie mir eine E-Mail, bitte.
쉬켄   지   미어   아이네   이메일   비테

■ 제게 기회를 좀 주십시오.

Geben Sie mir bitte eine Chance!
게벤   지   미어   비테   아이네   샹쎄

■ 토요일 저녁에 한번 들러 주세요.

Kommen Sie am Samstag Abend mal vorbei!
콤멘   지   암   잠스탁   아벤트   말   포어바이

> **Tip**
> 부탁이나 요청을 표현하고자 하는 경우에는 보통 존칭 명령형을 사용합니다.
> 존칭 명령형은 기본동사의 원형에 존칭대명사 Sie를 결합하는 형태입니다. 부탁하
> 는 상황을 좀 더 강조하거나 예의를 더 갖추기 위하여 bitte라는 단어를 추가하면
> 되는데, bitte는 보통 존칭 Sie 다음에 붙이거나 문장 제일 끝에 붙이는 경우가 일반
> 적입니다.

Part 03 여기에 주차하면 안 됩니다.

기본표현

A : Darf ich hier parken?
다르프 이히 히어 파켄

B : Nein, hier darf man nicht parken.
나인   히어 다르프 만   니히트 파켄

A : 여기에 주차해도 됩니까?
B : 아니요, 여기에 주차하면 안 됩니다.

 표현늘리기

■ 죄송하지만 안 됩니다.

Tut mir leid, Sie dürfen nicht!
툿 미어 라잇 지 뒤어펜   니히트

■ 허용할 수가 없습니다.

Das ist nicht zu erlauben.
다스 이스트 니히트 쭈 에어라우벤

■ 그건 안 됩니다.

Das geht nicht.
다스 게엣 니히트

■ 할 수가 없습니다.

Das kann man nicht.
나스 칸   만   니히트

■ 여기서는 흡연 금지입니다.

Rauchen ist hier verboten!
라우헨   이스트 히어 페어보텐

■ 여기서는 담배 피우면 안 됩니다.

Hier darf man nicht rauchen!
히어 다르프 만   니히트 라우헨

■ 큰 소리로 말하지 마세요.

Sprechen Sie bitte nicht so laut!
슈프레헨   지 비테 니히트 조 라웃

■ 다른 사람에게 말하지 마세요.

Sagen Sie es niemandem!
자겐   지 에스 니만뎀

■ 싸우지 마세요.

Keinen Streit, bitte!
카이넨   슈트라잇 비테

■ 그만하세요.

Hören Sie damit auf!
회렌   지 다밋   아우프

Tip
　금지를 나타내는 표현은 일반적으로 '허락'을 나타내는 화법조동사 **dürfen**과 **nicht**가 결합된 문장을 이용합니다. 허락되어 있지 않으니 금지를 나타내는 것과 마찬가지입니다. 이 경우 '~하면 안 된다'로 해석할 때가 많습니다. 또한 **nicht**가 포함된 명령형 문장도 금지를 나타내는 표현으로 사용됩니다.

Part 04 어서 들어와.

 기본표현

A : Hallo, Inka!
할로   잉카

B : Tag, Andrea. Komm herein, bitte!
탁   안드레아   콤   헤어라인   비테

A : 안녕, 잉카!
B : 안녕, 안드레아. 어서 들어와!

 표현늘리기

■ 이리 와 봐!

Komm mal her!
콤   말   헤어

■ 조심해!

Sei vorsichtig!
자이 포어지히티히

■ 조용히들 해!

Seid ruhig!
자잇 루이히

■ 좀 들어 봐!

Hör mal zu!
회어 말 쭈

■ 이것 좀 봐.

Guck mal!
구크   말

■ 서둘러!

Beeil dich!
베아일 디히

■ 걱정 마!

Keine Sorge!
카이네   조르게

■ 저리 가!

Geh weg!
게에 벡

■ 나를 좀 내버려 둬!

Lass mich in Ruhe!
라쓰   미히   인 루에

■ 언제 한번 우리 집에 들러 줘!

Komm bei mir mal vorbei!
콤   바이 미어 말   포어바이

> **Tip**
> 부탁이 아닌 명령에 가까울 때는 존칭 **Sie**를 사용하지 않고 **du**에 대한 명령형을 이용합니다. 하지만 이 경우는 주어 **du**를 생략하고 원형동사의 어간으로만 이루어진 동사형태를 사용하며 명령 상황을 강조하기 위해 **mal, doch, bitte** 등과 같은 첨사를 덧붙이는 경우가 많습니다.
>
> **Komm mal her!** 이리 와 봐!
> **Komm doch vorbei!** 정말 좀 들러 줘!
> **Sprich bitte langsam!** 천천히 말해!

A : Wie wäre es, essen zu gehen?
뷔　베레　에스　에쎈　쭈　게엔

B : Das ist eine prima Idee!
다스　이스트　아이네　프리마　이데

A : 식사하러 가는 건 어떨까요?
B : 그것 참 좋은 생각입니다!

표현늘리기

■ 쉬는 게 어떨까요?

Wie wäre es, eine Pause zu machen?
뷔　베레　에스　아이네 파우제　쭈　마헨

■ 기차를 타는 게 낫지 않겠어요?

Wäre es nicht besser, die Bahn zu nehmen?
베레　에스 니히트 베써　　디　반　쭈　네멘

■ 너희들이 같이 온다면 좋을 것 같아.

Es wäre gut, wenn ihr mitkommt.
에스 베레　굿　벤　이어 밋콤트

■ 일찍 자는 게 좋을 것 같아요.

Es wäre gut, früh ins Bett zu gehen.
에스 베레　굿　프뤼　인스 벳　쭈　게엔

■ 우리가 함께 여행을 한다면 좋을 것 같아요.

Es wäre schön, wenn wir zusammen eine Reise machen.

에스 베레 쉔 벤 뷔어 쭈잠멘 아이네 라이제 마헨

■ 네가 나를 도와줄 수 있다면 좋겠어.

Es wäre schön, wenn du mir helfen könntest.

에스 베레 쉔 벤 두 미어 헬펜 퀸테스트

■ 당신이 운동을 한다면 제일 좋을 것 같아요.

Am besten wäre es, wenn Sie Sport treiben.

암 베스텐 베레 에스 벤 지 슈포어트 트라이벤

■ 그것은 좋은 생각 같지는 않아요.

Ich glaube, das wäre keine gute Idee.

이히 글라우베 다스 베레 카이네 구테 이데

■ 창문 좀 열어주시겠어요?

Würden Sie bitte das Fenster aufmachen?

뷔어덴 지 비테 다스 펜스터 아우프마헨

■ 당신 차를 좀 빌려주시겠어요?

Würden Sie mir Ihren Wagen leihen?

뷔어덴 지 미어 이어렌 봐겐 라이엔

Tip

상대방에게 '~하면 어떨까요?'라고 완곡하게 제안을 할 경우에는 **Wie wäre es, ~**와 같은 표현법을 이용할 수 있습니다. 그리고 '~하면 좋겠습니다.'라고 제안이나 조언을 할 경우에도 **Es wäre gut/besser/am besten, wenn ~**과 같은 문장구조를 사용할 수도 있습니다. 여기서 **wäre**는 **sein** 동사의 접속법 2식 형태인데 '~할 것 같다' 또는 '~일 것이다'라고 하여 추측이나 가정을 나타낼 때 자주 사용하는 표현법입니다. 접속법 2식에 대해서는 독일어 문법서를 참고하여 따로 공부해야 합니다.

A : Sie sollten Sport treiben.
지 　졸텐　　　슈포어트　트라이벤

B : Ja, das mache ich.
야　다스　마헤　　이히

A : 운동을 하셔야 할 것 같네요.
B : 예, 그렇게 할게요.

📝 표현늘리기

■ 병원에 가셔야 할 것 같은데요.

Sie sollten zum Arzt gehen.
지　졸텐　　쭘　아르츠트 게엔

■ 물을 많이 드셔야 할 것입니다.

Sie sollten viel Wasser trinken.
지　졸텐　　필　봐써　　트링켄

■ 집에 계시는 것이 더 나을 것 같네요.

Sie sollten besser zu Hause bleiben.
지　졸텐　　베써　　쭈 하우제　블라이벤

■ 포기하지 않는 게 좋겠어.

Du solltest es lieber nicht aufgeben.
두　졸테스트　에스 리버　　니히트　아우프게벤

240

■ 조심해야 할 거야.

Du solltest aufpassen!
두　졸테스트　아우프파쎈

■ 그 사람을 믿으면 안 됩니다.

Sie sollten ihm nicht glauben.
지　졸텐　임　니히트　글라우벤

■ 너무 심각하게 받아들이지 마.

Das solltest du nicht so ernst nehmen.
다스　졸테스트　두　니히트　조　에른스트　네멘

■ 그에게도 기회를 주어야 할 것입니다.

Sie sollten ihm auch eine Chance geben.
지　졸텐　임　아우흐　아이네　샹쎄　게벤

■ 아침에 일찍 출발하셔야 합니다.

Sie müssen früh am Morgen abfahren.
지　뮈쎈　프뤼　암　보르겐　압파렌

■ 너 숙제 빨리 제출해야 해.

Du musst sofort deine Hausaufgabe abgeben.
두　무쓰트　조포트　다이네　하우스아우프가베　압게벤

Tip　상대방에게 조언을 할 목적으로 '당신은 ~해야 할 것 같아요.'라고 표현하고자 할 경우에는 **Sie sollten ~**을 이용할 수 있습니다. 여기서 **sollten**은 화법조동사 **sollen**(~해야 한다)의 과거형과 동일한 형태지만 상대방에게 적극적인 조언을 할 때 쓰는 접속법 2식 형태로 자주 이용됩니다.

　Du solltest im Bett bleiben. 너는 침대에 누워 있어야 해.

　Sie sollten ein paar Kilo abnehmen.
　당신은 몇 킬로그램 살을 빼야 할 것 같습니다.

단어늘리기

Gefallen	게팔렌	호의, 친절
Bitte	비테	부탁
bitte um ~	비테 움	~을 요청/부탁하다
Wagen	봐겐	차, 자동차
mitnehmen	밋네멘	가져오다, 지참하다
ausleihen	아우슬라이엔	빌리다
selbstverständlich	젤프스트페어슈텐틀리히	자명한, 물론
zumachen	쭈마헨	닫다
Fenster	펜스터	창문
Tür	튀어	문
Licht	리히트	불
anmachen	안마헨	켜다
Handy	핸디	휴대폰
vorsichtig	포어지히티히	조심히, 주의하는
ausmachen	아우스마헨	끄다
Chance	샹쎄	기회
parken	파켄	주차하다
erlauben	에어라우벤	허락하다
Rauchen	라우헨	흡연
verboten	페어보텐	금지하다
rauchen	라우헨	흡연하다
laut	라웃	큰 소리의
sagen	자겐	말하다
niemandem	니만뎀	아무에게도 ~하지 않다
		(niemend의 3격 형태)
Streit	슈트라잇	싸움

aufhören	아우프회언	그만두다, 중지하다
hereinkommen	헤어라인콤멘	안으로 들어오다
herkommen	헤어콤멘	(이쪽으로) 오다
ruhig	루이히	조용한, 고요한
zuhören	쭈회렌	경청하다
gucken	국켄	보다
sich beeilen	지히 베아일렌	서두르다
weggehen	벡게엔	사라지다, 꺼지다
Ruhe	루에	고요함, 안식, 휴식
in Ruhe lassen	인 루에 라쎈	내버려두다
Wie wäre es ~	뷔 베레 에스	~하는 것이 어떻겠습니까?
prima	프리마	멋진
Pause	파우제	휴식, 쉬는 시간
mitkommen	밋콤멘	함께 오다
früh	프뤼	일찍
Bett	베트	침대
zusammen	쭈잠멘	함께, 같이
sollten	졸텐	~해야 할 것이다 (sollen의 접속법 2식)
zum Arzt gehen	쭘 아르츠트 게엔	병원에 가다
Wasser	봐써	물
aufgeben	아우프게벤	포기하다
aufpassen	아우프파쎈	주의하다, 조심하다
glauben	글라우벤	믿다
Hausaufgabe	하우스아우프가베	숙제

쾰른의 돔(Dom)

쾰른 중앙역에 내리면 바로 어마어마한 규모의 성당을 볼 수 있는데, 이것이 쾰른의 돔(Kölner Dom)입니다. 1248년 건축이 시작되어 1880년 완공되었으니 무려 600년 이상이 소요되었습니다. 높이 157.38미터, 세계에서 세 번째로 큰 고딕 성당이며, 1996년에는 유네스코 세계문화유산으로 등록되었습니다.

쾰른이라는 도시 이름이 시사하듯 이곳은 옛 로마시대의 식민지였습니다. 원래 쾰른 대성당이 있던 자리에는 870년경부터 로마네스크 양식의 성당이 있었다고 전해집니다. 하지만 이곳에 이탈리아 밀라노로부터 동방박사 세 사람의 유골이 이전되어 안치되자  수많은 순례자가 방문하기 시작했고, 결국 현재 쾰른 대성당의 초석이 이뤄졌다고 합니다. 2004년 이래 연간 600만 명 이상이 다녀갈 만큼 이젠 독일에서 가장 유명한 건축물이 되었습니다.

성당 내부 입장은 무료입니다. 그러나 수많은 종교 보물과 역사를 전시한 보물관(Schatzkammer)과 종탑 전망대는 유료로 입장할 수 있습니다. 좁은 계단을 여러 번 거쳐 종탑에 오르면 쾰른 시의 전경이 한눈에 보입니다. 대성당 주변에는 쾰른 중앙역과 호엔촐레른 철교, 루트비히 박물관, 로마 게르만 박물관 등이 있습니다.

여러 가지 표현

기본표현

A : Wollen wir ins Konzert gehen?
볼렌   뷔어 인스 콘체르트   게엔

B : Das finde ich gut.
다스   핀데   이히 굿

A : 우리 콘서트 보러 갈래요?
B : 그거 좋은 생각입니다.

 표현늘리기

■ 좋은 생각입니다.

Gute Idee!
구테   이데

■ 동의합니다.

Ich stimme mit Ihnen überein.
이히 슈팀메   밋   이넨   위버라인

■ 같은 생각입니다.

Ich bin der gleichen Meinung.
이히 빈   데어 글라이헨   마이눙

■ 당신 의견과 전적으로 같습니다.

Ich bin ganz Ihrer Meinung.
이히 빈   간쯔   이어러 마이눙

- 맞습니다.

Das stimmt!
다스 슈팀트

- 당신 말씀이 맞습니다.

Sie haben recht.
지 하벤 레히츠

- 동감입니다.

Ich bin derselben Meinung.
이히 빈 데어젤벤 마이눙

- 저는 찬성입니다.

Ich bin dafür.
이히 빈 다퓨어

- 공감합니다.

Damit bin ich einverstanden.
다밋 빈 이히 아인페어슈탄덴

- 당신의 의견에 전적으로 동의합니다.

Da stimme ich Ihnen voll und ganz zu.
다 슈팀메 이히 이넨 폴 운트 간쯔 쭈

Tip 상대방의 의견이 좋다고 느껴질 때는 '그거 좋은 생각이다.'라고 해야 하는데 독일어에서는 Das finde ich gut.과 Das ist eine gute Idee.가 이에 해당되는 표현입니다. 상대의 의견과 자신의 생각이 비슷하거나 같을 때에는 Ich bin Ihrer Meinung.이라는 표현을 사용합니다. 이 밖에 zustimmen(~에 동의하다), übereinstimmen(~와 생각을 일치시키다), einverstanden sein(~에 동의하다) 등이 상대방과 의견이 같음을 나타내는 동사입니다.

A : Wollen wir morgen ins Theater gehen?
볼렌   뷔어 모르겐   인스 테아터   게엔

B : Nein, das geht leider nicht.
나인   다스 게엣   라이더   니히트

A : 우리 내일 연극 보러 갈래요?
B : 아니요, 유감이지만 안 되겠습니다.

표현늘리기

■ 그럴 수 없습니다.

Das kann ich nicht machen.
다스 칸   이히 니히트   마헨

■ 안 됩니다.

Das geht nicht.
다스 게엣   니히트

■ 그것은 좋지 않다고 생각합니다.

Das finde ich nicht so gut.
다스 핀데   이히 니히트   조 굿

■ 그건 좋은 생각이 아닙니다.

Das ist keine gute Idee.
다스 이스트 카이네 구테   이데

248

■ 저는 의견이 다릅니다.

Ich bin anderer Meinung.
이히 빈 안더러 마이눙

■ 그 말에 동의하지 않습니다.

Damit bin ich nicht einverstanden.
다밋 빈 이히 니히트 아인페어슈탄덴

■ 저는 반대입니다.

Ich bin dagegen.
이히 빈 다게겐

■ 당신 의견에 동의할 수가 없습니다.

Ich kann Ihnen da nicht zustimmen.
이히 칸 이넨 다 니히트 쭈슈팀멘

■ 그 말은 전혀 맞지 않습니다.

Das stimmt doch gar nicht.
다스 슈팀 도흐 가 니히트

■ 제 견해는 완전히 다릅니다.

Das sehe ich völlig anders.
다스 제에 이히 푈리히 안더스

Tip
상대방이 무엇인가를 제안할 때 거절이나 반대의사를 표하는 경우에는 Das geht nicht.를 많이 사용하는데요, 여기서 gehen은 '가다'가 아니라 '되어 가다'는 의미로 받아들여야 합니다. gehen 동사를 nicht와 같이 쓰면 '되어 가지를 않는 것'이니 결국 '안 되겠다'는 거절의사의 표현이 됩니다. 그리고 상대방과 의견이 다를 때는 Ich bin anderer Meinung.이라고 합니다. '저는 의견이 다릅니다.'라는 뜻이 됩니다.

A : Ach, ich bin so traurig!
아흐　이히　빈　조　트라우리히

B : Kopf hoch! Das wird besser werden.
코프　호흐　다스　뷔엇　베써　베어덴

A : 아, 저는 너무 슬퍼요!

B : 힘내세요! 좋아질 거예요.

표현늘리기

■ 저는 우울해요.

Ich bin depremiert!
이히 빈　데프레미어트

■ 자, 힘내! 너는 할 수 있어.

Komm schon, du kannst es schaffen!
콤　숀　두 칸스트　에스 샤펜

■ 기운 내!

Sieh es positiv!
지　에스 포지티프

■ 용기를 내!

Fass Mut!
파쓰 · 뭇

- 너무 우울해하지 마라.

Lass dich nicht so hängen!
라쓰　디히　니히트　조　헹엔

- 성공을 빈다.

Ich drücke dir die Daumen!
이히　드뤽케　디어 디　다우멘

- 포기하면 안 돼.

Gib nicht auf!
깁　니히트 아우프

- 몸조리 잘해라.

Pass auf dich auf!
파쓰　아우프 디히 아우프

- 파이팅!

Weiter so!
봐이터　조

- 몸조심하세요.

Schonen Sie sich!
쇼넨　　지 지히

Tip

낙담한 상대방에게 힘을 내라는 표현은 Kopf hoch!가 많이 쓰입니다. 직역하면 '머리를 높이(들어라)'로서 '고개를 숙이지 말고 당당하게 들어라'는 말입니다. 또한 상대방이 중요한 시험이나 경기를 치를 때 응원의 말로 쓰이는 관용적 표현은 Ich drücke dir die Daumen!입니다. 상대에게 힘을 주는 이러한 표현들을 실전에서도 잘 활용할 수 있도록 합시다.

Part 04 난 너무 화가 났어.

기본표현

A : Ich bin so sauer!
이히 빈 조 자우어

B : Beruhige dich!
베루이게 디히

A : 나 정말 화가 났어.

B : 진정해!

 표현늘리기

■ 난 화가 나.

Ich ärgere mich!
이히 에르거레 미히

■ 난 너에게 너무 화가 나.

Ich bin so böse auf dich!
이히 빈 조 뵈제 아우프 디히

■ 나에게 화내지 마.

Sei mir nicht so böse!
자이 미어 니히트 조 뵈제

■ 진정해!

Komm runter!
콤 룬터

252

■ 제기랄!

Verdammt!
페어담트

■ 젠장!

So ein Mist!
조   아인 미스트

■ 말도 안 돼!

Unsinn!
운진

■ 미쳤군!

Verrückt!
페어뤽트

■ 멍청하긴!

Blöd!
블뢰트

■ 너 미쳤구나.

Du bist wahnsinnig!
두   비스트 봔지니히

Tip

감정을 나타내는 형용사 중 sauer는 원래 '맛'을 표현하는 형용사입니다. 신맛을 표현할 때 쓰는 형용사인데, 이것을 사람에게 사용한다면 '화가 난'이라는 뜻이 됩니다. 상대방에게 자신이 화가 났음을 알리며 '나 화났어'라고 표현하고 싶다면 Ich bin sauer.라고 하면 됩니다.

기본표현

A : Ich hatte einen Unfall.
이히 하테 아이넨 운팔

B : Ach, du lieber Gott!
아흐 두 리버 곳

A : 저 사고났어요.
B : 저런, 세상에나!

표현늘리기

■ 저런, 세상에나!

Ach, du lieber Himmel!
아흐 두 리버 힘멜

■ 맙소사!

Meine Güte!
마이네 귀테

■ 아이고, 저런!

Oh, mein Gott!
오 마인 곳

■ 이런 놀라운 일이 있을 수가!

Was für eine Überraschung!
봐스 퓨어 아이네 위버라슝

■ 아이고, 가엾어라!

Du Ärmste!
두 에엄스테

■ 오, 이런 끔찍한 일이!

Oje! Wie schrecklich!
오예 뷔 슈렉클리히

■ 휴, 깜짝 놀랐네!

Huh, ich bin erschrocken!
후 이히 빈 에어슈로켄

■ 믿기지가 않아!

Unglaublich!
운글라웁리히

■ 멋지군요!

Wunderbar!
분더바

■ 환상적이로군요!

Fantastisch!
판타스티쉬

Tip

Ach, du lieber Himmel/Gott!은 감탄사 중에서도 상대방에게 동정심을 나타내는 표현입니다. 상대방이 갑자기 슬픈 일을 당했거나 사고가 났을 경우 '저런, 이걸 어째!', 혹은 '아이고 세상에나!'와 같이 감정을 실은 감탄문이라고 할 수 있습니다.

Part 06 걱정하지 마세요.

기본표현

A : Ich bin so nervös.
이히 빈 조 뇌르뵈스

B : Machen Sie sich keine Sorge!
마헨 지 지히 카이네 조르게

A : 너무 신경이 쓰여요.
B : 걱정하지 마세요.

 표현늘리기

■ 난 아이들이 걱정돼.

Ich habe Sorgen um die Kinder!
이히 하베 조르겐 움 디 킨더

■ 걱정하지 마.

Mach dir keine Sorge!
마흐 디어 카이네 조르게

■ 나는 너무 불안해.

Ich bin so unruhig.
이히 빈 조 운루이히

■ 다 잊어버리세요.

Vergessen Sie doch alles!
페어게쎈 지 도흐 알레스

256

■ 우리가 해낼 수 있을 거야.

Wir schaffen das schon.
뷔어 샤펜   다스 숀

■ 저는 아주 긴장됩니다.

Ich bin so angespannt.
이히 빈   조   안게슈판트

■ 너무 심각하게 받아들이지 마세요.

Nehmen Sie es nicht zu ernst!
네멘   지 에스 니히트 쭈 에언스트

■ 긍정적으로 생각하세요.

Denken Sie positiv!
뎅켄   지   포지티프

■ 곧 해결책을 찾으실 수 있을 거예요.

Sie können bald eine Lösung finden.
지 쾨넨   발트 아이네 뢰중   핀덴

■ 아직도 그렇게 늦지는 않아요.

Das ist noch nicht zu spät.
다스 이스트 노흐 니히트 쭈 슈펫

Tip

영어의 **Don't worry!**처럼 상대방이 불안해하거나 근심이 있는 것처럼 보일 때 '걱정하지 마'라는 말을 종종 하게 되는데요, 이럴 때는 존칭으로 표현하자면 **Machen Sie sich keine Sorge!** 혹은 친칭으로 **Mach dir keine Sorge!**라고 할 수도 있습니다. 더 간단한 표현으로 **Keine Sorge!**라고 할 수도 있습니다.

단어늘리기

기본단어

Konzert	콘체르트	콘서트
finden	핀덴	찾다, 생각하다
übereinstimmen	위버라인슈팀멘	동의하다, 일치하다
Meinung	마이눙	의견
dafür sein	다퓨어 자인	~에 대해 찬성이다
zustimmen	쭈슈팀멘	동의하다
dagegen sein	다게겐 자인	~에 반대이다
gar nicht	가 니히트	전혀 ~하지 않는
völlig	푈리히	완전히
anders	안더스	다른
Kopf hoch!	코프 호흐	힘내! 파이팅!
schaffen	샤펜	해내다, 성공하다
positive	포지티프	긍정적인
hängen	헹엔	걸다, 걸려 있다
Daumen	다우멘	엄지(손가락)
drücken	드뤽켄	누르다
aufgeben	아우프게벤	포기하다
sich schonen	지히 쇼넨	몸을 아끼다, 건강에 주의하다
sich beruhigen	지히 베루이겐	진정하다
sich ärgern	지히 에르건	화가 나다
verdammt	페어담트	파렴치한, 저주받은, 제기랄
Mist	미스트	똥, 제길
Unsinn	운진	미친 짓, 바보 같은 짓
Unfall	운팔	사고

lieber Gott	리버 곳	저런, 이걸 어째
lieber Himmel	리버 힘멜	아이고, 맙소사
meine Güte	마이네 귀테	이걸 어째, 맙소사
mein Gott	마인 곳	하느님 맙소사
Überraschung	위버라슝	놀람
du Ärmste	두 에엄스테	어머 어떡해
Lösung	뢰중	해답, 해결책

관련단어

[감정표현]

Gefühl	게퓔	감정, 감각, 느낌
Emotion	에모치온	감정, 감동
lieb	립	사랑스러운
glücklich	글뤽클리히	행복한
froh	프로	기쁜
fröhlich	프뢸리히	유쾌한, 즐거운
einverstanden	아인페어슈탄덴	공감하는, 동의하는
traurig	트라우리히	슬픈
depremiert	데프레미어트	우울한, 낙담한
großartig	그로스아티쉬	놀라운, 굉장한
Mut	뭇	용기
schön	쉔	예쁜
aufregend	아우프레겐트	긴장된, 자극적인
sauer	자우어	화가 난, (맛이) 신
böse	뵈제	나쁜, 성난
verrückt	페어뤽트	미친
blöd	블룃	어리석은, 저능한, 미친

단어늘리기

wahnsinnig	봔지니히	미친, 정신나간, 광기의
schrecklich	슈렉클리히	끔찍한
erschrocken	에어슈로켄	놀란(erschrecken의 과거분사)
nervös	뇌르뵈스	신경질적인, 신경이 쓰이는
unruhig	운루이히	불안한
betrübt	베트륍트	슬퍼하는
enttäuscht	엔토이쉬트	실망스런
angespannt	안게슈판트	긴장된, 설레이는
ernst	에언스트	진지한, 심각한
fantastisch	판타스티쉬	환상적인
wunderbar	분더바	멋진, 훌륭한
unglaublich	운글라웁리히	믿을 수 없는
gut	굿	좋은
unglücklich	운글륔리히	불행한
weinen	바이넨	울다
lachen	라헨	웃다
furchtbar	푸어흐트바	공포스러운
eklig	에클리히	역겨운
elend	엘렌트	비참한
verzweifelt	페어쯔바이펠트	절망적인
zufrieden	쭈프리덴	만족스러운
traurig	트라우리히	슬픈, 비통한
unangenehm	운안게넴	불쾌한
einsam	아인잠	고독한
verliebt	페어립트	사랑에 빠진

[외모]

Aussehen	아우스제엔	외모

schön	쉔	아름다운
gut aussehend	굿 아우스제엔트	잘생긴
groß	그로스	(키) 큰
klein	클라인	(키) 작은
toll	톨	멋진
hübsch	휩쉬	귀여운
attraktiv	아트락티프	매력적인
sympathisch	쥠파티쉬	호감가는
hässlich	헤쓸리히	못생긴
dick	딕	뚱뚱한
dünn	뒨	마른
schlank	슐랑크	날씬한, 야윈
blond	블론트	금발의
braun	브라운	밤색의
grau	그라우	회색의
blass	블라스	창백한

독일의 축제

독일에서는 옥토버페스트(Oktoberfest)를 비롯하여 각종 카니발, 종교 축제, 음악 축제 등 많은 종류의 축제들이 열립니다. 세계 최대 규모의 맥주 축제인 옥토버페스트는 10월에 뮌헨에서 열리는데 주류 관련 축제로는 세계 최대 규모입니다. 이 축제는 1810년 바이에른 왕국 루트비히 왕세자와 작센의 테레제 공주의 결혼을 축하하는 의미로 시작되었다고 합니다. 9월 말부터 14일간 펼쳐지는 이 축제에는 전 세계에서 매년 약 600여만 명의 맥주 애호가가 모이며, 10월 첫 번째 일요일에 끝납니다. 이 기간 중 소비되는 맥주는 약 500만 리터, 닭은 65만 마리, 소시지는 110만 톤이나 된다고 합니다.

옥토버페스트 이외에 쾰른을 중심으로 펼쳐지는 카니발도 유명합니다. 금식기간인 사순절 이전 6일 동안 즐기는 이 축제는 '장미의 월요일(Rosenmontag)'에 절정을 맞이합니다. 이때에는 6km 이상의 대 퍼레이드가 펼쳐지는데 약 3시간 동안 지속되며 화려한 수레에 140톤의 과자, 인형, 꽃과 70만 종의 초콜릿을 도로에 모인 수만의 인파들에게 뿌립니다. 참가한 사람들은 각종 분장을 하여 볼거리를 제공하기도 합니다.

이 밖에도 종교 축제인 '크리스마스 축제'가 대표적인 축제입니다. 11월 말부터 전국 대부분의 도시에서 크리스마스 시장이 서며 각종 트리, 초, 과자, 인형, 나무로 만든 장난감, 구운 소시지 등을 파는 수많은 점포에 많은 사람들이 붐빕니다. 뉘른베르크의 크리스마스 시장이 유명합니다.

쇼 핑

모자 하나 사고 싶은데요.

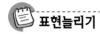

A : Ich hätte gern eine Mütze.
이히 헤테 게언 아이네 뮛쩨

B : Was für eine möchten Sie denn?
봐스 퓨어 아이네 뫼히텐 지 덴

A : 모자 하나 사고 싶은데요.
B : 어떤 모자를 원하시는데요?

📝 표현늘리기

- 근처에 백화점 있습니까?

Gibt es in der Nähe ein Kaufhaus?
깁트 에스 인 데어 네에 아인 카우프하우스

- 백화점으로 가려면 어떻게 해야 하나요?

Wie komme ich zum Kaufhaus?
뷔 콤메 이히 쭘 카우프하우스

- 쇼핑센터는 어디에 있나요?

Wo ist das Einkaufszentrum?
보 이스트 다스 아인카우프스첸트룸

- 가구매장이 어디에 있습니까?

Wo finde ich die Möbelabteilung?
보 핀데 이히 디 뫼벨압타일룽

■ 다른 소파 있나요?

Haben Sie noch andere Sofas?
하벤　지　노흐　안더레　조파

■ 세탁기를 찾고 있는데요.

Ich suche eine Waschmaschine.
이히 주헤　아이네 바쉬마쉬네

■ 여기 잘못 찾아오셨네요.

Da sind Sie hier falsch.
다　진트　지　히어　팔쉬

■ 전자매장은 3층에 있습니다.

Die Elektronikabteilung ist im dritten Stock.
디　엘렉트로닉압타일룽　이스트 임 드리텐　슈톡

■ 외투 하나 사고 싶습니다.

Ich hätte gern einen Mantel.
이히 헤테　게언　아이넨　만텔

■ 기념품 하나 사고 싶습니다.

Ich möchte ein Andenken kaufen.
이히 뫼히테　아인 안뎅켄　카우펜

Tip
손님으로서 어떠한 물건을 사고 싶을 때에는 '~하고 싶다'라는 뜻의 möchten 을 이용할 수도 있지만 hätte gern도 많이 이용하는 표현법입니다. 예를 들어 제과 점에서 케이크 한 조각을 사고 싶을 때는 Ich hätte gern einen Kuchen.이라고 하 면 됩니다.

Part 02

치수가 어떻게 되죠?

 기본표현

A : Ich suche einen blauen Mantel.
이히 주혜 아이넨 블라우엔 만텔

B : Welche Größe haben Sie?
벨헤 그뢰쎄 하벤 지

A : 청색 외투 하나 찾고 있는데요.
B : 치수가 어떻게 됩니까?

표현늘리기

■ 어떤 색상을 원하시는데요?

Was für eine Farbe möchten Sie?
봐스 퓨어 아이네 파르베 뫼히텐 지

■ 어떤 색상이 있는데요?

Was für Farben haben Sie?
봐스 퓨어 파르벤 하벤 지

■ 저는 검은색 바지를 찾고 있습니다.

Ich suche eine Hose in Schwarz.
이히 주혜 아이네 호제 인 슈바르츠

■ 이 색깔은 당신에게 잘 어울립니다.

Die Farbe steht Ihnen sehr gut.
디 파르베 슈테엣 이넨 제어 굿

■ 색상이 마음에 안 드시나요?

Gefällt Ihnen die Farbe nicht?
게펠트 이넨 디 파르베 니히트

■ 이 색깔은 좋아하지 않습니다.

Ich mag diese Farbe nicht.
이히 막 디제 파르베 니히트

■ 이것은 제 치수가 아닙니다.

Das ist nicht meine Größe.
다스 이스트 니히트 마이네 그뢰쎄

■ 이 바지는 너무 깁니다.

Die Hose ist mir zu lang.
디 호제 이스트 미어 쭈 랑

■ 이것은 제게 안 맞습니다.

Das passt mir nicht.
다스 파스트 미어 니히트

■ 약간 더 작은 것은 없나요?

Haben Sie eine kleinere?
하벤 지 아이네 클라이너레

Tip '어떤 (종류의) ～'이라고 물을 때는 welch-나 was für ein-을 이용하여 표현하면 됩니다. 이 같은 형용사적 의문사 중에서 welch는 정관사의 어미 변화를 하고 was für ein은 부정관사의 어미 변화를 합니다. 그리고 stehen은 '서 있다'라는 뜻 말고도 '어울리다'라는 뜻이 있는데, 옷이 어울리거나 색깔이 어울릴 때 주로 사용되는 동사입니다.

Part 03 우유가 어디에 있나요?

기본표현

A : Entschuldigung, wo finde ich Milch?
엔트슐디궁 　　　　　보 핀데 　이히 밀히

B : Vielleicht bei den Milchprodukten.
필라이히트 　바이 덴 　밀히프로둑텐

A : 실례합니다, 우유가 어디에 있나요?
B : 아마 유제품 코너에 있을 거예요.

 표현늘리기

■ 저 좀 도와주실 수 있나요?

Können Sie mir helfen?
쾨넨 　　지 미어 헬펜

■ 무엇을 찾으시는데요?

Was suchen Sie denn?
봐스 　주헨 　　지 덴

■ 생선은 어디에 있죠?

Wo findet man Fisch?
보 　핀뎃 　만 　피쉬

■ 저 뒤편 왼쪽 냉동매장에 있습니다.

Da hinten links, bei der Tiefkühlkost.
다 힌텐 　　링크스 바이 데어 티프퀼코스트

268

■ 죄송한데요, 저도 잘 모르겠습니다.

Tut mir leid, das weiß ich auch nicht.

툿 미어 라잇 다스 봐이스 이히 아우흐 니히트

■ 도와드릴까요?

Kann ich Ihnen helfen?

칸 이히 이넨 헬펜

■ 여기에 세제가 어디에 있죠?

Wo gibt es hier Waschmittel?

보 깁트 에스 히어 봐쉬미텔

■ 바로 여기 앞에 있습니다.

Die sind gleich hier vorne.

디 진트 글라이히 히어 포르네

■ 빈 병을 반납하고 싶은데요.

Ich möchte leere Flaschen zurückgeben.

이히 뫼히테 레레 플라쉔 쭈뤽게벤

■ 저기에서 병을 반납하실 수 있습니다.

Da können Sie Ihre Flaschen abgeben.

다 쾨넨 지 이어레 플라쉔 압게벤

Tip 찾고 있는 물건이나 장소가 어디에 있는지를 물을 때 Wo ist ~?를 이용하여 표현하는 것도 좋지만 Wo gibt es ~?나 Wo finde ich ~?도 많이 쓰이는 표현이므로 잘 알아두어야 합니다.

기본표현

A : Wie viel kostet das hier?
뷔　필　코스텟　다스　히어

B : Es kostet vierundzwanzig Euro.
에스　코스텟　피어운트쯔반찌히　　오이로

A : 이것은 얼마입니까?
B : 24유로입니다.

📖 표현늘리기

■ 얼마예요?

Was kostet das?
봐스　코스텟　다스

■ 7유로 50센트입니다.

Das macht 7,50 Euro(sieben Euro fünfzig).
다스　마흐트　지벤 오이로 퓐프찌히

■ 삼겹살 1킬로그램 주세요.

Ich hätte gern ein Kilo Schweinebauch.
이히 헤테　게어네 아인 킬로　슈바이네바우흐

■ 덩어리로 드릴까요, 잘라서 드릴까요?

Am Stück oder geschnitten?
암　슈튁　오더　게슈니텐

■ 잘라서 주세요.

Geschnitten, bitte.
게슈니텐   비테

■ 얼마입니까?

Was kostet der denn?
봐스   코스텟   데어 덴

■ 100그램에 1유로 40센트입니다.

100 Gramm zu 1,40(ein Euro vierzig).
아인훈더트 그람 · 쭈   아인 오이로 피어찌히

■ 현찰인가요, 아니면 카드로 계산하시나요?

Zahlen Sie bar oder mit Karte?
짤렌   지   바   오더   밋   카르테

■ 더 싼 건 없나요?

Haben Sie etwas Billigeres?
하벤   지   에트봐스 빌리거레스

■ 조금 깎아주실 수 있습니까?

Können Sie den Preis etwas ermäßigen?
쾨넨   지   덴   프라이스 에트봐스 에어메씨겐

Tip

▶유로화를 독일어로 읽는 방법 : 유로 단위가 있을 때에는 Euro를 말하고 센트는 읽지 않습니다. 하지만 유로 단위가 없고 센트 단위만 있는 경우에는 '센트'를 읽습니다. 읽는 방법은 다음과 같습니다.

23, 50 € : dreiundzwanzig Euro fünfzig [드라이운트쯔봔찌히 오이로 퓐프찌히]
-,50 € : fünfzig Cent [퓐프찌히 센트]

기본표현

A : Können Sie es einpacken?
쾨넨　　지　에스 아인파켄

B : Ja, natürlich!
야　나튀얼리히

A : 포장을 해주실 수 있습니까?
B : 예, 물론이지요.

 표현늘리기

■ 선물용으로 포장해 주실 수 있으세요?

Könnten Sie es als Geschenk einpacken?
쾬텐　　지　에스 알스 게쉥크　　아인파켄

■ 하나씩 포장해 주세요.

Packen Sie es bitte getrennt ein!
팍켄　　지　에스 비테　게트렌트　　아인

■ 봉지 좀 주시겠어요?

Könnte ich eine Tüte haben?
쾬테　　이히 아이네 튀테　하벤

■ 배달 가능한가요?

Kann ich es liefern lassen?
칸　　이히 에스 리펀　　라쎈

272

■ 배달은 얼마나 걸립니까?

Wie lange dauert die Lieferung?
뷔   랑에   다우어트 디   리퍼룽

■ 추가요금이 있습니까?

Gibt es einen Zuschlag dafür?
깁트 에스 아이넨   쭈슐락   다퓨어

■ 더 필요하신 건 없으세요?

Sonst noch etwas?
존스트   노흐   에트봐스

■ 괜찮습니다. 그거면 됐어요.

Nein, danke. Das wärs.
나인   당케   다스 베어스

■ 계산이 맞지 않습니다.

Die Rechnung stimmt nicht.
디   레히눙   슈팀트   니히트

■ 좀 더 생각을 해봐야겠는데요.

Ich muss es mir noch überlegen.
이히 무스   에스 미어 노흐   위버레겐

Tip

백화점에서 선물용으로 물건을 구입하는 경우 포장도 부탁할 때가 종종 있습니다. 이럴 때에는 직원에게 '포장해 주시겠습니까?'라고 말해 봅시다. '포장하다'라는 뜻의 동사 einpacken을 사용하여 Können Sie es einpacken?이라고 말하면 됩니다.

Part 06 이 카메라를 교환하고 싶습니다.

기본표현

A : Was darf es sein?
봐스   다르프 에스 자인

B : Ich möchte diese Kamera umtauschen.
이히 뫼히테   디제   카메라   움타우쉔

A : 무엇을 도와드릴까요?
B : 이 카메라를 교환하고 싶습니다.

 표현늘리기

■ 이것을 교환해 주시겠습니까?

Können Sie es umtauschen?
쾨넨   지   에스 움타우쉔

■ 이것은 제게 안 맞습니다.

Das passt mir nicht.
다스   파스트   미어 니히트

■ 이것은 제 치수가 아닙니다.

Das ist nicht meine Größe.
다스 이스트 니히트 마이네   그뢰쎄

■ 이것은 고장났습니다.

Das ist nicht in Ordnung.
다스 이스트 니히트 인 오어트눙

274

■ 수리해 주세요.

Reparieren Sie es bitte.
레파리어렌　　지　에스 비테

■ 반품하고 싶습니다.

Ich möchte dieses Produkt zurücksenden.
이히 뫼히테　　디제스　프로둑트　쭈뤽젠덴

■ 환불받고 싶습니다.

Ich möchte das Geld zurückerstattet bekommen.
이히 뫼히테　다스　겔트　쭈뤽에어슈타텟　베콤멘

■ 환불해 주세요.

Erstatten Sie das Geld zurück.
에어슈타텐　지　다스 겔트 쭈뤽

■ 영수증 가져오셨어요?

Haben Sie die Quittung dabei?
하벤　지　디　크비퉁　다바이

■ 영수증이 여기 있습니다.

Hier ist die Quittung.
히어　이스트 디 크비퉁

> **Tip**
> 돈을 환전하거나 제품을 교환하고 싶을 때는 umtauschen이나 wechseln과 같은 동사를 사용합니다. 또한 환불하고자 할 경우에는 zurückerstatten이라는 분리동사가 일반적으로 사용되는데, '환불받다'라는 뜻으로 zurückerstattet bekommen을 이용합니다.

단어늘리기

Mütze	뮛쩨	모자
Kaufhaus	카우프하우스	백화점
Einkaufszentrum	아인카우프스첸트룸	쇼핑센터
Möbelabteilung	뫼벨압타일룽	가구매장
Sofa	조파	소파
Waschmaschine	바쉬마쉬네	세탁기
Elektronikabteilung	엘렉트로닉압타일룽	전자매장
Stock	슈톡	층
Andenken	안뎅켄	기념품
kaufen	카우펜	사다
blau	블라우	파란
Größe	그뢰쎄	치수, 크기
Farbe	파르베	색, 색깔
Hose	호제	바지
Schwarz	슈바르츠	검은색
stehen	슈테엔	서다, 어울리다
gefallen	게팔렌	～에게 마음에 들다
lang	랑	긴, 기다란
passen	파쎈	맞다, 적합하다
Milch	밀히	우유
Milchprodukten	밀히프로둑텐	유제품 코너
Fisch	피쉬	생선
Tiefkühlkost	티프퀼코스트	냉동매장
Waschmittel	봐쉬미텔	세제
hier vorne	히어 포르네	여기 앞에
leer	레어	빈, 비어 있는

276

Flasche	플라쉐	병
zurückgeben	쭈뤽게벤	반납하다
Wie viel kostet ~	뷔 필 코스텟	~이 얼마입니까?
Euro	오이로	유로(유럽연합의 화폐단위)
Kilo	킬로	킬로그램(중량단위)
Schweinebauch	슈바이네바우흐	돼지 삼겹살
am Stück	암 슈튁	덩어리로
geschnitten	게슈니텐	잘라진, 자른 상태로
Gramm	그람	그램(중량단위)
zahlen	짤렌	계산하다, 지불하다
bar	바	현찰로
etwas Billigeres	에트바스 빌리거레스	더 싼 것
ermäßigen	에어메씨겐	할인하다, 가격을 낮추다
einpacken	아인파켄	포장하다
getrennt	게트렌트	따로따로, 하나씩
Tüte	튀테	봉지
liefern	리펀	배달하다
Lieferung	리퍼룽	배달
Zuschlag	쭈슐락	추가요금
Nein, danke.	나인 당케	괜찮습니다.
Das wärs.	다스 베어스	그거면 됐습니다.
Rechnung	레히눙	계산
überlegen	위버레겐	곰곰이 생각하다, 심사숙고하다
Kamera	카메라	사진기, 카메라
umtauschen	움타우쉔	교환하다
reparieren	레파리어렌	수리하다
Produkt	프로둑트	상품, 제품
zurücksenden	쭈뤽젠덴	되돌려 보내다, 반품하다

단어늘리기

zurückerstatten	쭈뤽에어슈타텐	환불하다
bekommen	베콤멘	받다
Quittung	크비퉁	영수증
dabeihaben	다바이하벤	지참하다

관련단어

[의류]

Kleidung	클라이둥	의류
Kleid	클라잇	옷
Kostüm	코스튐	의상
Anzug	안쭉	정장, 양복
Mantel	만텔	외투
Jacke	약케	재킷, 점퍼
Sakko	자코	신사복 상의
Blazer	블레이쩌	케주얼 재킷
Bluse	블루제	블라우스
Hose	호제	바지
Weste	베스테	조끼
Pullover	풀로버	스웨터
T-Shirt	티셔트	티셔츠
Jeans	진스	청바지
Rock	록	치마
Pajama	파야마	파자마, 잠옷
Hemd	헴트	셔츠, 내복
Unterhose	운터호제	팬티
Krawatte	크라봬테	넥타이
Gürtel	귀어텔	허리띠

278

[치수]

Gewicht	게비히트	무게
Größe	그뢰쎄	크기
Höhe	회에	높이
Breite	브라이테	넓이, 폭
Tiefe	티페	깊이
Länge	렝에	길이
Weite	바이테	거리
Volumen	볼루멘	부피
Fläche	플레헤	면적
Quadratmeter	크바드랏메터	제곱미터
Kubikmeter	쿠빅메터	세제곱미터
Zentimeter	첸티메터	센티미터
Kilogramm	킬로그람	킬로그램
Pfund	푼트	파운드
Liter	리터	리터

브란덴부르크 문(Brandenburger Tor)

브란덴부르크 문은 오늘날 독일 베를린의 상징입니다. 수많은 관광객들이 베를린을 방문할 때 꼭 찾는 명소이기도 합니다. 높이 26미터 가로 길이 약 65미터인 브란덴부르크문은 건축가 칼 고트하르트 랑한스(Carl Gotthard Langhans)에 의해 1788년부터 1791년까지 건설되었으며, 아테네 아크로폴리스를 본떠서 지었다고 합니다. 상단에는 그리스 여신 에이레네와 말 4필이 이끄는 '승리의 콰드리가 전차 조각상'이 있습니다.

하지만 브란덴부르크 문을 통한 첫 개선식의 주인공이 바로 프랑스의 나폴레옹이었습니다. 프로이센과 프랑스가 벌인 전투에서 프랑스가 승리하고 베를린을 점령한 나폴레옹이 이 문을 통과하며 상단의 4두마차 상까지 파리로 가져갔다고 합니다. 물론 1814년 나폴레옹의 몰락 이후 프로이센 군이 역으로 파리를 점령하면서 조각상은 다시 베를린으로 돌아올 수 있었습니다. 이후엔 프로이센과 독일군의 개선 장소가 되었습니다.

브란덴부르크 문은 제2차 세계 대전 당시 파괴되었다가 1957년부터 1958년까지 복원 공사를 했습니다. 독일의 통일 전에는 베를린 장벽의 상징적인 문이었으며, 2009년 세계 육상 선수권 대회에서는 마라톤과 경보 경기의 출발점과 결승점으로 사용되기도 했습니다. 지난 2014년 독일 대표팀이 월드컵에 우승하고 난 후 이곳에서 국민들과 승리를 자축할만큼 이 곳은 독일 국민들에겐 승리의 상징적 장소로 사용되고 있습니다.

식사 · 음주

오늘 저녁 자리 하나 예약하고 싶습니다.

기본표현

A : Ich möchte für heute Abend einen Tisch reservieren.
이히 뫼히테 퓨어 호이테 아벤트 아이넨 티쉬 레저비어렌

B : Für wie viele Personen?
퓨어 뷔 필레 페르조넨

A : 오늘 저녁 자리 하나 예약하고 싶습니다.
B : 몇 분이신데요?

 표현늘리기

■ 자리 하나 예약할 수 있나요?

Kann ich einen Tisch reservieren?
칸 이히 아이넨 티쉬 레저비어렌

■ 어느 분 이름으로 예약하실 건가요?

Auf welchen Namen bitte?
아우프 벨헨 나멘 비테

■ 몇 시로 할까요?

Für wie viel Uhr bitte?
퓨어 뷔 필 우어 비테

■ 예약하셨나요?

Haben Sie schon reserviert?
하벤 지 숀 레저비어트

■ 전화로 이미 예약을 했습니다.

Ich habe schon telefonisch gebucht.
이히 하베　슌　텔레포니쉬　게부흐트

■ 예약하지 않았습니다.

Ich habe keine Reservierung.
이히 하베　카이네　레저비어룽

■ 우리는 네 명입니다.

Wir sind vier Personen.
뷔어 진트　피어　피르조넨

■ 창가 쪽 자리라면 좋겠는데요.

Ich hätte gern einen Tisch am Fenster.
이히 헤테　게언　아이넨　티쉬　암　펜스터

■ 죄송합니다. 자리가 다 찼습니다.

Tut mir leid, alles ist schon besetzt.
툿　미어　라잇　알레스 이스트 슌　베젯츠트

■ 얼마나 기다려야 하는 거죠?

Wie lange müssen wir denn warten?
뷔　랑에　뮈쎈　뷔어 덴　바르텐

Tip
식당에 미리 자리를 예약할 경우에는 동사 reservieren이나 buchen을 사용합니다. 또한 자리를 예약할 경우 테이블 단위로 이루어지므로 좌석(Platz)보다는 식탁(Tisch)이라는 명사를 사용합니다. '식탁 하나 예약할 수 있을까요?'라고 말하고 싶을 때는 Kann ich einen Tisch reservieren?이라고 하면 됩니다.

기본표현

A : Was darf ich Ihnen bringen?
봐스 다르프 이히 이넨 브링엔

B : Ich bekomme ein Schnitzel, bitte.
이히 베콤메 아인 슈닛첼 비테

A : 무엇을 드릴까요?

B : 돈가스 하나 주세요.

 표현늘리기

■ 여기 메뉴판이 있습니다.

Hier ist die Speisekarte.
히어 이스트 디 슈파이제카르테

■ 무엇을 드시겠습니까?

Bitte, was bekommen Sie?
비테 봐스 베콤멘 지

■ 음료는 무엇으로 하시겠습니까?

Was möchten Sie zum Trinken?
봐스 뫼히텐 지 쭘 트링켄

■ 이곳의 전문요리는 무엇입니까?

Was ist Ihre Spezialität?
봐스 이스트 이어레 슈페치알리텟

■ 어떤 요리를 추천하시겠습니까?

Welches Gericht können Sie uns empfehlen?
벨헤스　게리히트　쾨넨　지　운스　엠펠렌

■ 저는 럼프 스테이크 주세요.

Für mich ein Rumpsteak, bitte.
퓨어　미히　아인　룸프슈테이크　비테

■ 스테이크를 어떻게 해드릴까요?

Wie möchten Sie das Steak, bitte ?
뷔　뫼히텐　지　다스　스테이크　비테

■ 미디엄으로 주세요.

Halb durch, bitte.
할프　두르히　비테

■ 후식으로는 무엇이 있습니까?

Was für einen Nachtisch haben Sie?
봐스　퓨어 아이넨　나흐티쉬　하벤　지

■ 후식으로 아이스크림을 먹겠습니다.

Zum Nachtisch nehme ich ein Eis, bitte.
쭘　나흐티쉬　네메　이히 아인 아이스 비테

Tip
스테이크 종류의 음식을 주문할 때 고기를 굽는 정도에 따라 웰던, 미디엄, 혹은 레어로 주문하게 되는데, 독일어로 '웰던'은 gut durch, '미디엄'은 halb durch, '레어'는 blutig라고 합니다. 예를 들어 '저는 웰던으로 부탁드립니다.'라고 하려면 Ich hätte es gern gut durch. 혹은 Gut durch für mich, bitte.라고 하면 됩니다.

기본표현

A : Möchten Sie noch etwas?
뫼히텐 　　　지 　노흐 　에트봐스

B : Noch ein Bier, bitte.
노흐 　아인 비어 　비테

A : 더 필요하신 거 있으세요?
B : 맥주 한 잔 더 주세요.

 표현늘리기

■ 더 필요하신 거 있으세요?

Brauchen Sie noch etwas?
브라우헨 　　지 　노흐 　에트봐스

■ 잔이 하나 더 필요합니다.

Wir brauchen noch ein Glas, bitte.
뷔어 브라우헨 　　노흐 　아인 글라스 　비테

■ 숟가락이 하나 필요합니다.

Ich brauche einen Löffel.
이히 브라우헤 　아이넨 　뢰펠

■ 포크 하나 더 갖다 주세요.

Bringen Sie mir noch eine Gabel!
브링엔 　　지 　미어 노흐 　아이네 가벨

■ 주문을 취소하고 싶습니다.

Ich möchte meine Bestellung abbestellen.
이히 뫼히테 마이네 베슈텔룽 압베슈텔렌

■ 이것을 주문하지 않았습니다.

Das habe ich nicht bestellt.
다스 하베 이히 니히트 베슈텔트

■ 소금 좀 갖다 주시겠어요?

Könnte ich mal das Salz haben?
쾬테 이히 말 다스 잘쯔 하벤

■ 곧 갖다 드리겠습니다.

Ich bringe es sofort.
이히 브링에 에스 조포어트

■ 디저트로는 뭐가 있나요?

Was haben Sie zum Nachtisch?
봐스 하벤 지 쭘 나흐티쉬

■ 디저트로 무엇을 원하시죠?

Was möchten Sie zum Nachtisch?
봐스 뫼히텐 지 쭘 나흐티쉬

Tip 이미 주문한 음료나 음식을 더 추가하여 원할 때에는 noch라는 부사를 붙여서 주문합니다. 예를 들어 '맥주 한 잔 더'는 noch ein Bier, '커피 한 잔 더'는 noch einen Kaffee라고 하면 됩니다. 물론 영어의 please에 해당하는 bitte를 추가한다면 더 좋습니다.

기본표현

A : Möchten Sie einen trinken?
뫼히텐　　지　아이넨　트링켄

B : Ja, gern. Ich nehme einen Rotwein.
야　게언　이히　네메　아이넨　로트봐인

A : 술 한잔 하시겠어요?
B : 예, 좋습니다. 적포도주 한잔 할게요.

표현늘리기

■ 술은 어떤 것으로 하시겠습니까?

Was hätten Sie gern zu trinken?
봐스　헤텐　지　게언　쭈　트링켄

■ 술 한잔 하는 거 어떠세요?

Wie wäre es, wenn wir etwas trinken?
뷔　베레　에스　벤　뷔어　에트봐스　트링켄

■ 저는 술 잘 못해요.

Ich trinke nicht so viel.
이히 트링케　니히트　조　필

■ 저는 술을 전혀 못합니다.

Ich trinke gar nicht.
이히 트링케　가　니히트

288

■ 생맥주 있나요?

Haben Sie Fassbier?
하벤　　지　파스비어

■ 맥주 한 잔 더 드시겠어요?

Möchten Sie noch ein Glas Bier?
뫼히텐　　지　노흐　아인 글라스 비어

■ 필스(맥주 종류) 한 잔 더 주세요.

Noch ein Pils, bitte!
노흐　아인 필스　비테

■ 건배!

Prost!
프로스트

■ (건강을) 위하여!

Zum Wohl!
쭘　볼

■ (당신의 건강을) 위하여!

Auf Ihr Wohl!
아우프 이어 볼

Tip
　　동료나 친구들끼리 술을 마실 때 '건배'를 하게 되는데, 이 '건배'에 해당되는 독일어 표현은 Prost!나 Zum Wohl! 혹은 Auf Ihr Wohl! 등을 주로 사용합니다. 신년이나 생일 때, 또는 각종 파티에서 술잔을 부딪치며 서로의 건강과 성공을 기원하는 표현들입니다.

기본표현

A : Hat es Ihnen gut geschmeckt?
핫   에스 이넨   굿   게슈멕트

B : Ja, es hat mir sehr gut geschmeckt.
야   에스 핫   미어 제어   굿   게슈멕트

A : 맛있게 드셨습니까?
B : 예, 아주 맛있었습니다.

표현늘리기

■ 더 드시고 싶으신 것이 있나요?

Möchten Sie noch etwas nehmen?
뫼히텐   지 노흐   에트봐스 네멘

■ 여기 음식이 어떻습니까?

Wie ist das Essen hier?
뷔   이스트 다스 에쎈   히어

■ 음식이 괜찮았습니다.

Das Essen ist gut.
다스 에쎈   이스트 굿

■ 음식이 별로네요.

Das Essen ist schlecht.
다스 에쎈   이스트 슐레히트

290

■ 먹을 만한 것이 없네요.

Es gibt nichts zu essen.

에스 깁트 니히트   쭈 에쎈

■ 음식 괜찮았습니까?

War das Essen gut?

봐   다스 에쎈   굿

■ 아주 맛있었습니다.

Das war sehr lecker.

다스 봐   제어   렉커

■ 음식이 아주 좋았습니다.

Das Essen war ausgezeichnet.

다스 에쎈   봐   아우스게짜이히넷

■ 생각보다 훨씬 괜찮았습니다.

Viel besser, als ich dachte.

필   베써   알스 이히 다흐테

■ 남은 음식을 싸주십시오.

Ich möchte den Rest mitnehmen.

이히 뫼히테   덴   레스트 밋네멘

Tip

'맛이 있다'는 뜻의 독일어 표현은 동사 schmecken을 사용하는 경우와 형용사 lecker를 사용하는 경우가 대부분입니다. schmecken은 '~한 맛이 나다'라는 의미로서 보통 '맛이 있습니다'라고 할 때 Es schmeckt mir gut.이라고 하며 Das ist lecker.도 '맛이 있다'는 표현입니다.

기본표현

A : Wir möchten zahlen, bitte.
뷔어 뫼히텐   찰렌   비테

B : Ja, gern. Zusammen oder getrennt?
야 게언   쭈잠멘   오더   게트렌트

A : 계산하겠습니다.
B : 예, 그럼요. 같이 계산하시나요, 아니면 따로 하세요?

📝 표현늘리기

■ 계산서 좀 갖다 주시겠어요?

Kann ich die Rechnung haben?
칸   이히 디 레히눙   하벤

■ 계산하겠습니다.

Zahlen, bitte.
짤렌   비테

■ 다 합쳐서 얼마입니까?

Was kostet das zusammen?
봐스   코스텟   다스 쭈잠멘

■ 같이 계산하시겠어요, 아니면 따로 계산하시겠어요?

Zahlen Sie zusammen oder getrennt?
짤렌   지 쭈잠멘   오더   게트렌트

- 같이 하겠습니다.

Zusammen, bitte.
쭈잠멘   비테

- 각자 계산하겠습니다.

Getrennt, bitte.
게트렌트   비테

- 제가 사겠습니다.

Ich lade Sie ein!
이히 라데 지   아인

- 오늘은 제가 한턱내는 겁니다.

Sie sind heute mein Gast.
지 진트   호이테   마인   가스트

- 그만두세요. 오늘은 제가 낼게요.

Lassen Sie! Ich bezahle heute.
라쎈   지   이히 베짤레   호이테

- 그럼 제가 커피를 사겠습니다.

Dann lade ich Sie zum Kaffee ein.
단   라데 이히 지   쭘   카페   아인

> **Tip**
> 식당에서 상대방에게 식사 대접을 할 때 '제가 사겠습니다.'라는 말을 하게 되
> 는데, 이 경우 독일에서는 분리동사 einladen을 사용합니다. 상대방의 식사 비용을
> 같이 내려고 한다면 Ich lade Sie ein!이라고 합니다. 이것이 바로 '내가 낼게요.'가
> 되는 것입니다. einladen은 원래 '초대하다'라는 뜻이지만 여기서는 집에 초대하는
> 것이 아니라 식당에 초대한다는 의미입니다.

단어늘리기

Tisch	티쉬	책상, 식탁, 탁자
reservieren	레저비어렌	예약하다
Person	페르존	사람, 인원
telefonisch	텔레포니쉬	전화로
buchen	부헨	예약하다
Reservierung	레저비어룽	예약
am Fenster	암 펜스터	창가에
besetzt	베젯츠트	점유된, 자리가 찬
Schnitzel	슈닛첼	고기 튀김, 돈가스
Speisekarte	슈파이제카르테	차림표, 메뉴판
Spezialität	슈페치알리텟	전문요리, 특별음식
empfehlen	엠펠렌	추천하다
Rumpsteak	룸프슈테이크	럼프 스테이크
Steak	스테이크	스테이크
halb durch	할프 두르히	미디엄
Nachtisch	나흐티쉬	후식, 디저트
Eis	아이스	아이스크림
Löffel	뢰펠	숟가락
Gabel	가벨	포크
Bestellung	베슈텔룽	주문
abbestellen	압베슈텔렌	주문을 취소하다
Salz	잘쯔	소금
Rotwein	로트봐인	적포도주
Fassbier	파스비어	생맥주
Pils	필스	필스 맥주(맥주의 종류)
Prost	프로스트	건배

Wohl	볼	건강, 안녕
schmecken	슈멕켄	～한 맛이 나다
schlecht	슐레히트	나쁜
dachte	다흐테	denken(생각하다)의 과거형
Gast	가스트	손님

관련단어

[양념]

Gewürz	게뷔어쯔	양념, 조미료
Butter	부터	버터
Salz	잘츠	소금
Zucker	쭈커	설탕
Pfeffer	페퍼	후추
Knoblauch	크놉라우흐	마늘
Zwiebel	쯔비벨	양파
Lauch	라우흐	파
Petersilie	페터질리	파슬리
Paprikapulver	파프리카풀버	고춧가루
Senf	젠프	서양겨자
Mayonnaise	마요네제	마요네즈
Sojasoße	조야조쎄	간장

[음료수]

Mineralwasser	미네랄바써	미네랄 물
Cola	콜라	콜라
Fanta	판타	환타

단어늘리기

Orangensaft	오랑젠자프트	오렌지주스
Apfelschorle	아펠숄레	사과탄산음료
Kaffee	카페	커피
Tee	테	차
Alkohol	알코홀	술
Bier	비어	맥주
Wein	봐인	와인
Schnaps	슈납스	소주
Kognak	코냑	꼬냑
Sekt	젝트	샴페인

[음식]

Essen	에쎈	음식
Frühstück	프뤼슈틱	아침 식사
Mittagessen	미탁에쎈	점심 식사
Abendessen	아벤트에쎈	저녁 식사
Brot	브롯	빵
Reis	라이스	쌀, 밥
Getreide	게트라이데	곡물, 곡식
Suppe	주페	스프, 국
Rindfleisch	린트플라이쉬	소고기
Schweinefleisch	슈바이네플라이쉬	돼지고기
Hühnerfleisch	휘너플라이쉬	닭고기
Spiegelei	슈피겔아이	계란프라이
Fisch	피쉬	생선
Auster	아우스터	굴
Lachs	락스	연어
Tunfisch	툰피쉬	참치
Krebs	크랩스	가재

Garnele	가넬레	새우
Wurst	부어스트	소시지
Hähnchen	헨쉔	닭튀김
Salat	살랏	양상추, 샐러드
Nachtisch	나흐티쉬	후식, 디저트
Eis	아이스	아이스크림
Kuchen	쿠헨	케익, 과자
Schokolade	쇼콜라데	초콜릿

[맛]

Geschmack	게슈막	맛
lecker	렉커	맛있는
geschmacklos	게슈막로스	맛없는
scharf	샤프	매운
süß	쥐쓰	달콤한
salzig	잘찌히	짠
fade	파데	싱거운
bitter	비터	쓴
sauer	자우어	신
fettig	페티히	느끼한
frittiert	프리티어트	튀긴

햄버거의 어원

햄버거는 구운 패티를 빵 사이에 끼워먹는 음식으로 세계적으로 널리 알려진 패스트푸드의 대명사입니다. 하지만 이 햄버거가 독일의 항구도시 함부르크(Hamburg)에서 왔다는 사실을 아는 이는 많지 않습니다. 독일에서는 특정 도시의 특산품, 혹은 대표음식에 대해 그 지명에 -er를 붙여 만든 이름으로 부르곤 합니다. 예를 들면 독일에서는 베를린 지역의 튀긴 빵을 베를리너(Berliner), 뉘른베르크의 소시지를 뉘른베르거(Nürnberger)라고 부릅니다.

'햄버거(Hamburger)'는 19세기 독일 이민자들이 미국으로 들어오면서 사용한 용어라고 합니다. 당시 명칭은 '함부르크식 스테이크'라는 뜻에서 '함부르거(Hamburger)'라고 명명한 것이 시초라고 알려져 있습니다. 물론 햄버거 스테이크가 빵 사이에 끼워진 최초의 햄버거에 대한 시초는 의견이 매우 다양합니다. 하지만 분명한 것은 오늘날 햄버거라는 음식은 미국에서 시작되고 변형되어 유행이 되었다는 것입니다. '햄버거'란 명칭으로 정식 상품화한 것 역시 미국회사인 맥도날드입니다.

사실 함부르크는 항구도시이기 때문에 고기잡이 어선들이 많이 들어서고 생선들도 다량으로 출하 되는 곳입니다. 함부르크 지역에서는 예전부터 생선을 빵 사이에 끼워먹기도 했으며 이것이 미국에 전해져 미국식 패티를 끼워먹는 형태로 발전했다는 설도 있습니다.

제 16 장

공항에서 호텔까지

A : Kann ich jetzt einchecken?
칸　이히　옛츠트　아인첵켄

B : Ja, ab sofort können Sie einchecken.
야　압　조포어트　쾬넨　지　아인첵켄

A : 지금 체크인 할 수 있나요?
B : 예, 즉시 체크인 하실 수 있습니다.

표현늘리기

■ 여권 가지고 계시죠?

Haben Sie Ihren Reisepass dabei?
하벤　지　이어렌　라이제파쓰　다바이

■ 여기 제 여권이 있습니다.

Hier ist mein Pass, bitte.
히어　이스트 마인　파쓰　비테

■ 짐을 부칠 수 있나요?

Kann ich mein Gepäck aufgeben?
칸　이히 마인　게펙　아우프게벤

■ 짐을 저울에 올려놓으세요.

Stellen Sie bitte Ihr Gepäck auf die Waage!
슈텔렌　지　비테　이어 게펙　아우프 디　바게

■ 휴대수하물은 기내에 가지고 가실 수 있습니다.

Sie können Ihr Handgepäck an Bord mitnehmen.

지 쾨넨 이어 한트게펙 안 보엇 밋네멘

■ 수하물은 몇 킬로그램까지 가져갈 수 있나요?

Wie viel Kilo Handgepäck kann ich mitnehmen?

뷔 필 킬로 한트게펙 칸 이히 밋네멘

■ 1인당 20킬로그램까지입니다.

Bis zwanzig Kilogramm pro Person.

비스 쯔반찌히 킬로그람 프로 페르존

■ 여기 손님의 탑승권이 있습니다.

Hier ist Ihre Bordkarte.

히어 이스트 이어레 보엇카르테

■ 탑승구 A7번이 어디입니까?

Wo ist der Flugsteig A7?

보 이스트 데어 플룩슈타익 아 지벤

■ 탑승이 언제 시작됩니까?

Wann beginnt das Boarding?

반 베긴트 다스 보어딩

Tip 독일의 공항에서 다른 나라로 출국 수속을 밟을 때 비행기에 탑승할 때까지 공항이나 항공사 직원과 대화를 해야 할 경우가 생깁니다. 출국 시 필요한 간단한 대화체, 그리고 공항에서 자주 사용되는 용어를 익혀두는 것이 좋습니다.

A : Wo ist mein Platz?
보　이스트 마인　플랏츠

B : Da rechts am Fenster.
다　레히츠　암　펜스터

A : 제 자리가 어디에 있습니까?
B : 저기 오른쪽 창가입니다.

📖 표현늘리기

■ 제 자리가 어디죠?

Wo ist mein Sitz?
보　이스트 마인　짓츠

■ 이 좌석 번호는 어디에 있나요?

Wo finde ich diese Sitznummer?
보　핀데　이히 디제　짓츠눔머

■ 저기 왼편 통로 쪽입니다.

Das ist da links am Gang.
다스 이스트 다 링크스　암　강

■ 실례합니다, 좀 지나가도 될까요?

Entschuldigung, darf ich mal durch?
엔트슐디궁　　　다르프 이히 말　두르히

■ 지금 안전벨트를 착용해 주세요.

Bitte schnallen Sie sich jetzt an.
비테 슈날렌 지 지히 옛츠트 안

■ 담요 하나만 주세요.

Ich möchte eine Decke haben.
이히 뫼히테 아이네 데케 하벤

■ 무엇을 마시겠습니까?

Was möchten Sie trinken?
봐스 뫼히텐 지 트링켄

■ 콜라 한 잔 주셨으면 합니다.

Ich hätte gern ein Glas Cola.
이히 헤테 게언 아인 글라스 콜라

■ 닭고기 드시겠습니까, 소고기 드시겠습니까?

Wollen Sie Hähnchen oder Rindfleisch?
볼렌 지 헨쉔 오더 린트플라이쉬

■ 소고기로 하겠습니다.

Rindfleisch, bitte!
린트플라이쉬 비테

Tip '자리'나 '좌석'을 뜻하는 단어는 Platz 또는 Sitz가 있습니다. Platz는 '자리' 이외에 '광장'이란 뜻도 있으니 유의해야 합니다. 창가 쪽 좌석을 가리킬 때는 am Fenster, 내측 좌석을 가리킬 때는 am Gang이라고 합니다. 식당에서도 원하는 테이블이 창가 쪽이라면 Ich hätte gern einen Tisch am Fenster, bitte.라고 하면 됩니다.

303

A : Wo ist die Gepäckausgabe?
보 이스트 디   게펙아우스가베

B : Die ist ganz da hinten.
디   이스트 간쯔   다 힌텐

A : 짐 찾는 곳은 어디에 있나요?
B : 저기 맨 뒤에 있습니다.

표현늘리기

■ 짐은 어디서 찾습니까?

Wo kann ich mein Gepäck bekommen?
보 칸 이히 마인 게펙   베콤멘

■ 짐 찾는 곳은 1층에 있습니다.

Die Gepäckausgabe ist im Erdgeschoss.
디 게펙아우스가베   이스트 임 에엇게쇼쓰

■ 이 컨베이어가 KE 747편 짐 찾는 곳입니까?

Ist das hier das Gepäckausgabeband für KE 747?
이스트 다스 히어 다스 게펙아우스가베반트   퓨어 카에 지벤피어지벤

■ 제 짐이 보이지 않습니다.

Ich finde mein Gepäck nicht.
이히 핀데   마인 게펙   니히트

■ 제 짐을 찾을 수가 없습니다.

Ich kann mein Gepäck nicht finden.

이히 칸 마인 게펙 니히트 핀덴

■ 짐을 찾을 수 있게 도와주세요.

Helfen Sie mir bei meinem Gepäck!

헬펜 지 미어 바이 마이넴 게펙

■ 수하물 영수증 좀 보여주세요.

Zeigen Sie mir bitte Ihren Gepäckschein.

짜이겐 지 미어 비테 이어렌 게펙샤인

■ 여기 제 수하물 영수증이 있습니다.

Hier ist mein Gepäckschein.

히어 이스트 마인 게펙샤인

■ 저 파란 가방이 제 것입니다.

Der blaue Koffer gehört mir.

데어 블라우에 코퍼 게회엇 미어

■ 제 가방이 손상되었습니다.

Mein Koffer ist beschädigt.

마인 코퍼 이스트 베쉐디히트

Tip
Gepäckschein은 수하물 보관 영수증입니다. 항공사 카운터에서 체크인 할 때 짐을 맡기고 받는 표인데, 화물이 분실될 때 꼭 필요하므로 잘 보관해야 합니다. 보통 항공사 직원이 이 Gepäckschein을 여권이나 탑승권에 붙여줍니다.

Part 04

여권 좀 보여주세요.

기본표현

A : Zeigen Sie mir Ihren Pass, bitte.
짜이겐　지　미어 이어렌　파스　비테

B : Hier ist mein Pass.
히어　이스트 마인　파스

A : 여권 좀 보여주세요.
B : 여기 있습니다.

 표현늘리기

■ 여권 좀 부탁합니다.

Ihren Pass, bitte!
이어렌 파스　비테

■ 여기 있습니다.

Hier bitte!
히어　비테

■ 여행 목적이 무엇입니까?

Was ist der Zweck Ihrer Reise?
봐스　이스트 데어 쯔벡　이어러 라이제

■ 출장 중입니다.

Ich mache eine Geschäftsreise.
이히 마헤　아이네 게쉐프츠라이제

306

- 어학과정에 다닐 겁니다.

Ich will einen Sprachkurs machen.

이히 빌 아이넨 슈프라흐쿠어스 마헨

- 여행하려고 합니다.

Ich will reisen.

이히 빌 라이젠

- 이곳 독일에 얼마나 계실 건가요?

Wie lange bleiben Sie hier in Deutschland?

뷔 랑에 블라이벤 지 히어 인 도이칠란트

- 약 한 달 정도 머물 겁니다.

Ich bleibe etwa einen Monat.

이히 블라이베 에트바 아이넨 모낫

- 독일 어디에 머무실 건가요?

Wo bleiben Sie in Deutschland?

보 블라이벤 지 인 도이칠란트

- 베를린에 있을 겁니다.

In Berlin.

인 베얼린

Tip

Geschäftsreise는 '업무상의 여행', 즉 '출장'의 의미로 사용되는 단어입니다. '신혼여행'은 Hochzeitsreise라고 합니다. 현재 자신이 여행 중일 때는 Ich mache jetzt eine Reise.라고 하거나 Ich reise jetzt.라고 하면 됩니다.

기본표현

A : Haben Sie etwas zu verzollen?
하벤   지   에트봐스   쭈   페어쫄렌

B : Nein, ich habe nichts zu deklarieren.
나인   이히   하베   니히츠   쭈   데클라리어렌

A : 세관신고할 물건이 있나요?
B : 아니요, 신고할 물건이 없습니다.

표현늘리기

■ 신고할 물건이 있습니까?

Haben Sie Waren anzumelden?
하벤   지   바렌   안쭈멜덴

■ 세관신고서를 보여주세요.

Zeigen Sie mir bitte Ihre Zollanmeldung.
짜이겐   지   미어   비테   이어레 쫄안멜둥

■ 가방 속에는 무엇이 들어 있습니까?

Was haben Sie in dieser Tasche?
봐스   하벤   지   인 디저   타쉐

■ 이것이 무엇인가요?

Was ist denn das?
봐스   이스트 덴   다스

■ 여자친구에게 줄 선물입니다.

Das ist ein Geschenk für meine Freundin.

다스 이스트 아인 게솅크   퓨어 마이네   프로인딘

■ 가방을 열어주시겠습니까?

Könnten Sie bitte Ihre Tasche öffnen?

쾬텐   지   비테   이어레 타쉐   외프넨

■ 이 트렁크를 한번 열어보시겠습니까?

Würden Sie bitte einmal Ihre Tasche öffnen?

뷔르덴   지   비테   아인말   이어레 타쉐   외프넨

■ 이것은 가지고 들어가실 수 없습니다.

Sie dürfen das hier nicht einführen.

지   뒤어펜   다스 히어   니히트 아인퓨어렌

■ 이것은 제가 개인적으로 사용하는 물건입니다.

Das ist nur für meinen persönlichen Gebrauch.

다스 이스트 누어 퓨어 마이넨   페르죈리헨   게브라우흐

■ 모두 개인 소지품입니다.

Alles sind meine privaten Sachen.

알레스 진트   마이네   프리바텐   자헨

Tip

verzollen은 '관세를 물다'라는 뜻의 동사로서 Haben Sie etwas zu verzollen? 이라고 하면 '관세를 물어야 할 어떤 것을 가지고 있느냐?' 즉, '세관신고할 것이 있 느냐?'라고 묻는 말입니다. deklarieren은 '(세관에) 신고하다'라는 뜻으로서, 만일 신고할 물건이 없다면 Ich habe nichts zu deklarieren.으로 답을 하면 됩니다.

A : Kann ich hier ein Hotelzimmer reservieren?
칸　　이히 히어　아인 호텔침머　　　레저비어렌

B : Was für ein Hotel suchen Sie denn?
봐스　퓨어 아인 호텔　　주헨　　　지 　덴

A : 여기서 호텔방 예약할 수 있나요?
B : 어떤 호텔 찾으시는데요?

📝 표현늘리기

■ 호텔을 찾고 있습니다.

Ich suche ein Hotel.
이히 주헤　　아인 호텔

■ 그 호텔이 어디에 있나요?

Wo liegt das Hotel?
보　　릭트　다스 호텔

■ 중앙역에서 멀지 않습니다.

Es liegt nicht weit vom Hauptbahnhof.
에스 릭트　니히트 봐잇 폰　　하웁트반호프

■ 공항에서 택시로 30분 거리입니다.

30 Minuten mit dem Taxi vom Flughafen.
드라이씨히 미누텐 밋　뎀　　탁시 폼　　풀룩하펜

- 시내에 있는 호텔이어야 합니까?

Soll das Hotel im Zentrum liegen?
졸   다스 호텔   임 첸트룸   자인

- 예, 가능한 한 시내면 좋겠어요.

Ja, möglichst zentral.
야   뫼클리히스트   첸트랄

- 그 호텔로 어떻게 가죠?

Wie komme ich zum Hotel?
뷔   콤메   이히 쭘   호텔

- 다른 호텔 추천해 주실 수 있나요?

Können Sie mir ein anderes Hotel empfehlen?
쾨넨   지 미어 아인 안더레스   호텔   엠펠렌

- 공항에서 저를 데려가실 수 있나요?

Können Sie mich vom Flughafen abholen?
쾨넨   지 미히 폼   플룩하펜   압홀렌

- 여기서 렌터카 예약할 수 있나요?

Kann ich hier ein Mietauto buchen?
칸   이히 히어 아인 밋아우토   부헨

Tip '예약하다'라는 뜻으로는 보통 buchen이나 reservieren을 사용합니다. buchen 은 비행기를 예약하거나 호텔을 예약할 때 주로 사용되는데 예약을 취소할 때는 위 약금을 물 때도 있어, 다소간 의무가 따르는 예약이라 할 수 있습니다. 이에 반해 reservieren은 식당이나 미용실 같은 곳에서의 예약으로서 예약을 할 때나 취소할 때 특별한 비용이 들지 않는, 비교적 가벼운 예약이라 할 수 있습니다.

Part 07 빈 방 있습니까?

기본표현

A : Haben Sie ein Zimmer frei?
하벤 지 아인 침머 프라이

B : Was für ein Zimmer möchten Sie?
봐스 퓨어 아인 침머 뫼히텐 지

A : 빈 방 있나요?
B : 어떤 방을 원하시는지요?

 표현늘리기

■ 방을 하나 구했으면 합니다.

Ich hätte gern ein Zimmer.
이히 헤테 게언 아인 침머

■ 욕실이 있는 싱글룸을 원합니다.

Ich möchte ein Einzelzimmer mit Bad.
이히 뫼히테 아인 아인쩰침머 밋 밧

■ 예, 아직 비어 있습니다.

Ja, es ist noch frei.
야 에스 이스트 노흐 프라이

■ 이미 방이 다 찼습니다.

Leider sind die Zimmer voll belegt.
라이더 진트 디 침머 폴 벨렉트

■ 죄송하지만 더 이상 빈 방이 없네요.

Leider haben wir kein Zimmer mehr frei.
라이더 하벤 뷔어 카인 침머 메어 프라이

■ 얼마 동안 숙박하실 겁니까?

Wie lange möchten Sie übernachten?
뷔 랑에 뫼히텐 지 위버나흐텐

■ 2박 3일 지낼 겁니다.

Zwei Nächte.
쯔바이 네히테

■ 일주일간이요.

Für eine Woche.
퓨어 아이네 보헤

■ 8월 10일까지 지낼 겁니다.

Ich bleibe bis zum 10. August.
이히 블라이베 비스 쭘 첸텐 아우구스트

■ 금요일에 떠날 겁니다.

Ich reise am Freitag ab.
이히 라이제 암 프라이탁 압

Tip
frei라는 단어는 영어의 free처럼 '자유로운'이라는 뜻을 가지고 있습니다. 하지만 자리나 방이 '비어 있는', 혹은 '무료의'라는 뜻으로도 사용됩니다. 호텔방이 비어 있는지를 물을 때는 Haben Sie ein Zimmer frei?라고 물으면 되고 자리가 비어 있는 지를 물을 때는 Ist hier noch frei?라고 하면 됩니다.

Part 08

체크아웃은 언제 할 수 있습니까?

 기본표현

A : Wann kann ich abreisen?
반　　칸　　이히　압라이젠

B : Sie müssen vor 12 Uhr auschecken.
지　뮈쎈　　　포어　쯔뵐프 우어 아우스첵켄

A : 체크아웃은 언제 할 수 있습니까?
B : 12시 전에 체크아웃 하셔야 합니다.

📓 표현늘리기

■ 몇 시까지 방을 비워줘야 합니까?

Bis wann muss ich das Zimmer räumen?
비스 반　　무스　　이히 다스 침머　　　로이멘

■ 몇 시까지 체크아웃 해야 하나요?

Bis wie viel Uhr muss ich auschecken?
비스 뷔　필　우어 무스　　이히 아우스첵켄

■ 아침 식사는 언제 할 수 있죠?

Wann kann man frühstücken?
반　　칸　　만　　프뤼슈튁켄

■ 7시부터 아침 식사를 하실 수 있습니다.

Ab sieben können Sie frühstücken.
압　지벤　　쾨넨　　지　프뤼슈튁켄

- 계산 부탁드립니다.

Die Rechnung, bitte.
디 레히눙 비테

- 현금으로 계산하시겠어요, 아니면 신용카드로 하시겠어요?

Bezahlen Sie in bar oder mit Karte?
비짤렌 지 인 바 오더 밋 카르테

- 신용카드로 계산하고 싶습니다.

Ich möchte mit Kreditkarte bezahlen.
이히 뫼히테 밋 크레뎃카르테 베짤렌

- 다 합해서 240유로입니다.

Das macht zusammen 240 Euro.
다스 마흐트 쭈잠멘 쯔바이훈더트피어찌히 오이로

- 영수증 필요하십니까?

Brauchen Sie eine Quittung?
브라우헨 지 아이네 크비퉁

- 저희 호텔이 마음에 드셨기를 바랍니다.

Hoffentlich hat es Ihnen bei uns gefallen.
호펜틀리히 핫 에스 이넨 바이 운스 게팔렌

Tip
abreisen은 여행지나 호텔 등 숙박지에서 '떠나다'라는 뜻을 가지고 있습니다. 반대로 그 여행지나 호텔로 도착하는 경우는 **anreisen**이라는 단어를 사용합니다. 즉, abreisen은 숙박지에서 나가는 것을 의미하므로 '체크아웃 하다'라는 뜻으로도 사용된다는 것을 알 수 있습니다.

단어늘리기

einchecken	아인첵켄	체크인 하다
ab sofort	압 조포어트	즉시, 바로 지금부터
Reisepass	라이제파쓰	여권
Gepäck	게펙	짐, 수하물
aufgeben	아우프게벤	(짐을) 부치다, 포기하다
stellen	슈텔렌	놓다, 두다
Waage	바게	저울
Handgepäck	한트게펙	휴대수하물
an Bord	안 보엇	기내에
pro Person	프로 페르존	개인당, 1인당
Bordkarte	보엇카르테	탑승권
Flugsteig	플룩슈타익	탑승구
Boarding	보어딩	탑승
Sitz	짓츠	좌석, 자리
Sitznummer	짓츠눔머	좌석 번호
Gang	강	통로, 내측
anschnallen	안슈날렌	안전벨트를 착용하다
Decke	데케	담요
Hähnchen	헨쉔	닭고기
Rindfleisch	린트플라이쉬	소고기
Gepäckausgabe	게펙아우스가베	짐 찾는 곳
Erdgeschoss	에엇게쇼쓰	지상층, 1층
Gepäckausgabeband	게펙아우스가베반트	컨베이어
Gepäckschein	게펙사인	수하물 영수증
Koffer	코퍼	트렁크, 여행용 가방, 수하물
gehören	게회렌	~에 속하다

316

beschädigt	베쉐디히트	손상된
Zweck	쯔벡	목적
Geschäftsreise	게쉐프츠라이제	출장
Sprachkurs	슈프라흐쿠어스	어학과정, 어학수업
reisen	라이젠	여행하다
Berlin	베얼린	베를린
verzollen	페어쫄렌	세관 신고하다
deklarieren	데클라리어렌	세관 신고하다
Ware	바레	물건
anmelden	안멜덴	신고하다, 등록하다
Zollanmeldung	쫄안멜둥	세관신고서
Tasche	타쉐	가방
Freundin	프로인딘	여자친구
öffnen	외프넨	열다
einführen	아인퓨어렌	안으로 들어가다, 안내하다
persönlich	페르죈리히	개인적인
Gebrauch	게브라우흐	사용
privat	프리밧	개인의
Sache	자헤	물건, 일
Hotelzimmer	호텔침머	호텔방
reservieren	레저비어렌	예약하다
Hotel	호텔	호텔
Taxi	탁시	택시
Zentrum	첸트룸	시내, 중심부
zentral	첸트랄	시내의
Mietauto	밋아우토	렌터카
buchen	부헨	예약하다
voll	폴	완전히, 꽉 찬
übernachten	위버나흐텐	숙박하다

단어늘리기

zwei	쯔바이	2, 둘
Nächte	네히테	Nacht(밤)의 복수형
abreisen	압라이젠	(여행을) 출발하다
auschecken	아우스첵켄	체크아웃 하다
räumen	로이멘	(공간을) 비우다, 치우다
frühstücken	프뤼슈튁켄	아침 식사하다
Kreditkarte	크레뎃카르테	신용카드
bezahlen	베짤렌	지불하다

관련단어

[공항 내 주요 안내 표시]

Flughafen	플룩하펜	공항
Terminal	터미날	(공항)청사
Auskunft	아우스쿤프트	안내
Information	인포어마치온	안내
Abflug	압플룩	출국, 출발
Ankunft	안쿤프트	도착
Flugsteig	플룩슈타익	탑승게이트
Transit	트란짓	통과, 환승
Eingang	아인강	입구
Ausgang	아우스강	출구
Ausländer	아우스랜더	외국인
Inländer	인랜더	내국인
Bundesbürger	분데스뷔르거	독일인
Besucher	베주허	방문객
Zoll	쫄	세관
Passkontrolle	파스콘트롤레	출입국관리

318

Quarantäne	크바란테네	검역
Sicherheit	지혀하이트	안전, 보안
Gepäckausgabe	게펙아우스가베	짐 찾는 곳
Gepäckausgabeband	게펙아우스가베반트	컨베이어
Fundbüro	푼트뷔로	분실물센터
Flugschalter	플룩샬터	카운터
Bank	방크	은행
Geldwechsel	겔트벡셀	환전
Mietauto	밋아우토	렌터카
Taxistand	탁시슈탄트	택시 승차장
Bushaltestelle	부스할테슈텔레	버스 정류장

[호텔]

Anreise	안라이제	(숙박지에) 도착
Abreise	압라이제	(숙박지로부터) 출발
Empfangshalle	엠팡스할레	호텔로비
Rezeption	레쳅치온	호텔 안내창구, 접수대
Zimmerpreis	침머프라이스	객실요금
Frühstück	프뤼슈튁	아침 식사
Suite	스위테	스위트룸
Familienzimmer	파밀리엔침머	가족실
Konferenzraum	콘퍼렌츠라움	회의실
Zimmermädchen	침머메첸	객실담당 여종업원
Lieferant	리퍼란트	운반 서비스 직원
Trinkgeld	트링크겔트	팁
Weckdienst	벡디엔스트	모닝콜서비스
Einzelzimmer	아인쩰침머	1인용 침대가 1개인 객실
Doppelzimmer	도펠침머	2인용 침대가 1개인 객실
Bellboy	벨보이	벨보이(짐 운반 및 보관 업무 담당자)

독일
엿보기

독일 항공사 루프트한자(Lufthansa)

독일이 자랑하는 유럽 최대의 항공사입니다. 항공사 연합체인 스타얼라이언스의 창립 멤버이며, 현재 4개 대륙에 걸쳐 73개국 165개 목적지에 취항하고 있습니다. 루프트한자를 이용하는 승객의 수도 연간 약 8,000만 명에 달한다고 합니다. 루프트한자는 퀼른에 본사를 두고 있고, 프랑크푸르트, 뮌헨 및 뒤셀도르프에 허브를 갖추고 있으며, 직원 수는 55,000명 이상, 항공기 보유 대수는 424대에 달합니다.

루프트한자(Lufthansa)는 air를 뜻하는 독일어 Luft와 중세 독일의 상업적 도시 연맹인 한자동맹에서 따온 Hansa를 합쳐서 만들어진 이름입니다. 루프트한자는 1953년 서독 정부의 주도하에 루프탁(Luftag) 항공이란 이름으로 처음 설립되었고, 1951년에 파산해 유동화된 상태였던 도이치 루프트한자(Deutsche Lufthansa)의 사명과 로고를 1954년에 30,000서독 마르크에 구매해 루프트한자가 됐다고 합니다. 1955년 4월 1일 독일 국내선에 취항한 것을 시작으로, 5월 15일부터는 유럽 내 국제선, 6월 1일부터는 뉴욕행 노선 운항을 시작으로 사세를 확장해 오늘날 세계에서도 손꼽히는 대형 항공사로 발돋움했습니다.

루프트한자는 최근 환경 보호에 관심을 기울여 연료 효율성을 채택한 항공기를 운항하고 있다고 합니다. 업계에서 가장 환경 친화적인 여객기로 손꼽히는 보잉 747-8과 Airbus A380을 장거리 항공편에 투입하고 있습니다.

제 17 장

병 원

Part 01 병원에 가보세요.

기본표현

A : Gehen Sie zum Arzt!

게엔　　　지　쭘　아르쯔트

B : Wo ist das Krankenhaus?

보　이스트 다스　크랑켄하우스

　A : 병원에 가보세요.
　B : 병원은 어디에 있습니까?

 표현늘리기

■ 저를 병원에 데려다 주세요.

Bringen Sie mich bitte zum Arzt!

브링엔　　　지　미히　비테　쭘　아르쯔트

■ 당신은 진찰받아야 할 것 같네요.

Sie sollten sich untersuchen lassen.

지　졸텐　　지히　운터주헨　　　　라쎈

■ 저는 진찰을 받고 싶습니다.

Ich möchte mich untersuchen lassen.

이히 뫼히테　미히　운터주헨　　　　라쎈

■ 진료 시간은 언제입니까?

Wann ist die Sprechstunde?

반　　이스트 디 슈프레히슈툰데

322

- 지금 위급합니다.

Es ist ein Notfall.
에스 이스트 아인 노트팔

- 의료보험카드 가지고 계신가요?

Haben Sie die Krankenkarte dabei?
하벤 지 디 크랑켄카르테 다바이

- 예약하고 오신 건가요?

Haben Sie sich schon angemeldet?
하벤 지 지히 숀 안게멜뎃

- 오늘 10시에 약속받았습니다.

Ich habe heute um 10 Uhr einen Termin.
이히 하베 호이테 움 첸 우어 아이넨 테어민

- 대기실로 가주세요.

Gehen Sie bitte ins Wartezimmer!
게엔 지 비테 인스 바르테침머

- 곧 불러드리겠습니다.

Ich rufe Sie gleich auf.
이히 루페 지 글라이히 아우프

Tip '병원에 가다'는 독일어로 zum Arzt gehen입니다. 이는 직역하면 '의사에게 가다'이지만 우리말 의미로는 '병원에 가는 것'을 뜻합니다. 의사에게 진료를 받을 때는 untersuchen이란 동사를 사용하는데, 환자 스스로 진료하는 것이 아니라 환자가 의사에게 진료를 하게 하는 것이기 때문에 사역동사 lassen이 필요합니다. 즉, 환자 입장에서 진료하다는 'untersuchen lassen'으로 표현해야 합니다.

Part 02   어디가 아프세요?

기본표현

A : Was fehlt Ihnen denn?
봐스   펠트   이넨   덴

B : Ich habe Kopfschmerzen.
이히 하베   콥프슈메르쩬

A : 어디가 아프십니까?
B : 두통이 있습니다.

표현늘리기

■ 어디가 아프십니까?

Wo tut es Ihnen weh?
보   툿 에스 이넨   뵈

■ 머리가 아픕니다.

Mein Kopf tut mir weh.
마인   콥프   툿   미어 뵈

■ 콧물감기가 있습니다.

Ich habe Schnupfen.
이히 하베   슈눕펜

■ 기침도 합니다.

Ich habe Husten.
이히 하베   후스텐

■ 배가 아픕니다.

Ich habe Bauchschmerzen.
이히 하베　바우흐슈메르쩬

■ 목이 아픕니다.

Ich habe Halsschmerzen.
이히 하베　할스슈메르쩬

■ 열이 있습니까?

Haben Sie Fieber?
하벤　지　피버

■ 우선 청진 좀 하겠습니다.

Ich werde Sie erst einmal abhören.
이히 베어데　지　에어스트 아인말　압회렌

■ 옷을 벗어주세요.

Machen Sie sich bitte frei.
마헨　지　지히　비테　프라이

■ 숨을 깊게 들이키세요.

Atmen Sie bitte tief durch.
아트멘　지　비테　티프　두르히

Tip
　신체의 어느 부위가 아플 때는 '~가(이) 아프다'는 말을 두 가지 형태로 나타낼 수 있습니다. 예를 들어 머리가 아플 때는 Ich habe Kopfschmerzen.이라고 말하는 방법이 있으며, Mein Kopf tut mir weh.라고 말할 때도 있습니다. 상대방에게 어디가 아픈지를 물을 때도 Was fehlt Ihnen?을 주로 사용하지만 Wo tut es Ihnen weh?도 사용할 수 있는 표현입니다. 상대방이 친한 친구이거나 가족일 경우에는 존칭 Ihnen 대신에 dir를 사용하면 됩니다.

325

Part 03 심한 감기에 걸리셨습니다.

기본표현

A : Bin ich schwer krank?
빈　이히　슈베어　크랑크

B : Sie haben eine starke Erkältung.
지　하벤　아이네 슈타르케　에어켈퉁

A : 제가 아주 아픈 건가요?
B : 심한 감기에 걸리셨습니다.

표현늘리기

■ 아주 심한 감기에 걸리셨습니다.

Sie haben sich sehr schwer erkältet.
지　하벤　지히　제어　슈베어　에어켈텟

■ 통증이 언제부터 있었습니까?

Seit wann haben Sie Schmerzen?
자잇　반　하벤　지　슈메르쩬

■ 이전에도 그런 적이 있었나요?

Hatten Sie das schon einmal?
하텐　지　다스　숀　아인말

■ 3일 전에 증상이 시작되었습니다.

Vor drei Tagen hat es angefangen.
푸어　드라이 타겐　핫　에스 안게팡엔

326

■ 그럼 혈압을 재봅시다.

Dann wollen wir mal den Blutdruck messen.
단　볼렌　뷔어 말　덴　블룻드룩　메쎈

■ 채혈을 해야겠습니다.

Wir müssen das Blut abnehmen.
뷔어 뮈쎈　다스 블룻 압네멘

■ 누워보세요.

Legen Sie sich bitte hin!
리겐　지　지히　비테　힌

■ 주사를 맞을 필요는 없습니다.

Sie brauchen keine Spritze.
지　브라우헨　카이네　슈프릿쩨

■ 전혀 심각한 건 아닙니다.

Es ist nichts Ernstes.
에스 이스트 니히츠 에언스테스

■ 걱정하실 필요는 없습니다.

Sie brauchen sich keine Sorge zu machen.
지　브라우헨　지히　카이네　조르게　쭈　마헨

Tip
형용사 schwer는 '(문제가) 어려운'이란 뜻도 있고 '(물건이) 무거운'이란 뜻으로도 사용됩니다. 하지만 schwer가 krank 앞에서 사용된다면 '심하게'라는 뜻이 됩니다. 예를 들어 Ich bin schwer krank.라는 문장은 '나는 심하게 아픕니다.'라는 의미입니다.

Part 04

푹 쉬셔야 합니다.

기본표현

A : Sie müssen sich ausruhen.
지 뮈쎈   지히 아우스루엔

B : Ja, das mache ich.
야 다스 마헤   이히

A : 당신은 푹 쉬셔야 합니다.
B : 예, 그렇게 하겠습니다.

표현늘리기

■ 며칠 동안 침대에 누워계셔야 합니다.

Sie sollten ein paar Tage im Bett bleiben.
지 졸텐   아인 파   타게 임 벳 블라이벤

■ 술을 마시면 안 됩니다.

Sie dürfen keinen Alkohol trinken.
지 뒤어펜   카이넨   알코홀   트링켄

■ 물을 많이 드셔야 합니다.

Sie sollten viel Wasser trinken.
지 졸텐   필 봐써   트링켄

■ 운동을 규칙적으로 하세요.

Treiben Sie regelmäßig Sport!
트라이벤 지 레겔메씨히   슈포엇

328

■ 그것에 대해서는 처방을 해드리겠습니다.

Dagegen verschreibe ich Ihnen etwas.
다게겐　　　페어슈라이베　　이히 이넨　　에트봐스

■ 매일 하루 세 번씩 약을 드세요.

Nehmen Sie dreimal täglich Tabletten.
네멘　　　지　드라이말　테클리히　타블레텐

■ 살을 좀 빼셔야 합니다.

Sie sollten ein paar Kilo abnehmen.
지　졸텐　　아인 파　　킬로　압네멘

■ 담배 좀 줄이셔야 합니다.

Sie sollten weniger rauchen.
지　졸텐　　베니거　　라우헨

■ 언제 다시 와야 합니까?

Wann soll ich wieder kommen?
봔　　졸　이히 비더　　콤멘

■ 금요일 오전에 다시 들러주세요.

Kommen Sie am Freitagvormittag noch mal vorbei!
콤멘　　　지　암　프라이탁포어미탁　　　노흐　말　포어바이

Tip　Sie sollten ~은 상대방에게 조언을 해줄 때 '당신은 ~해야 할 것입니다.'라는 뜻으로 사용되는 표현입니다. 여기서 sollten은 화법조동사 sollen의 과거형이 아니라 접속법 2식으로 쓰여졌기 때문에 '~해야 했다'로 해석해서는 안 되며 '~해야 할 것 같다'로 이해해야 합니다.

단어늘리기

untersuchen	운터주헨	진찰하다
Sprechstunde	슈프레히슈툰데	면담 시간, 진료 시간
Notfall	노트팔	응급상황, 비상시
Krankenkarte	크랑켄카르테	의료보험증
Wartezimmer	바르테침머	대기실
aufrufen	아우프루펜	호출하다, 부르다
fehlen	펠렌	부족하다, 아프다
Kopfschmerzen	콥프슈메르쩬	두통
wehtun	붸툰	아프게 하다
Kopf	콥프	머리
Schnupfen	슈눕펜	콧물감기
Husten	후스텐	기침
Bauchschmerzen	바우흐슈메르쩬	복통
Halsschmerzen	할스슈메르쩬	목 아픔, 인후통
Fieber	피버	열
abhören	압회렌	청진하다
freimachen	프라이마헨	옷을 벗다
tief	티프	깊은, 깊게
durchatmen	두르히아트멘	숨을 쉬다
stark	슈타르크	강한
Erkältung	에어켈퉁	감기
sich erkälten	지히 어어켈텐	감기에 걸리다
Schmerzen	슈메르쩬	통증
einmal	아인말	한 번, 1회
Blutdruck	블룻드룩	혈압
messen	메쎈	재다, 측정하다

Blut	블룻	피
abnehmen	압네멘	빼다, 감소시키다
sich hinlegen	지히 힌레겐	눕다
Spritze	슈프릿쩨	주사
Ernstes	에언스테스	심각한 것
ausruhen	아우스루엔	쉬다
Alkohol	알코홀	술
Sport treiben	슈포엇 트라이벤	운동하다
regelmäßig	레겔메씨히	규칙적으로
dagegen	다게겐	그와 상대하여, 반대로
verschreiben	페어슈라이벤	처방전을 쓰다
täglich	테클리히	매일
Tablette	타블레테	알약
Freitagvormittag	프라이탁포어미탁	금요일 오전

관련단어

[병 관련]

Schmerzen	슈메르쩬	통증
Kopfschmerzen	콥프슈메르쩬	두통
Zahnschmerzen	짠슈메르쩬	치통
Bauchschmerzen	바우흐슈메르쩬	복통
Magenschmerzen	마겐슈메르쩬	위통
Halsschmerzen	할스슈메르쩬	인후통
Rückenschmerzen	뤽켄슈메르쩬	허리통증
Erkältung	에어켈퉁	감기
Grippe	그리페	독감
Husten	후스텐	기침

단어늘리기

Schnupfen	슈눕펜	코감기
Fieber	피버	열
Reisekrankheit	라이제크랑크하잇	멀미
Erbrechen	에어브레헨	구토
Übelkeit	위벨카이트	메스꺼움
Durchfall	드루히팔	설사
Verstopfung	페어슈톱풍	변비
Diabetes	디아베테스	당뇨
Krebs	크렙스	암
Schwindel	슈빈델	어지러움
Allergie	알레르기	알러지
Verletzung	페어렛쭝	부상, 상처
Pickel	픽켈	여드름
Blutung	블루퉁	출혈
Brandwunde	브란트반데	화상
Blut	블룻	피
Bluthochdruck	블룻호흐드룩	고혈압

[병원, 약국]

Krankenhaus	크랑켄하우스	병원
Praxis	프락시스	개인병원
Kranke	크랑케	환자
Patient	파치엔트	환자
Behandlung	베한틀룽	치료
Spritze	슈프릿쩨	주사
Rezept	레쳅트	처방전
Apotheke	아포테케	약국
Medikament	메디카멘트	약
Arzneimittel	아르쯔나이미텔	약

Tablette	타블레테	알약
Tropfen	트롭펜	물약
Salbe	잘베	연고
Verband	페어반트	붕대
Verdauungsmittel	페어다우웅스미텔	소화제
Stopfmittel	슈토프미텔	지사제
Mittel gegen Reiseübelkeit	미텔 게겐 라이제위벨카이트	멀미약
Schmerzmittel	슈메어츠미텔	진통제
Blutstillungsmittel	블룻슈틸룽스미텔	지혈제
Deinfektionsmittel	데인펙치온스미텔	소독약
Abführmittel	압퓨어미텔	변비약
Schlafmittel	슐라프미텔	수면제
Wärmepflaster	베어메플라스터	파스
Mückenschutzmittel	뮈켄슛츠미텔	모기약

독일 최고봉 추크슈피체(Zugspitze)

독일에서 가장 높은 산은 바이에른 지방 남단에 자리잡고 있는 추크슈피체(Zugspitze)입니다. 해발 2,962m로 백두산보다도 더 높습니다. 추크슈피체를 가려면 일단 가르미쉬-파텐키르헨(Garmisch-Partenkirchen) 역에 도착하여 그곳에서부터 출발해야 합니다.

역에서 추크슈피체 왕복 산악열차(케이블카 포함)를 구입해서 그곳에서부터 종착역인 추크슈피츠플라트까지 가는데, 중간에 그라이나우-바더제(Grainau-Badersee)서 열차를 톱니바퀴열차(Zahnradbahn)로 갈아타야 합니다. 아니면 아입제(Eibsee) 역에 내려서 케이블카로 갈아타도 됩니다. 보통은 케이블카보다 톱니바퀴열차를 타고 오르는 것을 추천하는데, 이유는 산중 터널을 통해 올라가기 때문에 색다른 경험을 할 수 있어서입니다. 날씨가 좋다면 정상에서 훌륭한 경관을 내려다볼 수도 있습니다.

추크슈피체 정상에서 독일과 오스트리아 경계를 지날 수 있다는 것도 흥미로운 경험입니다. 정상에서 오스트리아 티롤주로 통하는 통로가 있으며 오스트리아 쪽으로 내려갈 수도 있습니다. 추크슈피체 정상에서는 맥주도 맛볼 수 있는데, 독일 최정상 맥주집(Biergarten)에서 마시는 맥주도 색다른 맛일 것입니다

제 **18** 장

은 행

A : Wann öffnet die Bank?
반   외프넷   디   방크

B : Die Bank öffnet um neun Uhr.
디 방크   외프넷   움   노인   우어

A : 은행은 언제 문을 열어요?
B : 은행은 9시에 문을 엽니다.

표현늘리기

■ 은행으로 가려면 어떻게 가야 하죠?

Wie komme ich zur Bank?
뷔   콤메   이히 쭈어 방크

■ 은행이 어디에 있나요?

Wo finde ich die Bank?
보   핀데   이히 디 방크

■ 가까운 은행이 어디에 있나요?

Wo ist die nächste Bank?
보 이스트 디 넥스테   방크

■ 은행은 교회 맞은편에 있습니다.

Die Bank liegt gegenüber der Kirche.
디   방크   릭트   게겐위버   데어 키르헤

■ 은행은 몇 시에 문을 여나요?

Um wie viel Uhr macht die Bank auf?

움 뷔 필 우어 마흐트 디 방크 아우프

■ 은행은 10시에 문을 여나요?

Öffnet die Bank um zehn Uhr?

외프넷 디 방크 움 첸 우어

■ 아니요, 은행은 9시에 문을 엽니다.

Nein, die Bank öffnet die Tür um 9 Uhr.

나인 디 방크 외프넷 디 튀어 움 노인 우어

■ 은행은 오늘 마감 시간이 지났습니다.

Die Bank ist heute geschlossen.

디 방크 이스트 호이테 게슐로쎈

■ 은행은 언제 문을 닫나요?

Wann schließt die Bank?

반 슐리스트 디 방크

■ 은행은 4시에 문을 닫습니다.

Die Bank schließt um vier Uhr.

디 방크 슐리스트 움 피어 우어

Tip
geschlossen은 schliessen(닫다)의 과거분사이며 ist ~ geschlossen은 상태수동으로서 '닫혀진 상태'를 뜻합니다. 보통 마감 시간이 지나거나 휴일에 이러한 구조의 문장을 사용합니다.

기본표현

A : Ich möchte die US Dollar in Euro wechseln.
이히 뫼히테 디 우에스 돌라 인 오이로 벡셀른

B : Wie viel denn?
뷔 필 덴

A : 미국 달러를 유로화로 바꾸고 싶습니다.
B : 얼마나 바꾸실 건데요?

 표현늘리기

■ 어디서 돈을 바꿀 수 있나요?

Wo kann man Geld umtauschen?
보 칸 만 겔트 움타우쉔

■ 환전하고 싶습니다.

Ich möchte Geld umtauschen.
이히 뫼히테 겔트 움타우쉔

■ 500유로를 한화로 바꾸고 싶습니다.

Ich möchte bitte koreanische Won für 500 Euro.
이히 뫼히테 비테 코레아니쉐 원 퓨어 퓐프훈더트 오이로

■ 일본 엔화를 원합니다.

Ich hätte gern japanische Yen.
이히 헤테 게언 야파니쉐 엔

■ 미국 달러를 유로화로 환전해 주실 수 있나요?

Können Sie mir die US Dollar in Euro wechseln?
쾨넨　지　미어 디　우에스 돌라　인　오이로 벡셀른

■ 얼마나 바꾸실 건데요?

Wie viel Geld möchten Sie wechseln?
뷔　필　겔트　뫼히텐　지　벡셀른

■ 1000 미국 달러를 바꿀 겁니다.

So für 1000 US Dollar.
조　퓨어 타우젠트 우에스 돌라

■ 유로화로는 얼마나 되죠?

Wie viel ist das denn in Euro?
뷔　필　이스트 다스 덴　인 오이로

■ 그것은 890유로 50센트입니다.

Das sind 890 Euro 50 Cent.
다스　진트　아흐트훈더트노인찌히 오이로 퓐프찌히 센트

■ 환율이 어떻게 되나요?

Wie ist der Kurs?
뷔　이스트 데어 쿠어스

Tip '환전하다', 혹은 '돈을 바꾸다'라는 뜻의 동사로는 umtauschen이나 wechseln을 사용합니다. 유로화를 읽는 방법은 유로 단위가 있을 때는 유로(독일어 발음은 오이로)만을 말하고, 유로 단위가 없고 센트 단위만 있을 때는 센트만 말해 줍니다.

2,70 €: zwei Euro siebzig [쯔바이 오이로 집찌히]

0,70 €: siebzig Cent [집찌히 센트]

기본표현

A : Wann kann ich das Geld abheben?
반 칸 이히 다스 겔트 압헤벤

B : Jederzeit kann man das Geld abheben.
예더차잇 칸 만 다스 겔트 압헤벤

A : 돈을 언제 인출할 수 있나요?
B : 언제든지 인출할 수 있습니다.

표현늘리기

■ 근처에 현금인출기가 있습니까?

Gibt es einen Geldautomat in der Nähe?
깁트 에스 아이넨 겔트아우토맛 인 데어 네에

■ 제 계좌에서 돈을 인출하고 싶습니다.

Ich möchte Geld von meinem Konto abheben.
이히 뫼히테 겔트 폰 마이넴 콘토 압헤벤

■ 200유로를 인출할 수 있습니까?

Kann ich 200 Euro abheben?
칸 이히 쯔바이훈더트 오이로 압헤벤

■ 500유로를 제 계좌에 예금하고 싶습니다.

Ich möchte 500 Euro auf mein Konto einzahlen.
이히 뫼히테 퓐프훈더트 오이로 아우프 마인 콘토 아인짤렌

■ 얼마를 예금하시려고 합니까?

Wie viel wollen Sie einzahlen?
뷔　필　볼렌　　지　아인짤렌

■ 200유로를 예금하고 싶습니다.

Ich möchte 200 Euro einzahlen.
이히 뫼히테　쯔바이훈더트 오이로 아인짤렌

■ 여기서 돈을 이체할 수 있습니까?

Kann ich hier Geld überweisen?
탄　　이히 히어　겔트　위버바이젠

■ 정기적으로 돈을 이체하고 싶습니다.

Ich möchte regelmäßig Geld überweisen.
이히 뫼히테　레겔메씨히　　겔트　위버바이젠

■ 월세를 이체하고 싶은데요.

Ich möchte die Miete überweisen.
이히 뫼히테　디　미테　위버바이젠

■ 제 계좌에 돈이 들어왔나요?

Ist Geld für mich eingegangen?
이스트 겔트 퓨어 미히　아인게강엔

Tip 　돈을 인출할 때는 abheben, 예금할 때는 einzahlen, 출금할 경우에는 auszahlen, 이체할 경우에는 überweisen이라는 동사를 사용합니다.

기본표현

A : Kann ich hier ein Konto eröffnen?
칸   이히 히어 아인 콘토   에어외프넨

B : Was für ein Konto brauchen Sie?
봐스 퓨어 아인 콘토   브라우헨   지

A : 여기서 계좌를 개설할 수 있나요?
B : 어떤 계좌가 필요하신데요?

 표현늘리기

■ 계좌를 개설하고 싶습니다.

Ich möchte ein Konto eröffnen.
이히 뫼히테   아인 콘토   에어외프넨

■ 무엇 때문에 계좌가 필요하신 건가요?

Wozu brauchen Sie ein Konto?
보쭈   브라우헨   지 아인 콘토

■ 제가 정기적으로 월세를 이체해야 하기 때문입니다.

Weil ich regelmäßig die Miete überweisen muss.
봐일 이히 레겔메씨히   디 미테 위버바이젠   무쓰

■ 그럼 당신은 지로계좌가 필요합니다.

Dann brauchen Sie ein Girokonto.
단   브라우헨   지 아인 지로콘토

■ 그냥 저축 좀 하려고요.

Einfach zum Sparen!
아인파흐　쯤　슈파렌

■ 그럼 저축계좌가 맞는 겁니다.

Dann ist das Sparkonto für Sie das Richtige.
단　이스트 다스 슈파콘토　퓨어 지　다스 리히티게

■ 여기에 있는 이 신청서를 작성하셔야 합니다.

Sie müssen das Formular hier ausfüllen.
지　뮈쎈　다스 포어물라　히어　아우스퓔렌

■ 이 신청서를 작성해 주십시오.

Füllen Sie bitte dieses Formular aus.
퓔렌　지 비테　디제스　포어물라　아우스

■ 여권 지참하셨습니까?

Haben Sie Ihren Pass dabei?
하벤　지　이어렌 파스　다바이

■ 여권을 좀 보여주세요.

Zeigen Sie mir mal Ihren Pass bitte.
짜이겐　지　미어 말　이어렌 파스　비테

Tip '계좌를 개설하다'는 Konto eröffnen이라고 합니다. 은행에서 처음 계좌를 개설하려고 할 경우 은행직원에게 Kann ich hier ein Konto eröffen?(제가 여기서 계좌를 개설할 수 있나요?)라고 질문하거나 아니면 Ich möchte ein Konto eröffnen.(저는 계좌 하나를 개설하고 싶습니다.)이라고 말하면 됩니다.

단어늘리기

기본단어

geschlossen	게슐로쎈	닫혀진(schiessen의 과거분사형)
schließen	슐리쎈	닫다
Dollar	돌라	달러
wechseln	벡셀른	교환하다, 바꾸다
Won	원	원화(한국의 화폐단위)
Yen	옌	엔화(일본의 화폐단위)
Kurs	쿠어스	환율, 시세
abheben	압헤벤	인출하다
jederzeit	예더차잇	언제든지
Geldautomat	겔트아우토맛	현금인출기
Konto	콘토	계좌
einzahlen	아인짤렌	입금하다
überweisen	위버바이젠	이체하다
Geld	겔트	돈
eingehen	아인게엔	들어가다
eröffnen	에어외프넨	개설하다
wozu	보쭈	무엇 때문에
weil	봐일	왜냐하면 ~이기 때문에 (접속사)
einfach	아인파흐	단순한, 쉬운, 그저
Sparen	슈파렌	저축하기, 저축
dann	단	그렇다면, 그러면
das Richtige	다스 리히티게	올바른 것, 맞는 것

> 관련단어

[은행]

Bankleitzahl	방크라잇짤	은행 고유번호
Kontonummer	콘토눔머	계좌번호
Vollmacht	폴마흐트	전권위임, 위임장
Dauerauftrag	다우어아우프트락	자동이체
Kontoauszug	콘토아우스쭉	입출금 거래내역서
IBAN	이반	국제은행 계좌번호
Geldkarte	겔트카르테	현금카드
Kreditkarte	크레딧카르테	신용카드
Girokonto	지로콘토	지로계좌
Sparkonto	슈파콘토	저축계좌
Sperrkonto	슈페어콘토	지급동결계좌
Scheck	쉑	수표
Überweisung	위버바이중	이체
Schufa	슈파	신용조사기관
Zinsen	찐젠	이자
Soll	졸	지출
Haben	하벤	수입
Einzahlung	아인짤룽	입금
Auszahlung	아우스짤룽	출금
Depositum	데포지툼	예치금
Online-Banking	온라인뱅킹	온라인 뱅킹
Kontokündigung	콘토퀸디궁	계좌해약

독일의 고속도로 아우토반(Autobahn)

독일의 고속도로를 아우토반이라 합니다. 아우토반은 말 그대로 '자동차의 길', 즉 '자동차 전용 고속도로'를 의미합니다. 한국에서는 '무제한 고속도로'로 잘 알려져 있습니다. 아우토반의 최초 건설 계획은 1920년대 바이마르 공화국 때부터라고 하지만 본격적으로 전국을 연결하는 자동차 전용 도로망을 갖추기 시작한 것은 히틀러의 나치정권 때부터라 할 수 있습니다.

아우토반은 제한속도가 없는 것으로 유명합니다. 하지만 실제로 거의 모든 아우토반에는 권장 속도 내지는 제한속도가 있습니다. 실제 속도제한이 없는 구간은 전 구간의 20% 정도라고 합니다. 도로의 종류나 지역별로 약간의 차이가 있으나 100∼130km의 제한속도가 있습니다. 심지어 아우토반이 도심 구간이라면 제한속도가 50∼60km인 곳들도 있습니다.

속도 무제한 구역이 존재하고 제한속도도 높은 편임에도 불구하고 독일의 고속도로 사고율은 세계적으로 낮은 편입니다. 다른 유럽인들보다도 독일인들은 도로상에서의 준법정신, 양보정신이 뛰어납니다. 추월규칙도 철저히 지키는 편입니다. 또한 독일 아우토반의 특징 중 하나는 고속도로 통행료가 없다는 것입니다. 다른 유럽국가들이 통행료를 징수하는 데 반해 독일은 통행료를 받지 않습니다. 고속도로 이용요금을 징수하지 않고도 충분히 운영 가능한 독일의 국력을 엿볼 수 있습니다.

제 19 장

우체국

1. 우체국이 어디 있죠?
2. 우표값은 얼마입니까?
3. 이 소포를 한국으로 보내고 싶습니다.

기본표현

A : Wo ist denn die Post?
보 이스트 덴   디   포스트

B : Die ist ganz in der Nähe.
디   이스트 간쯔   인 데어 네에

A : 우체국이 어디에 있나요?

B : 아주 가까이에 있습니다.

 표현늘리기

■ 우체국이 어디 있나요?

Wo finde ich die Post?
보   핀데   이히 디   포스트

■ 우체통은 어디에 있나요?

Wo liegt der Postbriefkasten?
보   릭트   데어 포스트브리프카스텐

■ 우체국은 몇 시에 닫습니까?

Um wie viel Uhr schließt die Post?
움 뷔 필 우어 슐리스트   디 포스트

■ 보통우편 한 통에 얼마입니까?

Was kostet ein Standardbrief?
봐스   코스텟   아인 슈탄닷브리프

■ 90센트입니다.

Neunzig Cent, bitte.
노인찌히　센트　비테

■ 이 편지를 한국으로 보내고 싶은데요.

Ich möchte diesen Brief nach Korea schicken.
이히 뫼히테　디젠　브리프 나흐　코레아　쉬켄

■ 이 편지를 등기로 보내고 싶습니다.

Ich möchte diesen Brief per Einschreiben senden.
이히 뫼히테　디젠　브리프 퍼　아인슈라이벤　젠덴

■ 이 편지를 항공우편으로 보내고 싶습니다.

Ich möchte diesen Brief mit Luftpost senden.
이히 뫼히테　디젠　브리프 밋　루프트포스트 젠덴

■ 속달로 보내주세요.

Per Eilboten, bitte!
퍼　아일보텐　비테

■ 이 편지가 한국에는 언제 도착할까요?

Wann kommt dieser Brief in Korea an?
봔　콤트　디저　브리프 인 코레아　안

Tip Post는 여성명사로서 '우체국'이란 뜻입니다. '우체국'을 Postamt라고 하기도 합니다. 우체국을 통해서 편지나 소포 따위를 보낼 때는 일반적으로 senden이나 schicken 동사를 사용하는데, '이 편지를 한국으로 보내고 싶습니다.'라고 표현하려면 Ich möchte diesen Brief nach Korea schicken.라고 합니다.

기본표현

A : Wie hoch ist das Porto?
뷔   호흐   이스트 다스   포르토

B : Das macht zwei Euro fünfzig.
다스   마흐트   쯔바이   오이로   퓐프찌히

A : 우표값이 얼마입니까?
B : 2유로 50센트입니다.

 표현늘리기

■ 편지 한 통에 우표값이 얼마입니까?

Wie viel kostet das Porto für einen Brief?
뷔   필   코스텟   다스 포르토   퓨어 아인   브리프

■ 편지 한 통에 얼마짜리 우표를 붙여야 하나요?

Wie viel muss ich einen Brief frankieren?
뷔   필   무스   이히 아이넨   브리프 프랑키어렌

■ 얼마짜리 우표를 붙여야 합니까?

Wie viel muss ich draufkleben?
뷔   필   무스   이히 드라우프클레벤

■ 90센트짜리 우표 5장 주세요.

Fünf Briefmarken zu neunzig Cent, bitte.
퓐프   브리프마르켄   쭈 노인찌히   센트   비테

■ 1유로짜리 우표 10장 주세요.

Zehn Briefmarken zu einem Euro.
첸   브리프마르켄   쭈 아이넴   오이로

■ 다 합해서 얼마입니까?

Wie viel kostet das alles zusammen?
뷔   필   코스텟   다스   알레스 쭈잠멘

■ 모두 합쳐 4유로 50센트입니다.

Das macht zusammen vier Euro fünfzig.
다스   마흐트   쭈잠멘   피어 오이로 퓐프찌히

■ 등기로 부치면 얼마입니까?

Was kostet das per Einschreiben?
봐스   코스텟   다스 퍼   아인슈라이벤

■ 우편엽서 하나가 얼마죠?

Wie viel kostet eine Postkarte?
뷔   필   코스텟   아이네 포스트카르테

■ 우편엽서 3장 주세요.

Ich hätte gern drei Postkarten.
이히 헤테   게언   드라이 포스트카르텐

Tip

우체국이나 우편물에 주로 사용되는 용어들이 있는데 Briefmarke, Porto, frankieren 등이 그렇습니다. Briefmarke는 '우표', Porto는 '우편요금', frankieren 은 '우표를 붙이다'라는 뜻입니다.

351

기본표현

A : Ich möchte dieses Paket nach Korea schicken.
이히 뫼히테   디제스   파켓   나흐   코레어   쉬켄

B : Legen Sie bitte Ihr Paket auf die Waage.
레겐   지   비테   이어 파켓   아우프 디   바게

A : 이 소포를 한국으로 보내고 싶은데요.
B : 소포를 저울에 올려주세요.

 표현늘리기

■ 소포 부치는 곳이 어디죠?

Wo ist die Paketannahme?
보   이스트 디   파켓안나메

■ 이 소포를 베를린으로 보내고 싶은데요.

Ich möchte dieses Paket nach Berlin senden.
이히 뫼히테   디제스   파켓   나흐   베얼린   젠덴

■ 소포 안에 무엇이 있나요?

Was ist in diesem Paket?
봐스 이스트 인 디젬   파켓

■ 책과 기념품들이 있습니다.

Bücher und Souvenirs.
뷔허   운트   주베니어스

■ 저울에 올려주세요.

Legen Sie es bitte auf die Waage!
레겐　　지　에스 비테　아우프 디　바게

■ 이 서류를 작성해 주세요.

Füllen Sie bitte dieses Formular aus!
퓔렌　　지　비테　디제스　포어물라　　아우스

■ 등기로 얼마입니까?

Was kostet das per Einschreiben?
봐스　코스텟　다스　퍼　아인슈라이벤

■ 12유로 40센트입니다.

Das macht zwölf Euro vierzig.
다스　마흐트　쯔뵐프　오이로　피어찌히

■ 이 소포가 베를린에는 언제 도착합니까?

Wann kommt dieses Paket in Berlin an?
봔　　콤트　　디제스　　파켓　인 베얼린　안

■ 아마 이틀 정도 걸릴 거예요.

Es wird wahrscheinlich zwei Tage dauern.
에스 비엇　봐샤인리히　　쯔바이 타게　다우언

Tip 　편지나 소포물을 등기로 부칠 때에는 Einschreiben을 사용하는데, per
Einschreiben이 '등기로'입니다. 여기서 per는 통신 수단이나 의사소통 수단 앞
에서 사용되어 '~을 수단으로 하여'란 의미를 갖게 됩니다. '휴대폰으로'는 per
Handy, '이메일로'는 per E-Mail이 됩니다.

단어늘리기

Postbriefkasten	포스트브리프카스텐	우체통
Cent	센트	센트(화폐단위)
per	퍼	~당, ~로
senden	젠덴	보내다
per Eilboten	퍼 아일보텐	속달로, 빠른우편으로
frankieren	프랑키어렌	우표를 붙이다
draufkleben	드라우프클레벤	~에 붙이다
Postkarte	포스트카르테	우편엽서
legen	레겐	올리다, ~위에 두다
Waage	바게	저울
Paketannahme	파켓안나메	소포 부치는 곳
Bücher	뷔허	책(Buch) 의 복수형
Souvenir	주베니어	기념품
wahrscheinlich	봐샤인리히	아마, 예상컨대

관련단어

[우체국]

Postamt	포스트암트	우체국
Standardbrief	슈탄닷브리프	보통우편
Brief	브리프	편지
Einschreiben	아인슈라이벤	등기
Absender	압젠더	발신인
Empfänger	엠펭어	수취인
Luftpost	루프트포스트	항공우편

Expressbrief	엑스프레스브리프	속달우편
Porto	포르토	우편요금
Paket	파켓	소포
Päckchen	펙헨	작은 소포
Briefmarke	브리프마르케	우표
Sendungsverfolgung	젠둥스페어폴궁	우편물 추적
Zustellung	쭈슈텔룽	송달, 배달
Nachsendung	나흐젠둥	추송, 주소이전 배달
Briefkasten	브리프카스텐	우체통, 우편함
Ansichtskarte	안지히츠카르테	그림엽서
Briefträger	브리프트레거	우편배달부
Postleitzahl	포스트라잇짤	우편번호
Postbeamte	포스트베암테	우체국 직원

독일의 스포츠

독일은 스포츠의 나라입니다. 올림픽 무대나 각종 세계 선수권대회에서

상위 성적을 보이고 있으며 생활체육이 활성화되어 있기도 합니다. 독일에서 가장 인기있는 스포츠는 축구라고 할 수 있습니다. 이미 세계 최고 수준의 관중 참가율을 보이고 있는 분데스리가(Bundeslaga)는 유럽의 4대 리그에 속하며, 월드컵에서도 독일 대표팀은 좋은 성적을 보여왔습니다. 독일은 월드컵에서 4회 우승(1954, 1974, 1990, 2014)을 하여 브라질에 이어 두번째 최다 우승 국가로 기록되고 있으며 프란츠 베켄바우어, 게르트 뮐러 등 유명한 선수를 배출하기도 했습니다.

축구뿐만 아니라 각종 스포츠에서도 독일은 두각을 보이고 있습니다. 테니스에서 보리스 베커, 슈티피 그라프 등이 메이저 대회를 여러 차례 우승하여 이름을 드높였고, 자동차 경주대회인 F1에서도 미카엘 슈마허가 최다 우승 기록을 보유하고 있습니다.

독일 스포츠가 강세를 보이고 있는 이유 중의 하나는 생활체육 중심의 스포츠 정책 때문이라고 할 수 있습니다. 생활체육 시설이 전국적으로 균등하게 분포되어 있고 이것을 중심으로 9만 개가 넘는 스포츠클럽이 결성되어 있습니다. 독일 인구 8,200만 명 중 1/4은 체육단체 중 어느 한 곳의 회원일 정도로 각종 스포츠가 일상화되어 있습니다. 독일 스포츠 연맹(DSB)이 최고 기구로서 독일 스포츠 전반의 정책을 결정하고 관장합니다.

제 20 장

여러 가지 상황

기본표현

A : Ich möchte diese Kleider reinigen lassen.
이히 뫼히테 디제 클라이더 라이니겐 라쎈

B : Wann können Sie Ihre Wäsche abholen?
반 쾨넨 지 이어레 베쉐 압홀렌

A : 이 옷들을 세탁 맡기고 싶습니다.
B : 세탁물을 언제 찾아가실 수 있나요?

 표현늘리기

■ 가까운 세탁소가 어디에 있나요?

Wo ist die nächste Reinigung?
보 이스트 디 넥스테 라이니궁

■ 이 양복을 세탁해 주세요.

Ich möchte diesen Anzug reinigen lassen.
이히 뫼히테 디젠 안쭉 라이니겐 라쎈

■ 언제까지 될까요?

Wann wird es fertig sein?
반 뷔엇 에스 페어티히 자인

■ 저는 양복이 내일 오후까지는 필요합니다.

Ich brauche ihn bis morgen Nachmittag.
이히 브라우헤 인 비스 모르겐 나흐미탁

■ 이 옷을 내일까지 세탁해 주시겠습니까?

Können Sie das Kleid bis morgen reinigen?
쾨넨   지   다스   클라잇   비스 모르겐   라이니겐

■ 내일 오후 2시까지는 안 됩니다.

Morgen vor 14 Uhr geht es leider nicht.
모르겐   포어 피어첸 우어 게엣   에스 라이더   니히트

■ 이 바지를 좀 줄이고 싶습니다.

Ich möchte diese Hose etwas kürzen lassen.
이히 뫼히테   디제   호제   에트바스 퀴어쩬   라쎈

■ 대충 얼마나 걸릴까요?

Wie lange wird es wohl dauern?
뷔   랑에   뷔엇   에스 볼   다우언

■ 세탁물을 언제 찾아갈 수 있을까요?

Wann kann ich meine Wäsche abholen?
반   칸   이히 마이네   베쉐   압홀렌

■ 세탁물을 찾고 싶습니다.

Ich möchte meine Wäsche abholen.
이히 뫼히테   마이네   붸쉐   압홀렌

Tip   '세탁하다'는 reinigen 동사를 사용하는데, 세탁소에 세탁물을 맡길 경우에는 '~하게 하다'라는 뜻의 lassen 동사가 추가로 필요합니다. 스스로 세탁하는 것이 아니라 남에게 세탁을 맡기는 것이므로 reinigen lassen이라고 말하는 것입니다. 예를 들어 '이 양복을 세탁해 주세요.'라고 하려면 Ich möchte diesen Anzug reinigen lassen.이라고 말할 수 있습니다.

Part 02 이발 좀 하고 싶습니다.

기본표현

A : Ich möchte gerne einen Haarschnitt.
이히 뫼히테 게어네 아이넨 하르슈닛

B : Wie möchten Sie es haben?
뷔 뫼히텐 지 에스 하벤

A : 이발 좀 하고 싶습니다.
B : 어떻게 해드릴까요?

 표현늘리기

■ 커트 좀 하고 싶습니다.

Ich möchte mir die Haare schneiden lassen.
이히 뫼히테 미어 디 하레 슈나이덴 라쎈

■ 어떻게 잘라드릴까요?

Wie soll ich sie schneiden?
뷔 졸 이히 지 슈나이덴

■ 너무 짧지 않게 부탁드려요.

Nicht zu kurz, bitte.
니히트 쭈 쿠어츠 비테

■ 아주 짧게 잘라주세요.

Ich hätte es gerne sehr viel kürzer.
이히 헤테 에스 게어네 제어 필 퀴어쩌

■ 여기까지만 잘라주세요.

Ungefähr bis hier.
웅게페어　비스　히어

■ 뒷머리는 좀 더 짧게 해주세요.

Hinten etwas kürzer, bitte.
힌텐　에트봐스 퀴어쩌　비테

■ 파마 좀 해주세요.

Können Sie mir eine Dauerwelle machen?
쾨넨　지 미어 아이네 다우어벨레　마헨

■ 염색 좀 하고 싶습니다.

Ich möchte meine Haare färben lassen.
이히 뫼히테　마이네　하레　페어벤　라쎈

■ 머리 좀 감겨주세요.

Ich möchte mir die Haare waschen lassen.
이히 뫼히테　미어 디　하레　봐쉔　라쎈

■ 드라이 해드릴까요?

Föhnen?
푀넨

Tip
　　미용실 등에서 머리를 자를 때도 lassen 동사가 필요합니다. 자신이 스스로 머리카락을 자르는 것이 아니라 남에게 시켜서 자르는 것이므로 schneiden lassen으로 표현해야 하고, 염색하거나 머리를 감을 때도 lassen 동사가 필요합니다.

361

기본표현

> **A : Kann ich hier das Buch bestellen?**
> 칸   이히 히어 다스 부흐   베슈텔렌
>
> **B : Ja, natürlich. Wie lautet der Buchtitel?**
> 야   나튀얼리히   뷔   라우텟   데어 부흐티텔
>
> A : 여기서 책을 주문할 수 있을까요?
> B : 예, 물론이죠. 책 제목이 뭐죠?

📝 표현늘리기

■ 근처에 서점이 어디에 있습니까?

Wo ist die nächste Buchhandlung?
보 이스트 디 넥스테   부흐한틀룽

■ 독한 사전을 찾고 있습니다.

Ich suche ein Deutsch-Koreanisches Wörterbuch.
이히 주헤   아인 도이취-코레아니쉐스   뵈어터부흐

■ 사전류는 2층에 있습니다.

Die Wörterbücher finden Sie im zweiten Stock.
디 뵈어터뷔허   핀덴   지 임 쯔바이텐   슈톡

■ 소설책 하나를 찾는데요. 이것이 제목입니다.

Ich suche einen Roman. Das ist der Titel.
이히 주헤   아이넨 로만   다스 이스트 데어 티텔

■ 죄송하지만 지금 그 책이 없는데요.

Im Moment haben wir das Buch leider nicht.
임 모멘트 하벤 뷔어 다스 부흐 라이더 니히트

■ 그 책은 다 팔렸습니다.

Das Buch ist ausverkauft.
다스 부흐 이스트 아우스페어카우프트

■ 그 책은 현재 절판되었습니다.

Das Buch ist zur Zeit vergriffen.
다스 부흐 이스트 쭈어 짜잇 페어그리펜

■ 하지만 책을 주문해 드리겠습니다.

Wir bestellen es Ihnen aber gerne.
뷔어 베슈텔렌 에스 이넨 아버 게어네

■ 주문하시겠어요?

Wollen Sie es bestellen?
볼렌 지 에스 베슈텔렌

■ 그 책을 언제 가지러 올 수 있습니까?

Wann kann ich denn das Buch abholen?
봔 칸 이히 덴 다스 부흐 압홀렌

Tip 서점에서 자신이 원하는 책을 찾을 수 없다면 주문을 해야 합니다. '주문하다'라는 뜻의 동사는 카페나 레스토랑에서 주문하는 것처럼 bestellen 동사를 사용합니다. 또한 다 팔렸음을 알리는 단어는 ausverkauft, 절판되었을 경우에는 vergriffen을 사용하니 단어의 뜻을 구분하여 익히도록 합시다.

기본표현

A : Entschuldigung, wo ist die Apotheke?

엔트슐디궁   보   이스트 디   아포테케

B : Tut mir leid, ich bin fremd hier.

툿   미어 라잇 이히 빈   프렘트   히어

A : 실례합니다. 약국이 어디에 있죠?

B : 죄송하지만 저도 여기 처음이라서요.

 표현늘리기

■ 근처에 약국이 어디에 있죠?

Wo ist die nächste Apotheke?

보 이스트 디 넥스테   아포테케

■ 독감약 좀 주세요.

Ich hätte gern ein Mittel gegen Grippe.

이히 헤테   게언 아인 미텔   게겐   그리페

■ 처방전 가지고 계신가요?

Haben Sie Ihr Rezept dabei?

하벤   지 이어레 레쳅트   다바이

■ 그것은 처방전에 있어야 합니다.

Es ist rezeptpflichtig.

에스 이스트 레쳅트플리히티히

■ 여기에 처방전이 있습니다.

Hier ist mein Rezept.

히어 이스트 마인 레첸트

■ 설사약 좀 주세요.

Ich brauche ein Mittel gegen Durchfall.

이히 브라우헤 아인 미텔 게겐 두르히팔

■ 해열제 좀 주세요.

Ich brauche ein Mittel gegen Fieber.

이히 브라우헤 아인 미텔 게겐 피버

■ 이것을 어떻게 복용해야 합니까?

Wie muss ich das einnehmen?

뷔 무스 이히 다스 아인네멘

■ 매일 세 번 식전에 한 알씩 드세요.

Dreimal täglich vor dem Essen eine Tablette.

드라이말 테클리히 포어 뎀 에쎈 아이네 타블레테

■ 하루 두 번 5방울씩 드세요.

Zweimal täglich jeweils fünf Tropfen.

쯔바이말 테클리히 예봐일스 퓐프 트롭펜

Tip 설사약이나 해열제 등 약의 종류를 말할 때 전치사 gegen을 사용하는 경우가
많습니다. 전치사 gegen은 '~에 대항하여', '~에 상대하여'라는 뜻으로서, 각종 약
이 '특정 질병을 상대하는 약'이라는 개념으로 이용되기 때문입니다. 이에 따라 독
감약은 ein Mittel gegen Grippe, 설사약은 ein Mittel gegen Durchfall, 해열제는
ein Mittel gegen Fieber 등으로 표현할 수 있습니다.

Part 05

가방을 잃어버렸는데요.

A : Ich habe meine Tasche verloren.

이히 하베   마이네   타쉐   페어로렌

B : Melden Sie den Verlust bei der Polizei!

멜덴   지   덴   페어루스트 바이 데어 폴리짜이

A : 가방을 잃어버렸는데요.

B : 경찰에 분실 신고를 하세요.

 표현늘리기

■ 지갑을 분실했습니다.

Ich habe mein Portemonnaie verloren.

이히 하베   마인   포르테모네   페어로렌

■ 분실물센터에 신고하실 수 있습니다.

Sie können den Verlust beim Fundbüro melden.

지   쾨넨   덴   페어루스트 바임   푼트뷔로   멜덴

■ 경찰서에 신고하셔야 합니다.

Sie müssen den Verlust bei der Polizei melden.

지   뮈쎈   덴   페어루스트 바이 데어 폴리짜이   멜덴

■ 여기서 분실 신고를 할 수 있나요?

Kann ich hier einen Verlust melden?

칸   이히 히어 아이넨   페어루스트 멜덴

■ 무엇을 분실하셨는데요?

Was haben Sie denn verloren?
봐스 하벤   지 덴   페어로렌

■ 여권을 분실했습니다.

Ich habe meinen Pass verloren.
이히 하베   마이넨   파스   페어로렌

■ 한국 영사관으로 가십시오.

Gehen Sie bitte zum koreanischen Konsulat!
게엔   지 비테 쭘   코레아니쉔   콘줄랏

■ 핸드백을 도난당했습니다.

Mir wurde meine Handtasche gestohlen.
미어 부어데   마이네   한트타쉐   게슈톨렌

■ 핸드백이 어떻게 생겼습니까?

Wie sieht Ihre Handtasche aus?
뷔   지잇 이어레 한트타쉐   아우스

■ 경찰을 불러야겠습니다.

Ich muss die Polizei rufen.
이히 무스   디   폴리짜이 루펜

Tip
독일어로 '잃다'는 verlieren, '잊다'는 vergessen입니다. 이미 무엇인가를 잃어
버렸을 때는 verlieren의 과거분사인 verloren을 사용하여 현재완료로 나타냅니다.
만일 여권을 잃어버렸을 경우에는 Ich habe meinen Pass verloren.(저는 제 여권
을 잃어버렸습니다.)이라고 표현합니다. 동사 verlieren의 명사형은 '손실', '누락'을
의미하는 Verlust입니다.

Part 06

자동차가 고장 났습니다.

A : Was ist denn passiert?
봐스   이스트 덴   파씨어트

B : Mein Auto ist gerade kaputt gegangen.
마인   아우토 이스트 게라데   카풋   게강엔

A : 무슨 일입니까?
B : 제 자동차가 방금 고장 났습니다.

표현늘리기

■ 가까운 자동차 정비소가 어디 있나요?

Wo ist die nächste Autowerkstatt?
보   이스트 디   넥스테   아우토베어크슈탓

■ 자동차가 고장 났습니다.

Mein Auto ist nicht in Ordnung.
마인   아우토 이스트 니히트 인 오어트눙

■ 운행 중에 타이어가 펑크 났습니다.

Mir ist auf dem Weg ein Reifen geplatzt.
미어 이스트 아우프 뎀   벡   아인 라이펜   게플랏츠트

■ 시동이 걸리지 않습니다.

Mein Auto springt nicht an.
마인   아우토 슈프링트   니히트   안

■ 엔진오일 좀 갈아주시겠습니까?

Kann ich das Motoröl wechseln lassen?

칸 　 이히 다스 　모토욀 　 벡셀른 　 라쎈

■ 자동차 응급 수리가 필요합니다.

Ich brauche eine Pannenhilfe.

이히 브라우헤 　 아이네 판넨힐페

■ 제 자동차를 견인해 주시겠습니까?

Kann ich mein Auto abschleppen lassen?

칸 　 이히 마인 　 아우토 　압슐레펜 　 라쎈

■ 브레이크가 정상이 아닙니다.

Die Bremsen funktionieren nicht mehr richtig.

디 　브렘젠 　 풍크치오니어트 　 니히트 메어 　리히티히

■ 불도 안 들어오네요.

Das Licht geht auch nicht.

다스 리히트 게엣 　아우트 니히트

■ 차가 언제까지 되겠습니까?

Bis wann soll das Auto fertig sein?

비스 　완 　 졸 　 다스 아우토 페어티히 자인

Tip
어떤 물건이 고장 났을 때 kaputt이라는 형용사를 주로 사용하는데, 같은 뜻의 다른 표현으로는 nicht in Ordnung sein도 있습니다. Ordnung은 사전적 의미로는 '질서', '정돈'이란 뜻이며, '정상적인 상태'라면 in Ordnung sein이라고 할 수 있습니다. '괜찮다', '아무런 이상이 없다'라고 표현 할 때 Das ist in Ordnung.이라고 합니다.

기본표현

A : Ich habe einen Autounfall.
이히 하베 아이넨 아우토운팔

B : Ach, du lieber Himmel!
아흐 두 리버 힘멜

A : 나 자동차 사고가 났어.
B : 아이고, 이런 일이 있을 수가!

표현늘리기

■ 교통사고가 났어요.

Es ist ein Autounglück geschehen.
에스 이스트 아인 아우토운글뤽 게쉐엔

■ 다쳤습니다.

Ich bin verletzt.
이히 빈 페어렛츠트

■ 제가 차에 치었습니다.

Ich bin angefahren worden.
이히 빈 안게파렌 보어덴

■ 구급차 좀 불러주세요.

Bitte rufen Sie die Rettungswagen.
비테 루펜 지 디 레퉁스봐겐

■ 경찰에 알려주세요.

Verstädigen Sie bitte die Polizei.

페어슈텐디겐   지   비테   디   폴리짜이

■ 그 사람이 과속을 했습니다.

Er ist zu schnell gefahren.

에어 이스트 쭈 슈넬   게파렌

■ 그 사람이 신호를 무시했습니다.

Er hat die Ampel ignoriert.

에어 핫 디   암펠   이그노리어트

■ 운전자가 너무 늦게 브레이크를 밟았네요.

Der Autofahrer hat zu spät gebremst.

데어 아우토파러   핫 쭈 슈펫 게브렘스트

■ 운전자가 주의하지 않았습니다.

Der Autofahrer hat nicht aufgepasst.

데어 아우토파러   핫   니히트 아우프게파스트

■ 제 잘못이 아닙니다.

Daran habe ich keine Schuld.

다란   하베   이히 카이네   슐트

Tip '차에 치었다'고 할 때는 anfahren이라는 동사를 사용하는데, 실제로는 차가 친 것이고 사람이 당한 것이기 때문에 사람을 주어로 할 때는 수동태로 표현해야 합니다. 수동형을 현재완료형태로 쓸 때에는 werden의 과거분사인 geworden에서 ge를 뺀 형태를 사용합니다. 따라서 '제가 차에 치었어요.'는 Ich bin angefahren worden.이 됩니다.

기본표현

A : Darf ich hier fotografieren?
다르프 이히 히어 포토그라피어렌

B : Ja, aber ohne Blitzlicht.
야 아버 오네 블릿츠리히트

A : 여기서 사진을 찍어도 되나요?
B : 예, 그런데 플래시 터트리면 안 돼요.

표현늘리기

■ 여기서 사진 찍어도 되나요?

Darf ich hier Bilder machen?
다르프 이히 히어 빌더 마헨

■ 사진 좀 찍어주시겠습니까?

Könnten Sie ein Foto von mir machen?
퀸텐 지 아인 포토 폰 미어 마헨

■ 이 버튼을 누르시면 됩니다.

Drücken Sie bitte auf diesen Knopf.
드뤼켄 지 비테 아우프 디젠 크노프

■ 한 장만 더 찍어주세요.

Noch einmal, bitte.
노흐 아인말 비테

■ 당신 사진을 한 장 찍어도 되겠습니까?

Darf ich von Ihnen eine Aufnahme machen?

다르프 이히 폰　이넨　아이네 아우프나메　마헨

■ 우리가 같이 찍을 수 있을까요?

Können wir zusammen ein Foto machen?

쾨넨　뷔어 쭈잠멘　아인 포토　마헨

■ 여기는 사진촬영 금지입니다.

Hier ist verboten, Fotos zu machen.

히어 이스트 페어보텐　포토스 쭈 마헨

■ 근처에 사진관이 있습니까?

Gibt es in der Nähe ein Fotostudio?

깁트 에스 인 데어 네에　아인 포토슈투디오

■ 이 사진을 현상해 주세요.

Ich möchte meine Fotos entwickeln lassen.

이히 뫼히테　마이네　포토스　엔트비켈른　라쎈

■ 휴대폰 사진은 어떻게 현상할 수 있나요?

Wie kann man Fotos vom Handy entwickeln lassen?

뷔 칸　만　포토스 폼　핸디　엔트비켈른　라쎈

Tip

'사진을 찍다'라는 표현은 주로 fotografieren이나 Foto machen을 사용합니다. '여기서 사진 찍어도 되나요?'라고 물을 때는 Darf ich hier fotografieren? 혹은 Darf ich hier ein Foto machen?이라고 하면 됩니다.

기본표현

A : Kann ich mich hier anmelden?
칸   이히 미히   히어   안멜덴

B : Ja, Sie sind hier richtig.
야   지   진트   히어   리히티히

A : 여기서 입주신고를 할 수 있나요?
B : 예, 제대로 찾아오셨네요.

 표현늘리기

■ 전입신고를 하고 싶습니다.

Ich möchte mich hier anmelden.
이히 뫼히테   미히   히어   안멜덴

■ 여기가 거주민등록처입니까?

Ist hier das Einwohnermeldeamt?
이스트 히어 다스 아인보너멜데암트

■ 대기실에서 기다리세요.

Bitte warten Sie im Wartezimmer.
비테   봐르텐   지 임 봐르테침머

■ 다음 손님 오세요.

Der nächste, bitte!
데어   넥스테   비테

■ 여기 신청서를 작성하셔야 합니다.

Sie müssen das Formular hier ausfüllen.
지 뮈쎈 다스 포어물라 히어 아우스퓔렌

■ 여권 좀 보여주세요.

Zeigen Sie mir bitte Ihren Pass.
짜이겐 지 미어 비테 이어렌 파스

■ 새로 이사 온 집 주소가 어떻게 되죠?

Wo ist Ihre neue Wohnung?
보 이스트 이어레 노이에 보눙

■ 언제 입주하신 건가요?

Wann sind Sie eingezogen?
반 진트 지 아인게쪼겐

■ 임대계약서 가지고 오셨죠?

Haben Sie Ihren Mietvertrag dabei?
하벤 지 이어렌 밋페어트락 다바이

■ 여기에 서명하십시오.

Unterschreiben Sie hier, bitte.
운터슈라이벤 지 히어 비테

Tip

sich anmelden은 '신고하다' 또는 '등록하다'의 의미로 사용되는 동사입니다. 대체적으로 새로 이사 온 도시에 거주자 등록을 할 때 '전입신고를 하다'라는 뜻으로 사용되는데, 독일의 경우 여권과 임대계약서를 지참하고 관할 거주자등록청에 신고하면 됩니다.

이곳에 어떤 관광명소들이 있나요?

기본표현

A : Welche Sehenswürdigkeiten gibt es hier?
벨혜   제엔스뷔어디히카이텐   깁트 에스 히어

B : Hier ist das Stadtmuseum sehr berühmt.
히어 이스트 다스   슈탓무제움   제어   베륌트

A : 이곳에 어떤 관광명소들이 있나요?
B : 여기는 시립박물관이 아주 유명합니다.

표현늘리기

■ 관광안내소가 어디에 있나요?

Wo finde ich das Fremdenverkehrsbüro?
보   핀데   이히 다스 프렘덴페어케어스뷔로

■ 여기서 관광안내서를 받을 수 있나요?

Kann ich hier einen Reiseführer bekommen?
칸   이히 히어   아이넨   라이제퓨어러   베콤멘

■ 여기에서 시내 지도를 얻을 수 있나요?

Kann ich hier einen Stadtplan bekommen?
칸   이히 히어   아이넨   슈탓플란   베콤멘

■ 어느 곳을 구경하고 싶으세요?

Was möchten Sie sich ansehen?
봐스   뫼히텐   지   지히   안제엔

376

■ 특히 어떤 것이 볼 만합니까?

Was ist besonders sehenswert?

봐스 이스트 베존더스   제엔스베어트

■ 어떤 관광명소를 추천하시겠습니까?

Welche Sehenswürdigkeiten sind empfehlenswert?

벨헤   제엔스뷔어디히카이텐   진트   엠펠렌스베어트

■ 저는 시내일주 관광을 추천하고 싶습니다.

Ich möchte Ihnen eine Stadtrundfahrt empfehlen.

이히 뫼히테   이넨   아이네 슈탓룬트파르트   엠펠렌

■ 가이드 안내는 언제 시작됩니까?

Wann beginnt die Führung?

봔   비겐트   디   퓨어룽

■ 시내일주 코스가 1인당 얼마입니까?

Was kostet die Rundfahrt pro Person?

봐스   코스텟   디   룬트파르트   프로   페르존

■ 식사도 포함되나요?

Ist das Essen inbegriffen?

이스트 다스 에쎈   인베그리펜

Tip

Sehenswürdigkeiten은 '볼 가치가 있는 것들', 즉 '관광명소들'을 뜻하는 복수 형태의 단어입니다. 철자가 길지만 여행 중에 자주 사용할 수 있는 단어이기 때문에 여러 번 반복하여 발음하고 실전에 이용할 수 있도록 합시다. [제엔스뷔어디히카이 텐]이라고 발음합니다.

Kleider	클라이더	옷
reinigen	라이니겐	세척하다, 세탁하다
Wäsche	베쉐	세탁물
Reinigung	라이니궁	세탁, 세탁소
Anzug	안쪽	양복, 정장
Hose	호제	바지
kürzen	퀴어쩬	짧게 하다, 줄이다
Haarschnitt	하르슈닛	이발, 커트
Haare	하레	머리카락(Haar의 복수형)
schneiden	슈나이덴	자르다, 절단하다
kürzer	퀴어쩌	더 짧은(kurz의 비교급)
ungefähr	웅게페어	대략, 대충
Dauerwelle	다우어벨레	파마
färben	페어벤	염색하다
waschen	봐쉔	씻다
föhnen	푀넨	드라이하다, 머리를 말리다
lauten	라우튼	소리가 나다, ~라고 말하다
Buchtitel	부흐티텔	책 제목
Buchhandlung	부흐한틀룽	서점
Wörterbuch	뵈어터부흐	사전
Roman	로만	소설
Titel	티텔	제목
ausverkauft	아우스페어카우프트	다 팔린, 매진된
zur Zeit	쭈어 짜잇	현재
vergriffen	페어그리펜	절판된
Apotheke	아포테케	약국

378

Mittel	미텔	약, 수단, 재료
gegen	게겐	~에 대항하여
Grippe	그리페	독감
Rezept	레쳅트	처방전
rezeptpflichtig	레쳅트플리히티히	처방전 필수의
Durchfall	두르히팔	설사
einnehmen	아인네멘	복용하다
Tablette	타블레테	알약
täglich	테클리히	매일
jeweils	예바일스	그때그때의, 각각
Tropfen	트롭펜	알약
verlieren	페어리어렌	잃다
melden	멜덴	신고하다, 등록하다
Verlust	페어루스트	손실, 망실
Polizei	폴리짜이	경찰
Portemonnaie	포르테모네	지갑
Fundbüro	푼트뷔로	분실물 신고센터
Konsulat	콘줄랏	영사관
Handtasche	한트타쉐	핸드백
stehlen	슈텔렌	훔치다
rufen	루펜	부르다
passieren	파씨어렌	~(일이) 생기다, 일어나다
kaputt	카풋	고장 난
Autowerkstatt	아우토베어크슈탓	자동차 정비소
Ordnung	오어트눙	질서, 정돈
Weg	벡	길
Reifen	라이펜	타이어
platzen	플랏쩬	파열하다, 터지다
anspringen	안슈프링엔	시동 걸다

단어늘리기

Motoröl	모토욀	엔진오일
wechseln	벡셀른	교환하다, 바꾸다
Pannenhilfe	판넨힐페	응급수리
abschleppen	압슐레펜	견인하다
Bremse	브렘제	브레이크
funktionieren	풍크치오니어렌	작동하다, 기능하다
Autounfall	아우토운팔	자동차 사고
Himmel	힘멜	하늘
Autounglück	아우토웅글릭	자동차 사고
geschehen	게쉐엔	～ 일이 일어나다
verletzt	페어렛츠트	부상당한
anfahren	안파렌	(차로) 부딪치다, 충돌하다
Rettungswagen	레퉁스봐겐	구급차
verstädigen	페어슈텐디겐	알리다
Ampel	암펠	신호등
ignorieren	이그노리어렌	무시하다
Autofahrer	아우토파러	운전자
bremsen	브렘젠	브레이크 밟다
Schuld	슐트	책임
fotografieren	포토그라피어렌	사진 찍다
Blitzlicht	블릿츠리히트	플래시
drücken	드뤽켄	누르다
Knopf	크노프	단추, 버튼
Aufnahme	아우프나메	촬영
verboten	페어보텐	금지된
Fotostudio	포토슈투디오	사진관
entwickeln	엔트비켈른	(사진을) 현상하다
sich anmelden	지히 안멜덴	(입주)신고하다, 등록하다
richtig	리히티히	옳은

Einwohnermeldeamt		거주민등록처
	아인보너멜데암트	
der nächste	데어 넥스테	다음 사람
einziehen	아인찌엔	입주하다
Mietvertrag	밋페어트락	임대계약서
unterschreiben	운터슈라이벤	서명하다
Sehenswürdigkeit	제엔스뷔어디히카이트	관광명소
Stadtmuseum	슈탓무제움	시립박물관
berühmt	베륌트	유명한
Fremdenverkehrsbüro		관광안내소
	프렘덴페어케어스뷔로	
Reiseführer	라이제퓨어러	관광안내서
Stadtplan	슈탓플란	시내지도
besonders	베존더스	특히
sehenswert	제엔스베어트	볼 만한, 구경할 만한
empfehlenswert	엠펠렌스베어트	추천할 만한
Stadtrundfahrt	슈탓룬트파르트	시내일주 관광
empfehlen	엠펠렌	추천하다
Führung	퓨어룽	안내, 가이드
Rundfahrt	룬트파르트	일주, 순회여행
inbegriffen	인베그리펜	포함된

관련단어

[교통]

Eingang	아인강	입구
Ausgang	아우스강	출구
Einfahrt	아인파르트	진입(로)

381

단어늘리기

Ausfahrt	아우스파르트	출구
Kreuzung	크로이쭝	교차로
Einbahnstrasse	아인반슈트라쎄	일방통행
Umleitung	움라이퉁	우회로
Bürgersteig	뷔르거슈타익	인도
Zebrastreifen	쩨브라슈트라이펜	횡단보도
Parkverbot	파크페어봇	주차금지
Stau	슈타우	정체
Verkehrsschild	페어케어스쉴트	교통표지판
Personenbeförderung		승객운송
	페르조넨베푀더룽	
Güterbeförderung	귀터베푀더룽	화물운송

[관공서, 상점]

Amt	암트	관공서
Polizeiamt	폴리짜이암트	경찰서
Verkehrsamt	페어케어스암트	교통관리청
Standesamt	슈탄데스암트	혼인등록소
Zollamt	쫄암트	세관
Steueramt	슈토이어암트	세무서
Einwohnermeldeamt		거주자신고소
	아인보너멜데암트	
Feuerwehrstation	포이어베어슈타치온	소방서
Bank	방크	은행
Post	포스트	우체국
Museum	무제움	박물관
Galerie	갈러리	화랑, 미술관
Buchhandlung	부흐한틀룽	서점
Bäckerei	베커라이	빵집

Konditorei	콘디토라이	제과점
Friseurladen	프리죄어라덴	이발소, 미용실
Wäscherei	베셔라이	세탁소
Fotostudio	포토슈투디오	사진관
Immobilien	임모빌리엔	부동산중개소
Reisebüro	라이제뷔로	여행사
Supermarkt	주퍼마크트	슈퍼마켓, 마트
Feinkostladen	파인코스트라덴	식품점
Metzgerei	메츠거라이	정육점
Obstladen	옵스트라덴	과일상점
Gemüsehändler	제뮈제헨틀러	채소가게
Autowerkstatt	아우토베어크슈탓	자동차 정비소
Cafe	카페	카페
Bibliothek	비블리오텍	도서관
Tankstelle	탕크슈텔레	주유소

뮌헨의 마리엔 광장

   베를린, 함부르크에 이어 독일에서 세번째 규모를 자랑하는 뮌헨(München)은 세계 최대의 맥주 축제 옥토버페스트의 본고장입니다. 독일 축구 클럽의 자존심 바이에른 뮌헨의 홈구장이 위치한 곳이기도 합니다. 이러한 뮌헨의 중심부에 위치한 마리엔 광장(Marienplatz). 광장 주변에 신시청사(Neues Rathhaus)와 프라우엔 교회(Frauenkirche) 등 관광명소가 집중되어 있습니다. 마리엔 광장의 명물인 신시청사는 1869년부터 1909년에 걸쳐 네오고딕양식으로 건축되었다고 합니다.

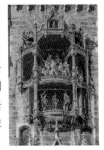

   신시청사 가운데에 위치한 시계탑의 종놀이(Glockenspiel)는 또 하나의 볼거리입니다. 3월부터 10월까지 매일 12시 정오와 오후 5시, 9시에 종소리와 함께 인형들이 돌아가면서 펼쳐지는 인형극을 볼 수 있습니다. 15세기 빌헬름 5세의 결혼식과 사육제를 맞이하여 춤을 추는 인형이라고 합니다. 종이 울리며 인형극이 펼쳐지는 시간엔 많은 관광객들이 모여들기도 합니다.

   광장의 한가운데는 뮌헨의 수호신 마리아탑이 세워져 있습니다. 뮌헨의 기준점이라고 일컬어지는 이 마리아탑의 제일 위쪽에는 예수를 안고 있는 황금색 마리아상이 세워져 있습니다. 주변에는 장난감박물관(Spielzeugmuseum), 구시청사가 있고 카페 쇼핑센터 등도 많아 한곳에서 한꺼번에 관광을 할 수 있다는 장점이 있습니다.

GERMAN

부록

▶ 초심자를 위한 독일어 막사용 설명서

▶ 그림 단어

▶ 단어 찾아보기

독일에 가서 독일어를 못해도 최소한 다음 몇 마디만 알면 도움이 될 것입니다.

- **Guten Tag!**
  구텐 탁

  안녕하세요!

- **Hallo!**
  할로

  안녕!

- **Ja.**
  야

  예.

- **Nein.**
  나인

  아니요.

- **Schön!**
  쉔

  좋아요.

- **Das**
  다스

  이것, 저것

- **Helfen Sie mir!**
  헬펜 지 미어

  도와주세요!

- **Bitte!**
  비테

  부탁해요. / 제발요.

- **Entschuldigung!**
  엔트슐디궁

  실례합니다.

■ **Wie bitte?**
뷔　비테

다시 한번 말씀해 주실래요?

■ **Danke schön!**
당케　쉔

감사합니다.

■ **Bitte schön!**
비테　쉔

천만에요. / 괜찮습니다.

■ **Wo ist ~ ?**
보　이스트

~은 어디에 있습니까?

■ **Wie viel kostet ~ ?**
뷔　필　코스텟

~은 얼마입니까?

■ **Es tut mir leid.**
에스 툿　미어　라잇

미안해요. / 죄송합니다.

■ **Auf Wiedersehen!**
아우프 뷔더제엔

안녕히 계세요!

■ **Tschüs!**
취스

잘 가!

그림 단어

Ⅰ. 객실 Zimmer 침머

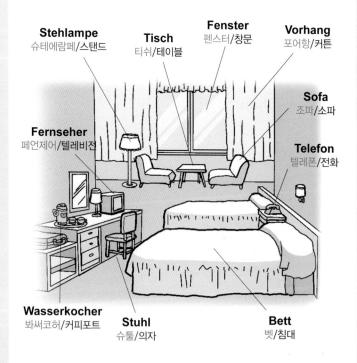

Stehlampe 슈테에람페/스탠드
Tisch 티쉬/테이블
Fenster 펜스터/창문
Vorhang 포어항/커튼
Sofa 조파/소파
Fernseher 페언제어/텔레비전
Telefon 텔레폰/전화
Wasserkocher 봐써코허/커피포트
Stuhl 슈툴/의자
Bett 벳/침대

- **Kleiderschrank** 클라이더슈랑크/옷장
- **Aschenbecher** 아쉔베허/재떨이
- **Steckdose** 슈텍도제/콘센트
- **Lampe** 람페/전등
- **Decke** 덱케/이불
- **Kissen** 키쎈/베개

2. 화장실 Badezimmer 바데침머

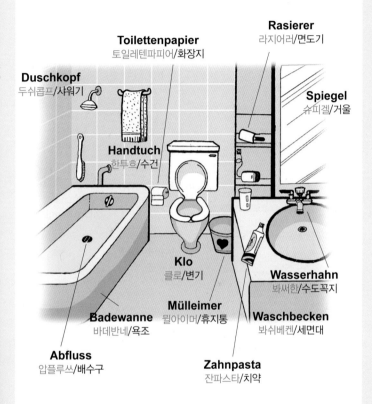

Rasierer
라지어러/면도기

Toilettenpapier
토일레텐파피어/화장지

Duschkopf
두쉬콥프/샤워기

Spiegel
슈피겔/거울

Handtuch
한투흐/수건

Klo
클로/변기

Wasserhahn
봐써한/수도꼭지

Mülleimer
뮐아이머/휴지통

Badewanne
바데반네/욕조

Waschbecken
봐쉬베켄/세면대

Abfluss
압플루쓰/배수구

Zahnpasta
잔파스타/치약

- **Föhn** 푄/드라이기
- **Seife** 자이페/비누
- **Shampoo** 샴푸/샴프
- **Zahnbürste** 찬뷔어스테/칫솔
- **Kamm** 캄/빗
- **Gesichtswasser** 게지히츠봐써/스킨
- **Gesichtscreme** 게지히츠크레메/로션

3. 컴퓨터 Computer 콤퓨터

Bildschirm
빌트쉬엄/모니터

Lautsprecher
라웃슈프레혀/스피커

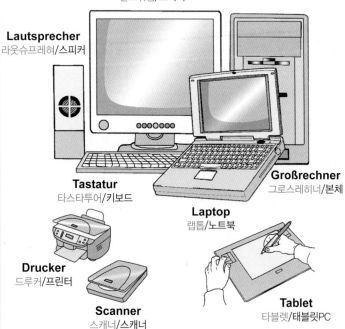

Tastatur
타스타투어/키보드

Großrechner
그로스레히너/본체

Laptop
랩톱/노트북

Drucker
드루커/프린터

Scanner
스캐너/스캐너

Tablet
타블렛/태블릿PC

- **PC** 페체/개인용 컴퓨터
- **Desktop** 데스크톱/탁상용 컴퓨터
- **Prozessor** 프로체소어/CPU
- **Maus** 마우스/마우스
- **Festplatte** 페스트플라테/하드 디스크
- **DVD** 데파우데/디브이디
- **Laufwerk** 라우프베어크/드라이브
- **CD-Rom** 체데롬/시디롬
- **Netzwerk** 네츠베어크/네트워크

4. 문구류 Schreibwaren 슈라입봐렌

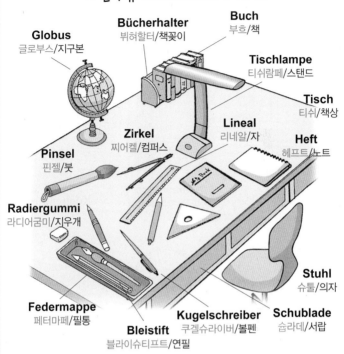

Globus 글로부스/지구본

Bücherhalter 뷔허할터/책꽂이

Buch 부흐/책

Tischlampe 티쉬람페/스탠드

Tisch 티쉬/책상

Zirkel 찌어켈/컴퍼스

Lineal 리네알/자

Heft 헤프트/노트

Pinsel 핀젤/붓

Radiergummi 라디어굼미/지우개

Stuhl 슈툴/의자

Federmappe 페더마페/필통

Kugelschreiber 쿠겔슈라이버/볼펜

Schublade 슙라데/서랍

Bleistift 블라이슈티프트/연필

- **Füller** 퓔러/만년필
- **Makierstift** 마키어슈티프트/형광펜
- **Filzschreiber** 필츠슈라이버/사인펜
- **Buntstift** 분트슈티프트/색연필
- **Wachsmalstift** 봑스말슈티프트/크레파스
- **Klebeband** 클레베반트/스카치테이프
- **Messer** 메써/커터칼
- **Malfarbe** 말파르베/물감
- **Tacker** 타커/호치키스
- **Tinte** 틴테/잉크
- **Klebestift** 클레베슈티프트/풀
- **Bundpapier** 분트파피어/색종이

5. 가전제품 Haushaltsgeräte 하우스할츠게레테

Kühlschrank
퀼슈랑크/냉장고

Klimaanlage
클리마안라게/에어컨

Kamera
카메라/카메라

Küchenmixer
퀴헨믹서/믹서기

Fernseher
페언제어/텔레비전

Ventilator
벤틸라토어/선풍기

Waschmaschine
바쉬마쉬네/세탁기

- **Digitalkamera** 디기탈카메라/디지털카메라
- **Staubsauger** 슈타웁자우거/청소기
- **Luftreiniger** 루프트라이니거/공기청정기
- **Luftbefeuchter** 루프트베포이히터/가습기
- **Föhn** 푄/헤어드라이기
- **Kaffeemaschine** 카페마쉬네/커피머신
- **Toaster** 토스터/토스트기
- **Elektroherd** 엘렉트로헤어트/전기레인지

6. 주방 Küche 퀴헤

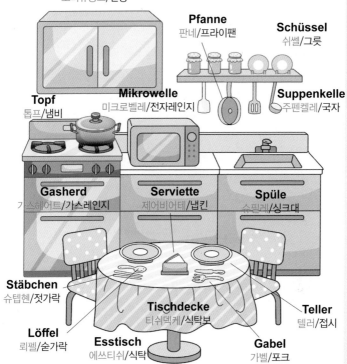

Oberschrank
오버슈랑크/찬장

Pfanne
판네/프라이팬

Schüssel
쉬쎌/그릇

Mikrowelle
미크로벨레/전자레인지

Suppenkelle
주펜켈레/국자

Topf
톱프/냄비

Gasherd
가스헤어트/가스레인지

Serviette
제어비어테/냅킨

Spüle
슈퓔레/싱크대

Stäbchen
슈텝헨/젓가락

Tischdecke
티쉬덱케/식탁보

Teller
텔러/접시

Löffel
뢰펠/숟가락

Esstisch
에쓰티쉬/식탁

Gabel
가벨/포크

- **Küchenartikel** 퀴헨아티켈/주방용구
- **Spülmaschine** 슈퓔마쉬네/식기세척기
- **Ofen** 오펜/오븐
- **Wasserfilter** 봐써필터/정수기
- **Küchenbrett** 퀴헨브렛/도마
- **Messer** 메써/칼, 식도
- **Tablett** 타블렛/쟁반

7. 승용차 Auto 아우토

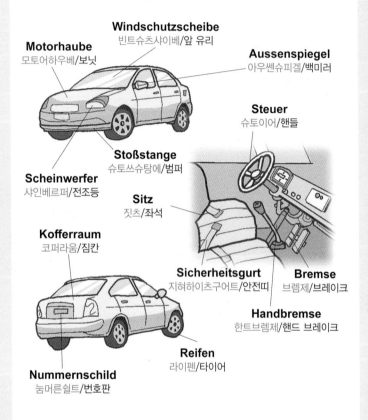

Windschutzscheibe
빈트슈츠샤이베/앞 유리

Motorhaube
모토어하우베/보닛

Aussenspiegel
아우쎈슈피겔/백미러

Steuer
슈토이어/핸들

Stoßstange
슈토쓰슈탕에/범퍼

Scheinwerfer
샤인베르퍼/전조등

Sitz
짓츠/좌석

Kofferraum
코퍼라움/짐칸

Sicherheitsgurt
지혀하이츠구어트/안전띠

Bremse
브렘제/브레이크

Handbremse
한트브렘제/핸드 브레이크

Reifen
라이펜/타이어

Nummernschild
눔머른쉴트/번호판

- **Blinker** 블링커/방향 지시기(깜빡이)
- **Scheibenwischer** 샤이벤뷔셔/와이퍼
- **Schalthebel** 샬트헤벨/기어 스틱
- **Gangschaltung** 강샬퉁/기어변속
- **Kupplung** 쿠플룽/클러치
- **Gaspedal** 가스페달/가속페달
- **Hupe** 후페/경적

8. 인체 Körper 쾨르퍼

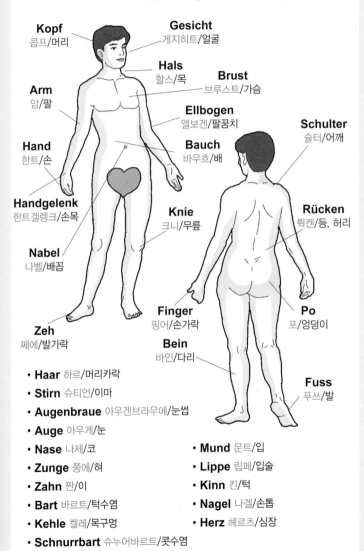

Kopf
콥프/머리

Gesicht
게지히트/얼굴

Hals
할스/목

Brust
브루스트/가슴

Arm
암/팔

Ellbogen
엘보겐/팔꿈치

Schulter
슐터/어깨

Hand
한트/손

Bauch
바우흐/배

Handgelenk
한트겔렝크/손목

Knie
크니/무릎

Rücken
뤼켄/등, 허리

Nabel
나벨/배꼽

Zeh
쩨에/발가락

Finger
핑어/손가락

Po
포/엉덩이

Bein
바인/다리

Fuss
푸쓰/발

- **Haar** 하르/머리카락
- **Stirn** 슈티언/이마
- **Augenbraue** 아우겐브라우에/눈썹
- **Auge** 아우게/눈
- **Nase** 나제/코
- **Zunge** 쭝에/혀
- **Zahn** 짠/이
- **Bart** 바르트/턱수염
- **Kehle** 켈레/목구멍
- **Schnurrbart** 슈누어바르트/콧수염
- **Mund** 문트/입
- **Lippe** 립페/입술
- **Kinn** 킨/턱
- **Nagel** 나겔/손톱
- **Herz** 헤르츠/심장

9. 과일 Obst 옵스트

Erdbeer
에어트베어/딸기

Lemon
레몬/레몬

Kaki
카키/감

Traube
트라우베/포도

Orange
오랑제/오렌지

Mango
망고/망고

Ananas
아나나스/파인애플

Banane
바나네/바나나

Wassermelon
봐써멜론/수박

Melon
멜론/멜론

Birne
비어네/배

Apfel
압펠/사과

- **Pfirsisch** 피어지히/복숭아
- **Pflaume** 플라우메/자두
- **Kastanie** 카스타니에/밤

- **Aprikose** 아프리코제/살구
- **Wallnuss** 봘누스/호두
- **Erdnuss** 에엇누스/땅콩

IO. 야채 Gemüse 게뮈제

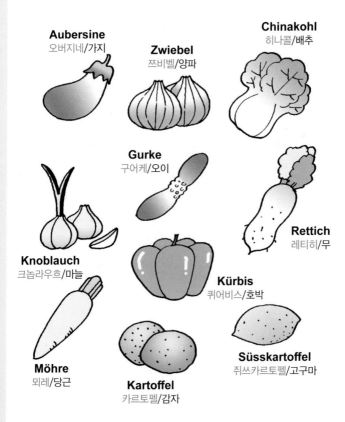

Aubersine
오버지네/가지

Zwiebel
쯔비벨/양파

Chinakohl
히나콜/배추

Gurke
구어케/오이

Knoblauch
크놉라우흐/마늘

Rettich
레티히/무

Kürbis
퀴어비스/호박

Möhre
뫼레/당근

Kartoffel
카르토펠/감자

Süsskartoffel
쥐쓰카르토펠/고구마

- **Weißkohl** 바이스콜/양배추
- **Lauch** 라우흐/파
- **Ingwer** 잉버/생강
- **Pepperoni** 페페로니/고추
- **Sojabohnensprossen** 쏘야보넨슈프로쎈/콩나물

- **Salat** 잘랏/상추
- **Pilz** 필쯔/버섯
- **Spinat** 슈피낫/시금치
- **Tomate** 토마테/토마토

II. 동물 Tier 티어

Kuh
쿠우/암소

Pferd
페어트/말

Tiger
티거/호랑이

Affe
아페/원숭이

Drache
드라헤/용

Hund
훈트/개

Schwein
슈바인/돼지

Schlange
슐랑에/뱀

Maus
마우스/쥐

Katze
카쩨/고양이

Huhn
훈/닭

Ziege
찌게/염소

- **Schaf** 샤프/양
- **Löwe** 뢰베/사자
- **Krokodil** 크로코딜/악어
- **Elefant** 엘레판트/코끼리
- **Hippo** 히포/하마

- **Hase** 하제/토끼
- **Kamel** 카멜/낙타
- **Adler** 아들러/독수리
- **Giraffe** 기라페/기린
- **Walfisch** 발피쉬/고래

단어 찾아보기

이 책에 수록되어 있는 단어를 가나다순으로 배열하여 정리하였습니다.

거리	**Weite** 바이테	계산	**Rechnung** 레히눙
거실	**Wohnzimmer** 본침머	계산하다	**zahlen** 짤렌
거절하다	**absagen** 압자겐	계절	**Jahreszeit** 야레스짜잇
거주민등록처	**Einwohnermeldeamt** 아인보너멜데암트	계좌	**Konto** 콘토
		계좌번호	**Kontonummer** 콘토눔머
거주자신고소	**Einwohnermeldeamt** 아인보너멜데암트	계좌해약	**Kontokündigung** 콘토퀸디궁
거주하다	**wohnen** 보넨	계획하다	**vorhaben** 포어하벤
걱정	**Sorge** 조르게	고객관리부	**Kundenbetreuung** 쿤덴베트로이웅
건강	**Wohl** 볼		
건배	**Prost** 프로스트	고기 튀김	**Schnitzel** 슈닛첼
건축가	**Architekt** 아키텍트	고독한	**einsam** 아인잠
걷기	**Wandern** 반던	고르다	**wählen** 벨렌
걸다	**hängen** 헹엔	고맙습니다	**danke** 당케
걸려 있다	**hängen** 헹엔	고모	**Tante** 탄테
검색하다	**surfen** 주어펜	고요한	**ruhig** 루이히
검역	**Quarantäne** 크바란테네	고요함	**Ruhe** 루에
검은색	**Schwarz** 슈바르츠	고유의	**eigen** 아이겐
게으른	**faul** 파울	고장 난	**kaputt** 카풋
견인하다	**abschleppen** 압슐레펜	고춧가루	**Paprikapulver** 파프리카풀버
결함이 있는	**gestört** 게슈퇴엇		
결혼소개	**Ehevermittlung** 에에퍼미틀룽	고향	**Heimat** 하이맛
		고혈압	**Bluthochdruck** 블룻호흐드룩
결혼식	**Hochzeit** 호흐짜잇		
결혼하다	**heiraten** 하이라텐	곡(曲)	**Lied** 리트
결혼한	**verheiratet** 페어하이라텟	곡물	**Getreide** 게트라이데
겹	**Schicht** 쉬히트	곡식	**Getreide** 게트라이데
경기하다	**spielen** 슈필렌	곧	**bald** 발트
경제학	**Wirtschaftswissenschaft** 비엇샤프츠비쎈샤프트		**gerade** 게라데
			gleich 글라이히
경찰	**Polizei** 폴리짜이	곧바로	**geradeaus** 게라데아우스
경찰관	**Polizist** 폴리찌스트	골프	**Golf** 골프
경찰서	**Polizeiamt** 폴리짜이암트	곰곰이 생각하다	**überlegen** 위버레겐
경청하다	**zuhören** 쭈회렌	공	**Ball** 발
계란프라이	**Spiegelei** 슈피겔아이	공감하는	**einverstanden**

401

그러나	aber 아버	기계	Apparat 아파랏
그러니까	also 알조	기구	Apparat 아파랏
그러면	also 알조	기꺼이	gern 게언
	dann 단	기내에	an Bord 안 보엇
그러한	so 조	기념품	Andenken 안뎅켄
그런 점에	daran 다란		Souvenir 주베니어
그렇게	so 조	기능하다	funktionieren
그렇다면	dann 단		풍크치오니어렌
그리고	und 운트	기다란	lang 랑
그리스	Griechenland 그리헨란트	기다리다	warten 봐르텐
그릴파티	Grillparty 그릴파티	기대하건대	hoffentlich 호펜틀리히
그림 그리기	Malen 말렌	기대하다	hoffen 호펜
그림엽서	Ansichtskarte	기뻐하다	freuen sich 프로이엔 지히
	안지히츠카르테	기쁘게 하다	freuen 프로이엔
그만두다	aufhören 아우프회언	기쁜	froh 프로
그에게	ihm 이임	기술자	Ingenieur 인제니어
그제	vorgestern 포어게스턴	기업	Unternehmen 운터네멘
그쪽까지	dorthin 도어트힌	기자	Reporter 레포터
극장	Theater 테아터	기차	Zug 쭉
근무	Dienst 디엔스트	기침	Husten 후스텐
근무시간	Arbeitszeit	기회	Chance 샹쎄
	아르바이츠차잇	기획부	Planungsabteilung
근무조건	Arbeitsbedingung		플라눙스압타일룽
	아르바이츠베딩웅	긴	lang 랑
근처	Nähe 네에	긴장된	angespannt 안게슈판트
금년	dieses Jahr 디제스 야		aufregend 아우프레겐트
금발의	blond 블론트	길	Straße 슈트라쎄
금요일	Freitag 프라이탁		Weg 벡
금요일 오전	Freitagvormittag	길이	Länge 렝에
	프라이탁포어미탁	깊은	tief 티프
금요일 오후	Freitagnachmittag	깊이	Tiefe 티페
	프라이탁나흐미탁	~까지	bis 비스
금지하다	verboten 페어보텐	꺼지다	weggehen 벡게엔
급히	dringend 드링엔트	꺾다	abbiegen 압비겐
긍정적인	positive 포지티프	꼬냑	Kognak 코냑

402

꽉 찬	voll 폴		내리다	aussteigen 아우스슈타이겐
끄다	ausmachen 아우스마헨			
끔찍한	schrecklich 슈렉클리히		내버려두다	in Ruhe lassen 인 루에 라쎈
끝	Ende 엔데			
끝난	fertig 페어티히		내복	Hemd 헴트
			내일	morgen 모르겐

ㄴ

			내일모레	übermorgen 위버모르겐
			내측	Gang 강
나	ich 이히		냄비요리	Eintopf 아인토프
나머지	Rest 레스트		냉동매장	Tiefkühlkost 티프퀼코스트
나무	Baum 바움			
나쁜	böse 뵈제		너	du 두
	schlecht 슐레히트		너의	dein 다인
나의	mein 마인		너희들	ihr 이어
나이	Alter 알터		넓은	breit 브라잇
나중에	später 슈페터		넓이	Breite 브라이테
낙담한	depremiert 데프레미어트		네 번째의	viert 피어트
낚시	Angeln 앙엘른		네덜란드	die Niederlande 디 니덜란데
날	Tag 탁			
날씨	Wetter 베터		넥타이	Krawatte 크라봐테
날씬한	dünn 뒨		년(年)	Jahr 야
	schlank 슐랑크		노동	Arbeit 아르바이트
날짜	Datum 다툼		노동비자	Arbeitsvisum 아르바이츠비줌
낡은	alt 알트			
남(南)	Süd 쥣		노동자	Arbeiter 아르바이터
남동	Südost 쥣오스트		노래	Lied 리트
남서	Südowest 쥣트베스트		노래하다	singen 징엔
남자	Mann 만		노력	Mühe 뮈에
남편	Mann 만		노르웨이	Norwegen 노르베겐
남한	Südkorea 쥣트코레아		노선	Linie 리니에
낮	Tag 탁		놀다	spielen 슈필렌
낮은	niedrig 니트리히		놀라운	großartig 그로스아티쉬
낯선	fremd 프렘트		놀람	Überraschung 위버라슝
내국인	Inländer 인랜더		농구	Basketball 바스켓발
내년	nächtes Jahr 네히테스 야		농부	Bauer 바우어

403

농민	Bauer 바우어		넥스테 보헤
높은	hoch 호흐	다음의	nächst 넥스트
높이	Höhe 회에	단순한	einfach 아인파흐
놓다	stellen 슈텔렌	단추	Knopf 크노프
놓여 있다	liegen 리겐	닫다	schließen 슐리쎈
놓치다	verpassen 페어파쎈		zumachen 쭈마헨
누가	wer 베어	달[月]	Monat 모낫
누구나	jeder 예더	달러	Dollar 돌라
누르다	drücken 드뤼켄	달콤한	süß 쥐쓰
눈[眼]	Auge 아우게	닭고기	Hähnchen 헨셴
눈[雪]	Schnee 슈네		Hühnerfleisch
눈이 오다	schneien 슈나이엔		휘너플라이쉬
눕다	liegen 리겐	닭튀김	Hähnchen 헨셴
	sich hinlegen 지히 힌레겐	담당의	zuständig 쭈슈텐디히
느끼다	fühlen 퓔렌	담요	Decke 데케
느끼한	fettig 페티히	답신하다	zurückrufen 쭈뤽루펜
느낌	Gefühl 게퓔	~당	per 퍼
느린	langsam 랑잠	당구	Billard 빌라트
느슨한	los 로스	당뇨	Diabetes 디아베테스
늙은	alt 알트	당신	Sie 지
늦어도	spätestens 슈페테스텐스	당신의	Ihr 이어
늦은	spät 슈펫	대기실	Wartezimmer 바르테침머
		대략	etwa 에트바
ㄷ			rund 룬트
			ungefähr 웅게페어
다 팔린	ausverkauft	대부분	meistens 마이스텐스
	아우스페어카우프트	대충	etwa 에트바
다른	anders 안더스		ungefähr 웅게페어
다리	Brücke 브뤼케	대표이사	Geschäftsführer
다섯 번째의	fünft 퓐프트		게쉐프츠퓨어러
다시 보다	wiedersehen 뷔더제엔	대학	Universität 우니베어지텟
다시 한번	noch einmal 노흐 아인말	대학 공부하다	studieren 슈투디어렌
다운로드하다	herunterladen	대학생	Student 슈투덴트
	헤어운터라덴	대화	Gespräch 게슈프레히
다음 주	nächste Woche	더 나은	besser 베써

더 젊은	**jünger** 윙어
더 좋은	**besser** 베써
더블룸	**Doppelzimmer** 도펠침머
더하다	**zulegen** 쭈레겐
덩어리로	**am Stück** 암 슈튁
데려다주다	**bringen** 브링엔
데려오다	**abholen** 압홀렌
덴마크	**Dänemark** 데네마크
도(度)	**Grad** 그랏
도달할 수 있는	**erreichbar** 에어라이히바
도대체	**denn** 덴
도서관	**Bibliothek** 비블리오텍
도시	**Stadt** 슈타트
도와주다	**helfen** 헬펜
	zugreifen 쭈그라이펜
도움	**Hilfe** 힐페
도착	**Ankunft** 안쿤프트
도착(숙박지에)	**Anreise** 안라이제
도착하다	**ankommen** 안콤멘
독감	**Grippe** 그리페
독서	**Lesen** 레젠
독일	**Deutschland** 도이칠란트
독일어	**Deutsch** 도이취
독일인	**Bundesbürger** 분데스뷔르거
독자	**Einzelkind** 아인쩰킨트
돈	**Geld** 겔트
돈가스	**Schnitzel** 슈닛첼
돌아가다	**abbiegen** 압비겐
돌아오는	**kommend** 콤멘트
돌아오다	**zurückkommen** 쭈뤽콤멘
돕다	**helfen** 헬펜
동(東)	**Ost** 오스트
동료	**Kollege** 콜레게
동반하다	**begleiten** 베글라이텐
동서(남성)	**Schwager** 슈바거
동의하는	**einverstanden** 아인페어슈탄덴
동의하다	**übereinstimmen** 위버라인슈팀멘
	zustimmen 쭈슈템멘
돛단배	**Segel** 제겔
돼지 삼겹살	**Schweinebauch** 슈바이네바우흐
돼지고기	**Schweinefleisch** 슈바이네플라이쉬
되돌려 보내다	**zurücksenden** 쭈뤽젠덴
두 번째의	**zweit** 쯔바이트
두꺼운	**dick** 딕
두다	**stellen** 슈텔렌
두통	**Kopfschmerzen** 콥프슈메르쩬
둘	**zwei** 쯔바이
둘레에	**um** 움
둥근	**rund** 룬트
뒤에	**hinten** 힌텐
드라이하다	**föhnen** 푄넨
듣다	**hören** 회렌
들르다	**vorbeikommen** 포어바이콤멘
들어가다	**eingehen** 아인게엔
들어서다	**eintreten** 아인트레텐
들여다보다	**ansehen** 안제엔
등기	**Einschreiben** 아인슈라이벤
등록하다	**anmelden** 안멜덴
	melden 멜덴
	sich anmelden 지히 안멜덴

405

등산	**Bergsteigen** 베어크슈타이겐
디저트	**Nachtisch** 나흐티쉬
따뜻한	**warm** 밤
따로	**extra** 엑스트라
따로따로	**getrennt** 게트렌트
딸	**Tochter** 토흐터
때때로	**manchmal** 만히말
떠나다	**weggehen** 벡게엔
떠맡기다	**überlassen** 위버라쎈
떨어진	**weg** 벡
또한	**auch** 아우흐
똑같이	**gleichfalls** 글라이히팔스
똑똑한	**klug** 클룩
똥	**Mist** 미스트
뚱뚱한	**dick** 딕
뛰다	**laufen** 로우픈
뛰어난	**ausgezeichnet** 아우스게짜이히넷
뜨거운	**heiß** 하이쓰

ㄹ

~라고 말하다	**lauten** 라우텟
~라고 불리우다	**heißen** 하이쎈
러시아	**Russland** 루슬란트
럼프 스테이크	**Rumpsteak** 룸프슈테이크
렌터카	**Mietauto** 밋아우토
~로	**per** 퍼
	zur 쭈어
~로부터	**aus** 아우스
	her 헤어
	von 폰
~로서	**als** 알스
~를 돌아	**um** 움

~를 향하여	**zur** 쭈어
리터	**Liter** 리터

ㅁ

마녀	**Hexe** 헥세
마늘	**Knoblauch** 크놉라우흐
마른	**dünn** 뒨
마시다	**trinken** 트링켄
마요네즈	**Mayonnaise** 마요네제
마지막	**Ende** 엔데
	Schluss 슐루스
마지막의	**letzt** 렛츠트
마차	**Wagen** 바겐
마찬가지로	**gleichfalls** 글라이히팔스
마트	**Supermarkt** 주퍼마크트
막내	**der jüngste** 데어 윙스테
만나다	**treffen** 트레펜
만남	**Termin** 테어민
만족스러운	**zufrieden** 쭈프리덴
만족한	**zufrieden** 쭈프리덴
많은	**viel** 필
맏이	**der älteste** 데어 엘테스테
말	**Rede** 레데
말레이시아	**Malaysia** 말레이지아
말하다	**sagen** 자겐
	sprechen 슈프레헨
말해 주다	**erzählen** 에어쩰렌
맑은	**klar** 클라
	sonnig 조니히
맙소사	**meine Güte** 마이네 귀테
맛	**Geschmack** 게슈막
맛없는	**geschmacklos** 게슈막로스
맛있는	**lecker** 렉커

망각하다	**vergessen** 페어게쎈		메스꺼움	**Übelkeit** 위벨카이트
망실	**Verlust** 페어루스트		멕시코	**Mexiko** 멕시코
맞는 것	**das Richtige** 다스 리히티게		며느리	**Schwiegertochter** 슈비거토흐터
맞다	**passen** 파쎈 **stimmen** 슈팀멘		면담 시간	**Sprechstunde** 슈프레히슈툰데
맞추다	**erraten** 에어라텐		면담	**Besprechung** 베슈프레훙
매니저	**Manager** 매니저			
매력적인	**attraktiv** 아트락티프		면석	**Fläche** 플레헤
매상이 좋지 않은	**flau** 플라우		면접	**Vorstellungsgespräch** 포어슈텔룽스게슈프레히
매우	**sehr** 제어			
매운	**scharf** 샤프		명함	**Visitkarte** 비짓카르테
매일	**täglich** 테클리히		몇 번째의	**wievielte** 뷔필테
매장	**Abteilung** 압타일룽		몇몇의	**ein paar** 아인 파
매진된	**ausverkauft** 아우스페어카우프트		모기약	**Mückenschutzmittel** 뮈켄슈츠미텔
매형	**Schwager** 슈바거		모닝콜서비스	**Weckdienst** 벡디엔스트
맥주	**Bier** 비어		모든 것	**alles** 알레스
머리	**Kopf** 콥프		모으다	**sammeln** 잠멜른
머리를 말리다	**föhnen** 푀넨		모자	**Mütze** 뮛쩨
머리카락	**Haar** 하아		모퉁이	**Ecke** 엑케
머물다	**bleiben** 블라이벤		목 아픔	**Halsschmerzen** 할스슈메르쩬
먹다	**essen** 에쎈			
먼	**weit** 바잇		목수	**Tischler** 티쉴러
멀리	**weit** 바잇		목요일	**Donnerstag** 돈너스탁
멀미	**Reisekrankheit** 라이제크랑크하잇		목적	**Zweck** 쯔벡
			목적지	**Ziel** 찌일
멀미약	**Mittel gegen Reiseübelkeit** 미텔 게겐 라이제위벨카이트		목표	**Ziel** 찌일
			몸을 아끼다	**sich schonen** 지히 쇼넨
멈추다	**halten** 할텐		못생긴	**hässlich** 헤쓸리히
멋진	**prima** 프리마 **toll** 톨 **wunderbar** 분더바		무(無)	**Nichts** 니시츠
			무거운	**schwer** 슈베어
			무게	**Gewicht** 게비히트
메뉴판	**Speisekarte** 슈파이제카르테		무더운	**schwül** 슈뷜
			무시하다	**ignorieren** 이그노리어렌

무엇	**was** 봐스
무엇 때문에	**wozu** 보쭈
무엇인가	**etwas** 에트봐스
무역회사	**Handelsfirma** 한델스피르마
무직의	**arbeitslos** 아르바이츠로스
문(門)	**Tür** 튀어
문제	**Problem** 프로블렘
묻다	**fragen** 프라겐
물	**Wasser** 봐써
물건	**Sache** 자헤
	Ware 바레
물론	**natürlich** 나튀얼리히
	selbstverständlich 젤프스트페어슈텐틀리히
물약	**Tropfen** 트롭펜
미국	**Amerika** 아메리카
미국	**die USA** 디 우에스아
미끄러짐	**Rutsch** 루취
미네랄워터	**Mineralwasser** 미네랄봐써
미디엄	**halb durch** 할프 두르히
미루다	**verlegen** 페어레겐
미술관	**Galerie** 갈러리
미용사	**Friseur** 프리죄어
미용실	**Friseurladen** 프리죄어라덴
미친	**blöd** 블룃
	verrückt 페어뤽트
	wahnsinnig 봔지니히
미친 짓	**Unsinn** 운진
미혼의	**ledig** 레디히
믿다	**glauben** 글라우벤
믿을 수 없는	**unglaublich** 운글라우블리히

ㅂ

바꾸다	**wechseln** 벡셀른
바다	**Meer** 메어
바라다	**wünschen** 뷘쉔
바람 부는	**windig** 뷘디히
바로	**sofort** 조포어트
바로 지금부터	**ab sofort** 압 조포어트
바보 같은 짓	**Unsinn** 운진
바보	**Narr** 나아
바쁜	**beschäftigt** 베쉐프티히트
바지	**Hose** 호제
박물관	**Museum** 무제움
밖에	**außen** 아우쎈
반	**halb** 할프
반 시간	**halbe Stunde** 할베 슈툰데
반납하다	**zurückgeben** 쭈뤽게벤
반대로	**dagegen** 다게겐
반복하다	**wiederholen** 비더홀렌
반품하다	**zurücksenden** 쭈뤽젠덴
받다	**bekommen** 베콤멘
	nehmen 네멘
받아들다	**abnehmen** 압네멘
발	**Fuß** 푸쓰
발신인	**Absender** 압젠더
발코니	**Balkon** 발콘
밝은	**hell** 헬
밤[夜]	**Nacht** 나흐트
밤색의	**braun** 브라운
밥	**Reis** 라이스
방	**Zimmer** 침머
방금	**gerade** 게라데
	gleich 글라이히
방문	**Besuch** 베주흐

409

부상당한	**verletzt** 페어렛츠트
부서	**Abteilung** 압타일룽
부인	**Dame** 다메
부장	**Abteilungsleiter** 압타일룽스라이터
부족하다	**fehlen** 펠렌
부주의한	**unaufmerksam** 운아우프메르크잠
부지런한	**fleißig** 플라이씨히
부치다	**aufgeben** 아우프게벤
부탁	**Bitte** 비테
~부터	**ab** 압
	seit 자잇
부피	**Volumen** 볼루멘
부활절	**Ostern** 오스턴
북(北)	**Nord** 노어트
북동	**Nordost** 노어트오스트
북서	**Nordwest** 노어트베스트
북한	**Nordkorea** 노어트코레아
분(分)	**Minute** 미누테
분명한	**klar** 클라
분명히	**bestimmt** 베슈팀트
분실물 신고센터	**Fundbüro** 푼트뷔로
불	**Licht** 리히트
불가리아	**Bulgarien** 불가리엔
불러오다	**abrufen** 압루펜
불안한	**unruhig** 운루이히
불쾌한	**unangenehm** 운안게넴
불행한	**unglücklich** 운글뤽리히
붕대	**Verband** 페어반트
브라질	**Brasilien** 브리질리엔
브레이크 밟다	**bremsen** 브렘젠
브레이크	**Bremse** 브렘제
블라우스	**Bluse** 블루제
비	**Regen** 레겐

비가 오다	**regnen** 레그넨
비상시	**Notfall** 노트팔
비서	**Sekretär** 제크레테어
비서실	**Sekretariat** 제크레타리앗
비싼	**teuer** 토이어
비어 있는	**frei** 프라이
	leer 레어
~비용이 들다	**kosten** 코스텐
비우다	**räumen** 로이멘
비참한	**elend** 엘렌트
비통한	**traurig** 트라우리히
비행기	**Flugzeug** 풀룩쪼익
빈	**frei** 프라이
	leer 레어
빌리다	**ausleihen** 아우슬라이엔
	mieten 미텐
빠른	**schnell** 슈넬
빠른우편으로	**per Eilboten** 퍼 아일보텐
빵	**Brot** 브롯
빵집	**Bäckerei** 베커라이
빼다	**abnehmen** 압네멘

ㅅ

4	**vier** 피어
사고	**Unfall** 운팔
사과	**Apfel** 압펠
사과탄산음료	**Apfelschorle** 아펠숄레
사과하다	**entschuldigen** 엔트슐디겐
사귀다	**kennenlernen** 켄넨레어넨
사냥	**Jagen** 야겐
사다	**kaufen** 카우펜
사라지다	**weggehen** 벡게엔
사람	**Person** 페르존

411

서다	stehen 슈테엔
서두르다	sich beeilen
	지히 베아일렌
서로	miteinander 밋아인안더
	sich 지히
서류	Dokument 도쿠멘트
	Papier 파피어
서류양식	Formular 포어물라
서명하다	unterschreiben
	운터슈라이벤
서비스하다	bedienen 베디넨
서양겨자	Senf 젠프
서점	Buchhandlung
	부흐한틀룽
서핑	Surfen 주어펜
서핑하다	surfen 주어펜
선(線)	Linie 리니에
선물	Geschenk 게쉥크
선생님	Lehrer 레러
선택하다	wählen 벨렌
설레이는	angespannt 안게슈판트
설립하다	gründen 그륀덴
설사	Durchfall 두르히팔
설탕	Zucker 쭈커
섭씨	Celsius 첼지우스
성(姓)	Nachname 나흐나메
	Name 나메
성공	Erfolg 에어폴크
성공하다	schaffen 샤펜
성난	böse 뵈제
성당	Dom 돔
성탄절	Weihnachten 바이나흐텐
세 들다	mieten 미텐
세 번째의	dritt 드릿
세(貰)	Miete 미테

세계여행	Weltreise 벨트라이제
세관	Zoll 쫄
	Zollamt 쫄암트
세관 신고하다	deklarieren 데클라리어렌
	verzollen 페어쫄렌
세관신고서	Zollanmeldung 쫄안멜둥
세무사	Steuerberater
	슈토이어베라터
세무서	Steueramt 슈토이어암트
세제	Waschmittel 봐쉬미텔
세제곱미터	Kubikmeter 쿠빅메터
세척하다	reinigen 라이니겐
세탁	Reinigung 라이니궁
세탁기	Waschmaschine
	바쉬마쉬네
세탁물	Wäsche 베쉐
세탁소	Reinigung 라이니궁
	Wäscherei 베셔라이
세탁하다	reinigen 라이니겐
센트(화폐단위)	Cent 센트
센티미터	Zentimeter 첸티메터
셔츠	Hemd 헴트
소개	Vorstellung 포어슈텔룽
소개하다	bekannt machen
	베칸트 마헨
소개하다	vorstellen 포어슈텔렌
소고기	Rindfleisch 린트플라이쉬
소금	Salz 잘쯔
소독약	Deinfektionsmittel
	데인펙치온스미텔
소리가 나다	lauten 라우튼
소망하다	wünschen 뷘쉔
소방서	Feuerwehrstation
	포이어베어슈타치온
소방차	Feuerwehrauto

	포이어베어아우토			엑스포엇압타일룽
소설	**Roman** 로만		수취인	**Empfänger** 엠펭어
소시지	**Wurst** 부어스트		수표	**Scheck** 쉨
소요되다	**dauern** 다우언		수프	**Suppe** 주페
소주(燒酒)	**Schnaps** 슈납스		수하물	**Koffer** 코퍼
소파	**Sofa** 조파			**Gepäck** 게펙
소포	**Paket** 파켓		수하물 영수증	**Gepäckschein** 게펙샤인
소포 부치는 곳	**Paketannahme**		숙녀	**Dame** 다메
	파켓안나메		숙모	**Tante** 탄테
소화제	**Verdauungsmittel**		숙박하다	**übernachten** 위버나흐텐
	페어다우웅스미텔		숙부	**Onkel** 옹클
속달로	**per Eilboten** 퍼 아일보텐		숙제	**Hausaufgabe**
속달우편	**Expressbrief**			하우스아우프가베
	엑스프레스브리프		순회여행	**Rundfahrt** 룬트파르트
손[手]	**Hände** 헨데		숟가락	**Löffel** 뢰펠
손녀	**Enkelin** 엥켈린		술	**Alkohol** 알코홀
손님	**Gast** 가스트		숨을 쉬다	**durchatmen**
손상된	**beschädigt** 베쉐디히트			두르히아트멘
손실	**Verlust** 페어루스트		쉬는 날	**Ruhetag** 루에탁
손자	**Enkel** 엥켈		쉬는 시간	**Freizeit** 프라이짜잇
송달	**Zustellung** 쭈슈텔룽			**Pause** 파우제
쇠약한	**flau** 플라우		쉬다	**ausruhen** 아우스루엔
쇼핑센터	**Einkaufszentrum**		쉬운	**einfach** 아인파흐
	아인카우프스첸트룸			**leicht** 라이히트
쇼핑하다	**einkaufengehen**		슈퍼마켓	**Supermarkt** 주퍼마크트
	아인카우펜게엔		스스로	**sich** 지히
수단	**Mittel** 미텔		스웨덴	**Schweden** 슈베덴
수리하다	**reparieren** 레파리어렌		스웨터	**Pullover** 풀로버
수면제	**Schlafmittel** 슐라프미텔		스위스	**die Schweiz** 디 슈바이츠
수영	**Schwimmen** 슈빔멘		스위트룸	**Suite** 스위테
수요일	**Mittwoch** 미트보흐		스케이트	**Eislauf** 아이스라우프
수입	**Haben** 하벤		스쿨버스	**Schulbus** 슐부스
수집	**Sammlung** 잠룽		스키	**Ski** 스키
수집하다	**sammeln** 잠멜른		스테이크	**Steak** 스테이크
수출부	**Exportabteilung**		스페인	**Spanien** 슈파니엔

413

스포츠 종류	Sportarten 슈포엇아르텐	시아버지	Schwiegervater 슈비거파터
스포츠	Sport 슈포엇		
스포츠카	Sportwagen 스포어트바겐	시어머니	Schwiegermutter 슈비거무터
스프	Suppe 주페	~시에	um 움
슬퍼하는	betrübt 베트륍트	10월	Oktober 옥토버
슬픈	traurig 트라우리히	시음하다	probieren 프로비어렌
습한	feucht 포이히트	시작하다	anfangen 안팡엔
승객운송	Personenbeförderung 페르조넨베푀더룽		beginnen 베긴넨
		시청	Rathaus 랏하우스
승용차	PKW 페카베	시험	Prüfung 프뤼풍
승진	Beförderung 베푀어더룽	식사	Essen 에쎈
승차구역	Gleis 글라이스	식욕	Appetit 아페팃
승차권	Fahrkarte 파카르테	식탁	Tisch 티쉬
시간	Stunde 슈툰데	식품점	Feinkostladen 파인코스트라덴
시간 약속	Termin 테어민		
시간이 걸리다	dauern 다우언	신[酸]	sauer 자우어
시간제 일자리	Teilzeitstelle 타일차잇슈텔레	신경질적인	nervös 뇌르뵈스
		신고하다	anmelden 안멜덴
시계	Uhr 우어		melden 멜덴
시내	Stadtmitte 슈타트미테	신문	Zeitung 짜이퉁
	Zentrum 첸트룸	신사	Herr 헤어
시내의	zentral 첸트랄	신사복 상의	Sakko 자코
시내일주 관광	Stadtrundfahrt 슈탓룬트파르트	신용조사기관	Schufa 슈파
		신용카드	Kreditkarte 크레뎃카르테
시내지도	Stadtplan 슈탓플란	신청서	Formular 포어물라
시누이	Schwägerin 슈베거린	신청하다	bewerben 베베어벤
시도하다	probieren 프로비어렌		einreichen 아인라이헨
시동 걸다	anspringen 안슈프링엔	신호등	Ampel 암펠
시립박물관	Stadtmuseum 슈탓무제움	신혼여행	Hochzeitsreise 호흐차잇츠라이제
시설관리부	Hausverwaltung 하우스페어발퉁	실례하다	entschuldigen 엔트슐디겐
시세	Kurs 쿠어스	실례합니다	Entschuldigung 엔트슐디궁
시식하다	probieren 프로비어렌		

알게 하다	**bekannt machen** 베칸트 마헨	어떻게	**wie** 뷔
알다	**kennen** 켄넨	어려운	**schwer** 슈베어
	wissen 뷔쎈	어리석은	**blöd** 블룃
알러지	**Allergie** 알레르기	어리석은	**dumm** 둠
알리다	**verstädigen** 페어슈텐디겐	어머니	**Mutter** 무터
알약	**Tablette** 타블레테	어부	**Fischer** 피셔
	Tropfen 트롭펜	어울리다	**passen** 파쎈
암(癌)	**Krebs** 크렙스		**stehen** 슈테엔
앞에	**vor** 포어	어제	**gestern** 게스턴
	vorne 포어네	어지러움	**Schwindel** 슈빈델
야간근무	**Nachtdienst** 나흐트디엔스트	어학과정	**Sprachkurs** 슈프라흐쿠어스
야구	**Baseball** 베이스볼	언제	**wann** 반
야윈	**schlank** 슐랑크	언제든지	**jederzeit** 예더차잇
약(藥)	**Arzneimittel** 아르쯔나이미텔	언젠가	**irgendwann** 이어겐트반
	Medikament 메디카멘트	얼마나	**wie** 뷔
	Mittel 미텔	얼음	**Eis** 아이스
약간	**ein bisschen** 아인 비쓰헨	엄마	**Mutter** 무터
	etwas 에트봐스	엄지손가락	**Daumen** 다우멘
약국	**Apotheke** 아포테케	업무	**Dienst** 디엔스트
약사	**Apotheker** 아포테커	업무상의	**geschäftlich** 게쉐프틀리히
약속	**Verabredung** 페어압레둥	없어진	**weg** 벡
약한	**schwach** 슈바흐	~없이	**ohne** 오네
얇은	**dünn** 뒨	~에	**bei** 바이
양념	**Gewürz** 게뷔어쯔	~에 관심을 갖다	**interessieren sich für ~** 인터레씨어렌 지히 퓨어
양복	**Anzug** 안쭉		
양상추	**Salat** 살랏	~에 달하다	**betragen** 베트라겐
양파	**Zwiebel** 쯔비벨	~에 대항하여	**gegen** 게겐
어두운	**dunkel** 둥켈	~에 맞다	**passen** 파쎈
어디에서부터	**woher** 보헤어	~에 반대이다	**dagegen sein** 다게겐 자인
어떤	**welche** 벨헤	~에 붙이다	**draufkleben** 드라우프클레벤
	was für ein 봐스 퓨어 아인	~에 속하다	**gehören** 게회렌

416